乡村旅游规划
理论与实践研究

张 君 ◎ 著

中国旅游出版社

项目策划：张芸艳
责任编辑：张芸艳
责任印制：孙颖慧
封面设计：武爱听

图书在版编目（CIP）数据

乡村旅游规划理论与实践研究 / 张君著 . -- 北京：
中国旅游出版社， 2022.12
ISBN 978-7-5032-7019-2

Ⅰ . ①乡… Ⅱ . ①张… Ⅲ . ①乡村旅游—旅游规划—
研究—中国 Ⅳ . ① F592.3

中国版本图书馆 CIP 数据核字 (2022) 第 148998 号

书　　名：乡村旅游规划理论与实践研究

作　　者：张君　著
出版发行：中国旅游出版社
　　　　　（北京静安东里 6 号　邮编：100028）
　　　　　http://www.cttp.net.cn　E-mail:cttp @ mct.gov.cn
　　　　　营销中心电话：010-57377108，010-57377109
　　　　　读者服务部电话：010-57377151
排　　版：小武工作室
经　　销：全国各地新华书店
印　　刷：北京工商事务印刷有限公司
版　　次：2022 年 12 月第 1 版　2022 年 12 月第 1 次印刷
开　　本：720 毫米 ×970 毫米　1/16
印　　张：16.75
字　　数：282 千
定　　价：59.80 元
ISBN　978-7-5032-7019-2

乡村旅游是我国文旅产业的重要组成部分，也是实现乡村振兴国家战略的重要途径之一。我国乡村旅游发展始于 20 世纪 80 年代，并成为当下受政界、学界和业界广泛关注以及旅游从业人员参与最多的领域，也是新冠肺炎疫情以来受游客喜好的旅游活动之一。

规划是乡村旅游发展的前提和基础。从字面理解，规划是对未来进行基本性、整体性、长期性问题的思考，并对解决该问题的全过程行动方案进行符合法规的设计。从现实出发，乡村旅游规划是依据乡村现状及文旅相关产业现状，根据市场的现实需求和潜在需求，从资源潜力与其重新配置的可能性入手，通过分析研究，找出重新配置资源以发展乡村旅游的途径。因此，乡村旅游规划必须基于乡村自身资源禀赋、客源市场、区位交通等相关条件，规划设计出与乡村现状及相关产业现状协调匹配的、因地制宜并具区域特色的、符合乡村发展实际的、科学合理的战略定位和发展路径，并通过规划的实施，达到乡村旅游可持续性发展的目的。

从乡村旅游规划项目与个案的独特性探索规划编制理念与模式的普适性，从规划项目的实践验证到乡村旅游发展规划的经验分享，从项目规划、指导业界实践操作到旅游规划相关理论的归纳与总结，用行业实践经验来验证和思考理论研究，是一个有情怀的旅游业者与规划人员需要思考与关注的。张君的《乡村旅游规划理论与实践研究》一书，可以说是这个方面的尝试与践行。张君从事旅游规划行业工作十余年，能够将实践工作中得到的心得体会，与其主持过的观光型、休闲型、游乐型、康养型、度假型、研学型、民俗文化型等类型的乡村旅游总体规划、概念性规划实践项目相结合，从行业实践人员的视角来写乡村旅游规划理论与实践研究，从乡村旅游规划实践反思规划理论，并试图通过理论研究进一步指导行业实践，作为一名旅游规划工作者而言，难能可贵。

《乡村旅游规划理论与实践研究》一书分为理论研究部分和实践研究部分。理论研究部分是在文献研读的基础上，对乡村旅游的产生原因、发展历程、概念内涵、相关研究、发展模式、存在问题、发展趋势做了一定程度的分析和阐述，并对乡村旅游规划概念、理论基础、相关研究、规划原则、提升策略、编制流程、编制内容等方面进行了相关的梳理和分析。实践研究部分以他主持过的七种类型旅游规划项目为案例，对不同类型乡村旅游规划项目中的基本概况、市场分析、规划理念、项目定位、总体布局、设施规划等方面进行了相关的阐述与分析。

我参与并见证了乡村旅游的发展，也见证了张君从本科到研究生，从学习理论知识到参与行业规划实践，从一名初入规划行业的毕业生到能够独当一面的行业规划人员的成长过程。张君能用多年的行业实践心得和经验来思考理论研究，并能将一些有个性和已落地的规划项目以理实结合、书稿汇编的形式展现给读者，既是对他多年旅游规划工作的总结，也是对乡村旅游规划编制理念与方法的一种展示，当可喜可贺！

是为序，是为贺！

博士、二级教授、博导
华侨大学旅游学院创院院长
华侨大学旅游安全研究院院长
中国旅游研究院旅游安全研究基地主任、首席专家
2022 年 7 月 15 日于武夷山

最近几年国家提出乡村振兴战略，在此大背景下，乡村旅游已成为乡村振兴的重要途径，发展乡村旅游有利于实现乡村振兴和共同富裕。与此同时，目前乡村旅游发展不规范，乡村旅游规划方案缺乏论证，甚至存在略过规划、直接进行建设的现象，导致乡村旅游地盲目开发、重复建设、主题不明确、产品缺乏竞争力，这些都影响着乡村旅游的可持续发展。因此，亟须科学规范的旅游规划对其进行指导。

目前市面上从规划实践从业人员角度反观理论研究，然后将乡村旅游规划理论结合实践进行呈现的还比较少。我学习旅游相关理论多年，毕业后一直从事文旅规划实践行业，之前一直有把自己做过的规划案例系统总结一下的想法，自己主持和参与最多的就是乡村旅游规划项目，于是就选择从理论和实践两方面进行总结，以期为学界的研究人员提供乡村旅游规划实践方面的参考，同时为业界的从业人员提供理论方面的借鉴，共同为实现乡村振兴贡献绵薄之力。

想法是很好的，真正执行起来却困难重重，需要构思书稿的写作框架，使本书兼具规划理论与规划实践研究的价值。想要完成这本书，需要做好两方面的工作。一方面，重新将读书时代的学术理论研究捡起来，通过不断地查阅学术资料，阅读了数百篇乡村旅游规划论文，将前人的研究成果进行消化吸收，完成理论框架的搭建和写作；另一方面，对参与和主持的众多乡村旅游规划实践案例进行甄选，从类型的涵盖程度与典型性等方面着手，最终选择了七个乡村旅游规划案例作为实践研究对象。中间经过几易书稿，最终重构和呈现了本书的写作框架和内容。

本书共分为两大部分：上篇的乡村旅游规划理论研究，包括乡村旅游和乡村旅游规划相关研究，试图对国内外乡村旅游产生原因、历程、概念内涵、研究进展、发展模式、存在问题、升级路径、发展趋势，以及乡村旅游规划概念、理论基础、相关研究、规划原则、规划策略、编制流程与编制内容等方面进行系统的总结研究。下篇的乡村旅游规划实践研究，选取我主持过的观光型、休闲型、游乐型、康养型、度假型、研学型、民俗文化型七种类型的乡村旅游规划实践项目，从基本概况、市场分析、规划理念、项目定位、总体布局、设施规划等方面对不同类型项目进行详细的研究阐述。

最后，诚挚地感谢知名旅游学者郑向敏教授为本书作序；感谢泰山学院的王雷亭教授和魏云刚老师在写作过程中对本书提出的宝贵建议；感谢之前诸多学者，感谢他们的研究成果作为本书的写作基础和重要参考；感谢中国旅游出版社的段向民主任和张芸艳编辑，没有她们的认真执着，本书不会如此快地呈现。

由于本人的时间、精力、能力所限，本书不足之处在所难免，还望师友们不吝指正！

张　君

2022年6月于北京

CONTENTS 目录

下篇 乡村旅游规划实践研究

乡村旅游规划理论与实践研究

上篇 乡村旅游规划理论研究

　　上篇包括国内外乡村旅游的产生原因、历程，乡村旅游的概念内涵，国内外乡村旅游的研究进展，国内外乡村旅游发展模式，乡村旅游发展存在问题、转型升级路径，乡村旅游发展趋势以及乡村旅游规划概念与理论基础、国内外乡村旅游规划相关研究、乡村旅游规划原则与规划提升策略、乡村旅游规划编制流程与编制内容。

绪　论

第一节　国家层面提出乡村振兴战略

乡村振兴战略是继新农村建设后，国家出台的又一乡村重要发展战略。新农村建设主要解决乡村"住"和"行"的问题，为乡村基础设施建设打下了良好基础。但乡村想要进一步发展，还需要进一步解决乡村社会如何治理、产业经济如何发展等更深层次的问题，这正是乡村振兴战略所关注的主要问题。

一、乡村振兴是历史发展的必然选择

（一）破解城乡二元制，实现城乡融合发展的必然选择

目前我国城市经济、城镇化水平已取得一定发展成就，反哺农业和乡村、实现城乡一体化发展，成为全面建成惠及全体人民的小康社会的必然路径。

随着城镇化的不断推进，农村人口老龄化、村庄空心化、村庄减少是必然的趋势。同时城乡之间在经济、社会、文化、生态等方面具有不同的功能，两者之间并非对立关系，乡村经济仍是国民经济中不可或缺的组成部分。此外，城镇化并不能解决所有"三农问题"，乡村振兴势在必行。

（二）拉动乡村经济、提升造血能力

在农村地区，"空心化"和"老龄化"现象突出，资金、技术和人才供给不

足，基础设施不完善、公共服务滞后、农民增收难度大等结构性问题依然存在。在产业端，不少农村地区经济和产业发展依赖政策补贴、城市输血等，因此如何全面激活农村资源要素、主体和市场成为乡村振兴发展关键。

（三）保障粮食安全、生态环境、文化传承

确保国家粮食安全，把中国人的饭碗牢牢端在自己手中，始终是国家治理的头等大事。目前，我国粮食产能稳定达到新的水平，但从产品结构看，粮食主要品种结构性过剩和短缺并存的矛盾并未得到根本缓解。因此，推动乡村产业振兴、农业高质量发展成为必由之路。同时，近年来农村"脏乱差"、农业污染、生态环境破坏等问题依然严峻，需要加大乡村治理。此外，乡村文化断裂、传统文化消失、低俗文化充斥等也在制约乡村发展，文化传承面临挑战。因此，文化振兴、乡村振兴也成为必然。

二、国家出台文件支持乡村振兴战略

实施乡村振兴战略，是党的十九大做出的重大决策部署，是决胜全面建成小康社会、全面建设社会主义现代化国家的重大历史任务，是新时代做好"三农"工作的总抓手。

习近平总书记在参加十三届全国人大一次会议山东代表团审议时，全面阐述了乡村振兴战略，就推动产业振兴、人才振兴、文化振兴、生态振兴、组织振兴和乡村振兴健康有序进行做出了重要指示，要求山东充分发挥农业大省优势，打造乡村振兴的齐鲁样板。

2017年十九大提出乡村振兴战略，2018年2月4号中央一号文件《中共中央国务院关于实施乡村振兴战略的意见》把乡村振兴提到国家战略高度。文件指出了我国发展不平衡不充分问题在乡村最为突出，实施乡村振兴战略，是解决人民日益增长的美好生活需要和不平衡不充分的发展之间矛盾的必然要求，是实现"两个一百年"奋斗目标的必然要求，是实现全体人民共同富裕的必然要求。

为贯彻落实党的十九大、中央经济工作会议、中央农村工作会议精神和政府工作报告要求，科学有序推动乡村产业、人才、文化、生态和组织振兴，中共中央、国务院编制印发了《乡村振兴战略规划（2018—2022年）》。

2021年2月21日，中央再次发布关于乡村振兴的一号文件《中共中央国务院关于全面推进乡村振兴加快农业农村现代化的意见》，文件指出中华民族要复兴，乡村必须振兴，提出全面推进乡村产业、生态、人才、文化、组织振兴。

第二节　乡村振兴的途径及意义

一、乡村旅游已成为乡村振兴重要途径

乡村振兴是带动乡村经济发展的重要途径。乡村振兴战略的提出旨在激发乡村的发展活力、增强乡村吸引力，同时利用当地的特色风光来发展旅游业，带动乡村的经济发展，从而更好地实现乡村振兴[1]。

乡村振兴与乡村旅游具有紧密的互动效应，乡村振兴是促进乡村旅游蓬勃发展的政策前提，乡村旅游是推动乡村振兴顺利实施的重要途径[2]。

近年来，随着我国社会经济的不断发展和带薪休假制度的实施，人们的可支配收入和休闲时间不断增加，人们参与休闲旅游的能力和愿望大大提高，促进了我国旅游业的迅速发展。疫情防控常态背景下，游客出游半径缩减，乡村旅游由于决策时间短、易抵达，因此得到快速发展。

乡村旅游已成为乡村地区新的经济增长点。从产业特性来看，乡村旅游能够盘活农村存量资产，在解决农村人口就业、推动农业产业发展、保护农村生态环境等方面作用显著。同时，乡村旅游发展使得社会财富、资源从城市向乡村转移，成为城乡互动的重要纽带，有助于缩小城乡差距。此外，在城镇化过程中，乡村成为城市居民寄放乡愁的地方，同时乡村文化止日渐消退，发展乡村旅游在一定程度上促进了乡村文化传承和振兴。

二、发展乡村旅游具有重要的意义

伴随农村产业结构的调整，乡村旅游已经成为乡村发展第三产业的重要渠道，为解决"三农"问题提供了有效的途径[3]。对农业生产而言，乡村旅游有利于加快优化农村产业结构；对农村发展而言，乡村旅游有利于促进农村发展从而加快城乡一体化发展进程；对农民生活而言，乡村旅游有利于增加当地农民的就业机会和收入，提高当地村民的生活质量。因此，乡村旅游被称为 21 世纪中国乡村传统产业的替代产业和乡村发展的新型战略产业[4]。

（一）提高农民收入，实现生活宽裕

由于旅游业巨大的关联带动效应，发展乡村旅游的过程中，当地农民通过加

工、销售地方土特产品、旅游纪念品等直接或间接为旅游者提供服务，并从中获得经济收入。这在一定程度上提高了当地农民的收入水平，有利于帮助他们实现生活宽裕的目标。

（二）调整和改善农村产业结构

旅游是集食、住、行、游、购、娱于一体的综合性行业，旅游的功能不仅在于促进了旅游业本身的发展，还带动了其他相关行业的发展。许多乡村地区通过发展乡村旅游，已经建立起了以旅游业为主导、多产业融合共生的产业结构。因此，发展乡村旅游业可以较大程度地调整和改善单一的农村产业经济结构。

（三）优化生态环境，提升环境品质

乡村优美的自然风光、良好的生态环境和淳朴田园氛围是吸引游客前往乡村旅游的主要驱动力，也是乡村旅游赖以生存和发展的基础。乡村旅游的发展会促使当地政府部门和居民为保持长久的经济效益，从而高度重视保护乡村的生态资源，提升环境品质，实现可持续发展。

（四）促进农村基础设施建设，实现村容整洁

发展乡村旅游加快了当地的基础设施建设，改善了农村地区的道路交通、卫生设施、排水系统等，这不仅改善了乡村的基础设施条件，同时也改善了乡村的环境，实现了社会主义新农村建设所要求的农村村容整洁的目标。

（五）实现"乡村振兴""共同富裕"的目标

发展乡村旅游可以促进城乡统筹，吸引多方资本参与乡村建设，乡村依托自身资源，整合各方力量参与乡村发展。乡村旅游发展过程中，当地村民也可参与投资入股、合作经营，增加其可支配收入，实现"乡村振兴""共同富裕"的目标。

乡村旅游相关研究

第一节　乡村旅游的产生

一、国外乡村旅游的产生

（一）城市化发展

18世纪初，英国进入工业革命时期，随着工业的不断发展，英国城市化水平也迅速提高，截至18世纪50年代，英国城市化率已达到51%。然而伴随着工业的飞速发展，城市发展也存在严重的问题。

第二次世界大战结束后，日本进入黄金发展时期，有关数据显示，日本城市化率在1945—1965年增长了40.08%，然而快速的城市发展也使日本出现了严重的环境问题。空气污染、城市交通拥堵、城市中心衰落等城市问题在20世纪中叶严重困扰着英国、日本等发达国家。

乡村地区受工业化影响较小，空气清新，伴随着公路、铁路等公共交通的发展，也使得乡村成为城市居民躲避空气污染、城市拥堵的"世外桃源"。随着城市居民来到乡村，乡村旅游应运而生。

（二）产业转型

20世纪40年代开始，发达国家开始进入后工业化阶段，以电子计算机、空间技术和生物工程为代表的第三次工业革命产业的开展，促使依托能源开采为主的产业面临转型。伴随着不断出现的失业人口，政府开始关注与农业相关的旅游产业。20 世纪 50 年代后，发达国家乡村旅游业开始进入全面发展阶段，以英国为代表的乡村旅游业形成了规模，走上规范化发展道路。20 世纪 80 年代中后期至今，发达国家的乡村旅游渐渐步入成熟阶段 [5]。

二、我国乡村旅游是时代发展的产物

我国乡村旅游是在经济持续增长、城市化不断推进，新农村建设，以及相关政策的扶持下产生的。

（一）经济持续增长推动了乡村旅游的发展

20 世纪 80 年代以来，经济的持续增长为旅游业的全面发展奠定了坚实的基础。一方面，人们收入普遍增长，可自由支配的收入得到了大幅提升，人们的旅游消费能力不断增强；另一方面，人们的闲暇时间越来越多，双休日、带薪假期和弹性工作制积累的额外假期等给人们提供了旅游休闲时间上的保障。此外，随着科学技术的进步发展、交通条件的改善，旅游者的空间移动距离大幅度拓展，旅游目的地的可进入性大大增强。伴随着经济的发展、生活水平和受教育程度的提高，人们的消费意识和需求层次也随之提高，于是旅游休闲逐步走进了人们的生活，这些都推动了包含乡村旅游在内的旅游业的应运而生和不断发展。

（二）城市化的不断推进为乡村旅游提供了庞大的客源市场

城市人群远离自然，高节奏的工作、生活使人们倍感压抑，人们到乡村亲近自然、舒缓心理压力便成了刚性的心理需求。我国城市化率超过 60%，长期居住在城市中的人们向往乡村优美的自然风光、淳朴的田园风貌。乡村旅游能够满足城市居民逃避平日一成不变的生活，感受与城市迥然不同的氛围环境，实现放松心情、缓解压力、亲近绿色的需求，正是不断推进的城市化使乡村旅游潜在人数持续增加，为乡村旅游提供了庞大的目标客源市场。

（三）新农村建设为发展乡村旅游奠定了坚实的基础

乡村旅游的发展不仅是产业自身发展的事情，而且是带动"三农"全面发展的重大议题，是建设社会主义新农村的重要内容，是贯彻落实统筹城乡发展的有效手段 [6]。一方面，新农村建设为乡村旅游的发展提供了更加有利的产业、人文和自然条件，为发展乡村旅游奠定了坚实的基础。"生产发展"最根本的措施是发展现代农业，现代农业的发展在改变农业生产总体面貌的同时，也在转变着乡村旅游的理念，为乡村旅游的发展注入了新的活力。另一方面，现代农业的发展推动农村产业结构的调整，进而带动地方农副产品的深加工和销售，为乡村旅游的发展奠定坚实的产业基础。

"村容整洁"政策的实施，促进和改善了农村基础设施、生态环境和生产生活条件，交通、通信、卫生等条件的改善，使乡村旅游的设施条件和自然环境大为改观。

"乡风文明"政策的实施，通过提升农民素质和技能的培训，提高了农民从事农业和非农产业的能力，为乡村旅游的发展提供了人才供给和智力支持[7]。

（四）政府政策的保障扶持推动了乡村旅游发展

乡村旅游的发展离不开国家政策的保障扶持。2005年党的十六届五中全会通过的《中共中央关于制定国民经济和社会发展第十一个五年规划的建议》中，明确提出要按照"生产发展、生活宽裕、乡风文明、村容整洁、管理民主"的要求，扎实稳步地推进社会主义新农村建设[8]。为了更好地实施"以游助农"，促进新农村建设，国家旅游局将2006年全国旅游的主题确定为"中国乡村游"，宣传口号为"新农村、新旅游、新体验、新风尚"。2007年，国家旅游局又将年度旅游主题定为"中国和谐城乡游"，确定了"走进乡村、走向城市，促城乡交流"的宣传口号，从此"魅力乡村、活力城市、和谐中国"的发展理念深入人心[9]。

2015年的中央一号文件中进一步提出，"要积极开发农业多种功能，挖掘乡村生态休闲、旅游观光、文化教育价值"。2016年的中央一号文件中强调："大力发展休闲农业和乡村旅游。强化规划引导，采取以奖代补、先建后补、财政贴息、设立产业投资基金等方式扶持休闲农业与乡村旅游业发展。"

第二节　乡村旅游发展历程

一、国外乡村旅游发展历程

早在19世纪末，英国家庭为了逃避工业革命所带来的城市污染、城市交通拥堵等城市问题，便开始了乡村旅游。到20世纪80年代，西方发达国家的乡村旅游逐渐走上规模化、规范化的发展之路，西方发达国家乡村旅游经历了自发发展、政府引导发展、成熟发展三个主要阶段[5]。

（一）自发发展阶段

乡村旅游在西方发达国家发展得比较早。在 19 世纪，乡村旅游作为西方现代人短暂逃离工业城市空气污染和快节奏工作生活的一种方式而自发发展起来。铁路公路等交通设施的发展改善了乡村的通达性，增加了可进入性，促进了乡村旅游的发展。欧洲阿尔卑斯山区以及美国、加拿大落基山区成为世界上早期开展乡村旅游的地区。

19 世纪末至 20 世纪 30 年代，这一阶段的西方发达国家乡村旅游主要以城市郊区农场观光为主。1865 年意大利成立"农业与旅游协会"是标志性事件，标志着欧洲乡村旅游的开始。协会主要介绍城市居民前往乡村与农民同吃、同住，同劳作，城市居民可以通过乡村旅游体验钓鱼、骑马、狩猎等乡村生活。

（二）政府引导发展阶段

20 世纪 30 年代至 20 世纪 80 年代，西班牙、法国、美国、日本开始加入乡村旅游的发展行列，并逐渐走上规模化发展道路。"二战"结束后，美国将乡村旅游作为带动地方经济增长、促进就业的重要方式。1958 年，美国户外游憩资源评估委员会成立，标志着美国开始涉及户外旅游；1964 年，美国政府出台《荒野条例》，美国民众开始树立起土地资源开发意识，大量农场、牧场开始建立。除美国政府外，1962 年，日本政府制定第一个《全国综合开发规划》，将乡村旅游开发作为农业经济发展的重要举措。这一时期的乡村旅游除观光旅游外，人们开始将乡间劳作、摄影等作为主要旅游方式。

（三）成熟发展阶段

20 世纪 80 年代开始，随着乡村旅游业的不断发展，单纯以观光、休闲为目的的乡村旅游已经不能满足人们的旅游需求。随着政府逐渐重视城市问题，城市环境污染、交通拥堵等问题得到缓解，城市旅游业也开始不断发展，从而成为乡村旅游市场有利的竞争者。为了提升乡村旅游自身竞争力，乡村旅游开始走向功能化、多样化、品质化的发展道路。例如，法国乡村旅游出现了葡萄酒庄园体验项目，游客通过葡萄采摘、酿酒工艺参观、品酒等形式体验法国葡萄酒的独特魅力。

二、国内乡村旅游发展历程

关于我国乡村旅游的起源，虽然有一些学者认为乡村旅游在中国古代就早已有之，那时旅游活动的客体无疑是乡村的风物、风情及荒野风光，这种以原始的乡野农村风光景物风情为活动对象的旅游也合乎现代乡村旅游的定义[10]，但现代意义上的中国乡村旅游，却是伴随着中国现代意义上的旅游业诞生而出现的，也是伴随着中国改革开放 40 多年的工业化和城市化进程逐渐壮大起来的。

我国真正意义上的乡村旅游起源于 20 世纪 80 年代，以招待外宾为目的的乡村体验活动为主[11]。近年来，随着人们经济收入增加、生活水平提升、思想观念改善，我国的乡村旅游得到了快速发展，可总结为四个阶段：乡村旅游起步阶段、乡村休闲旅游阶段、乡村度假旅游阶段和乡村生活旅居阶段。

（一）乡村旅游起步阶段

1986 年，四川省成都一位农民将自家宅院打造得颇有"世外桃源"感觉，这就是"中国第一家农家乐"——"徐家大院"，这也标志着"农家乐"旅游模式拉开了乡村旅游的序幕，促成了"农家乐"乡村旅游形式在全国其他地区迅速发展起来。时过三年，1989 年 4 月，"中国农民旅游协会"正式更名为"中国乡村旅游协会"。

同一时期，深圳市依托荔枝这一特色产品进行招商宣传，先后组织了"荔枝节"和"采摘园"活动。自此，全国各地纷纷依托自身资源特色打造乡村旅游项目。尤其是 1998 年，国家旅游局推出"华夏城乡游"作为中国旅游的年度主题，"华夏城乡游"主题年提出要从青山秀水、乡村风情、农村新景和五业兴旺四个方面来反映改革开放 20 多年来农村的新面貌，同时国家旅游局推出"吃农家饭、住农家院、做农家活、看农家景"，这标志着中国乡村旅游进入了一个新时代。

（二）乡村休闲旅游阶段

2002 年，国家颁布实施《全国工农业旅游示范点检查标准（试行）》，启动了创建全国农业旅游示范点工作，各地旅游部门高度重视，越来越多的农业旅游单位积极响应，这也标志着我国乡村旅游开始走上规范化的发展轨道。

此外，21 世纪初，"三农"问题首次上升至国家发展战略高度，2004 年，"中央 1 号"文件将"三农"问题提到了国家发展战略重点的高度，乡村旅游作为解决"三农"问题的重要举措，受到了各地的高度重视。2006 年，国家旅游局发布《关于促进农村旅游发展的指导意见》，并推出"中国乡村游"主题年，宣传口号为"新农村、新旅游、新体验、新风尚"；2007 年推出了"中国和谐城乡游"主题年，宣传口号是"魅力乡村、活力城市、和谐中国"，大力倡导科学利用农业生产、农民生活和乡村风貌等乡村旅游资源，推动乡村旅游发展。同年，国家旅游局和农业部联合发布《关于大力推进全国乡村旅游发展的通知》，提出充分利用"三农"资源，通过实施"百千万工程"，在全国建成具有乡村旅游示范意义的 100 个县、1000 个乡（镇）、10000 个村 [12]，进一步推动乡村旅游发展，加快传统农业转型升级，促进农村生态，村容村貌改善，增加农民收入，为新农村建设做出积极贡献。2010 年 7 月，农业部和国家旅游局联合下发促进乡村休闲旅游发展的文件指出，计划在 2012 年年底之前，三年内在全国范围内培育出 100 个乡村休闲旅游示范县和 300 个乡村休闲旅游示范点 [13]。

国家的政策方针极大地推动了全国乡村旅游的蓬勃发展，农家乐数量急剧增长，农民依靠乡村旅游业实现了收入增长。同时多样化乡村旅游业态开始出现，包括农业观光园、农庄垂钓园、农业采摘园等，这些旅游产品业态极大地丰富了乡村旅游产品体系，也为大众的旅游需求提供了诸多选择。

（三）乡村度假旅游阶段

2008 年，国务院调整了法定节假日相关政策，将"五一"黄金周调整为三天短假期，并新增了清明、中秋、端午三个短假期 [14]。短期假的增多激发了居民的休闲度假需求，也引起了人们旅游时间和空间上的变化 [15]，由大中尺度的中远途旅游转化为中小尺度的近郊游。由于乡村位于城市周边，加之生活环境差异化、旅游消费平民化，成为城市居民周末和节假日休闲度假的首选。针对城市居民休闲空间的变化，市场上应运而生了一批度假旅游产品。乡村旅游成为城市家庭生活的重要组成部分，乡村旅游既可以暂时缓解城市居民的工作生活压力，也可满足求新求异的精神需求，最终农村居民获得经济收益，成为一种平衡城市和乡村经济的良好方式，有利于缩小城乡差距，实现城乡统筹发展 [16]。

（四）乡村生活旅居阶段

2016 年，中国社科院明确指出 2016 年是"大乡村旅游时代"的开端之年，乡村旅游将逐渐迈向大规模发展时代 [17]。同时，2018 年国家开始实施乡村振兴战略，制定了一系列促进乡村振兴的法律法规，客观上乡村振兴的政策和法规也促进了乡村旅游的可持续发展。在此背景下，游客的需求也在不断变化升级，旅游消费逐渐从"旅游"开始向"旅居"过渡，乡村旅游正在向乡村居住方向转变，居于乡间，回归自然，以田园大地为背景，以农耕体验为乐趣，是国人追求的理想生活方式的极致。

第三节　乡村旅游的概念内涵

一、国外乡村旅游概念

由于国外乡村旅游起步较早，"乡村旅游"这一概念最早由国外研究人员提出，英文单词为"Agritourism"，也有学者将其翻译为"农业观光"。随着乡村旅游业的发展和乡村旅游研究的深入，关于乡村旅游的概念界定越来越明晰。

早期学者普遍把乡村旅游界定为一种狭义的行为活动，如德诺伊（Dernoi，1983）指出：农村土地是乡村旅游发展的重要场所，在土地上面享有永久居住的村民是乡村旅游的必要环节[18]。1990年Gilbert将乡村旅游定义为在乡间环境中开展旅游活动的行为[19]；1991年Inskeep将乡村旅游定义为农民或乡村居民出于经济目的，为吸引旅游者前来旅游而提供的广泛的活动、服务和令人愉快的事物的统称[20]。1994年Bill等人对Gilbert的观点进行了修正，认为乡村旅游不限于基于农业的旅游活动，还应包括骑马、登山、探险等运动类和民俗文化类活动[21]；同年，Bramwell等人将前人的结论进行总结，指出乡村旅游不仅是基于农业的旅行活动，而且是一个更广泛的旅游活动范畴，它除了包括基于农业的节假日旅游外，还包括自然旅游、生态旅游、健康旅游、文化旅游，以及一些区域性的民俗旅游活动，也就是在乡间开展的任何旅游活动均可称为乡村旅游[22]。布罗曼（Brohman，1996）指出：当地村民参与经营，以户为单位经营，实现文化与生态环境的可持续发展是保持"乡村性"的重要因素。世界经济合作与发展组织（OECD）将乡村旅游定义为一种在乡村地区进行的、具有一定的可持续性的小规模旅游经营活动[23]；世界旅游组织（UNWTO）认为乡村旅游是指旅游者在乡村及其附近逗留、学习、体验乡村生活模式的活动。

由此可见，尽管国外的学者以及组织机构不能对乡村旅游的定义形成统一的意见，但都强调乡村居民、乡村活动、乡村土地也具有"乡村性"，乡村性是界定当代乡村旅游概念的最本质、最基础的标志，是区别于城市、扎根于乡村的乡村旅游标志与本质。

二、国内乡村旅游概念

随着我国乡村旅游的发展，以及乡村旅游研究的加深，众多学者开始从最基本的概念出发，建构乡村旅游的基本理论体系。

杜江等人将乡村旅游定义为以农业生态环境、农事生产活动、农业文化景观以及传统的民族习俗为资源，融观赏、考察、学习、参与娱乐、购物、度假于一体的旅游活动[24]。何景明认为乡村旅游是指在乡村地区，以具有乡村性的自然和人文为旅游吸引物的旅游活动[25]。唐代剑等人将乡村旅游定义为一种依托城市周边以及比较偏远地带的自然和人文资源，面向城市居民开发的集参与性、娱乐性于一体的休闲旅游产品，其本质特性是乡土性[26]。刘德谦认为乡村旅游就是以乡村地域及农事相关的风土、风物、风俗、风景组合而成的乡村风情为吸引物，吸引旅游者前往休息、观光、体验及学习等的旅游活动[27]；郭焕成等人将乡村旅游定义为以农村社区为活动场所，以都市居民为目标市场，以乡村自然生态环境、农林生产经营活动和社会文化风俗为吸引物，以领略农村乡野风光、体验农事生产劳作、了解风土民俗和回归自然为旅游目的的一种旅游形式[28]。

随着乡村旅游业的蓬勃发展，乡村旅游的地域性得到学者的普遍认同，国内学者纷纷提出以地域性为核心的乡村旅游概念，在概念界定中也着重强调了其地域性特征，如熊凯认为乡村旅游是发生在乡村地区的，以田园风光、乡村生产形态和生活风情为游览对象的旅游类型[29]；谢天慧和廖碧芯等均着重强调旅游行为发生在乡村地区这一地域性特征[30-31]。此外，也有学者从对比的角度进一步完善乡村旅游的概念。肖佑兴等人认为乡村旅游是利用城乡差距来规划设计和提供旅游产品的一种旅游形式，这种形式与城市旅游具有明显差异化[32]；从传统与现代角度来看，乌恩等人认为与传统旅游不同，乡村旅游不会过度依赖资本和高科技[33]；从国内外对比来看，刘晓霞综合国内外学者对乡村旅游的概念界定，指出乡村旅游在国内和国外有不同的内涵，国外主要指以农场住宿为主的乡村休闲活动模式，而国内主要指以参观农业生产利用为主、兼具游乐项目的观光体验模式[34]。

三、乡村旅游的内涵

要把握乡村旅游的概念内涵，应在科学的旅游定义基础上，结合乡村旅游资源的特点和形式进行总结分析[35]。

（一）地理空间——乡村与村落

乡村与城市相对应，乡村旅游与城市及名胜区旅游相对应[36]。它界定旅游的空间地理位置是在农村或乡间聚居之地，是农民生产生活的场所，只有发生在

"乡村"这个地理空间里的旅游，才能称得上"乡村旅游"。

（二）旅游资源——乡土与文化

乡村旅游资源与城市旅游资源相对应，指存在于乡村的能够吸引都市市民前往观光休闲，具有的审美和愉悦价值的自然存在、历史文化遗产和社会现象[37]。包括乡村聚落、乡村建筑、农业景观、乡村服饰、乡村民俗、乡村文化、农耕文化、乡村饮食、农事活动等农业旅游资源和人文旅游资源。

（三）旅游形式——休闲与体验

与城市生活的快节奏、工作的高压力等因素相比，乡村旅游为旅游客群提供一个相对宁静、闲适的环境，短暂放松的生活方式和心理状态，实现过程就是给予游客提供和创造一种有别于都市生活，能够参与体验农家生活与生产的场景，游客参与这种旅游形式进行休闲与体验。

（四）旅游特色——农业与自然

乡村旅游的特色是以农业生产活动为基础，乡野自然风光等自然旅游资源为依托，有别于城市高楼大厦等生存空间狭小的生存环境，满足都市群体回归自然的需求[38]。

通过对乡村旅游的概念以及乡村旅游资源的特点和形式进行总结分析，乡村旅游的内涵可以归结为五个方面：第一，乡村旅游是乡村地区独有的旅游形式，发生在乡村地区，具有明显的乡村地域性特征；第二，乡村旅游的对象为农业生产、田园风光、民俗文化等；第三，强调乡村旅游目的地是远离城市的乡村社区或乡村地域；第四，强调旅游客体是乡村地区具有乡村性的自然和人文资源；第五，强调旅游主体构成主要是都市人群；第六，突出功能主要表现在集观光、休闲、度假、娱乐、购物于一体。

综上所述，乡村旅游是指以农业为基础，以乡野风光为依托，以乡村村落为载体，以乡村独特的乡土和文化为资源，以都市人群为主要目标群体，利用城乡差异性来规划设计和组合产品，为城市人群提供集游览、休闲、娱乐、体验、度假等于一体的具有乡土性、娱乐性、回归自然等特征的一种旅游形式。

第四节　乡村旅游研究进展

一、国外乡村旅游研究进展

随着乡村旅游的快速发展，国外学者对乡村旅游的关注度也与日俱增，对于乡村旅游的研究主要开始于 20 世纪 80 年代，经过多年的研究积累，国外学者从理论和实践两方面都取得了丰硕的成果。就研究的主要内容来看，国外乡村旅游领域研究主要集中在乡村旅游影响因素、乡村旅游驱动机制、乡村旅游经营管理、乡村居民对乡村旅游的态度、乡村旅游规划、乡村旅游开发策略、乡村旅游社区参与、乡村旅游可持续发展研究等几个方面[39]。

（一）乡村旅游影响因素研究

国外学者主要从单因素和多因素两种方法研究乡村旅游影响因素。其中单因素研究法主要是研究某一特定因素对乡村旅游发展的影响。如 Haven 和 Jones 从地理位置角度对英国乡村旅游的影响进行了研究。Sharpley 认为游客的心理体验是发展乡村旅游的首要考虑因素[40]。而 Wickens 等人则指出经营者的经营管理水平是乡村旅游发展中的最大制约因素[41]。

（二）乡村旅游驱动机制研究

国外学者对乡村旅游驱动机制的研究主要基于供给和需求角度。Greffe 认为，随着国家经济的稳步发展，人们的生活需求也不断提升，不断丰富的日常休闲娱乐活动是驱动乡村旅游发展的重要条件。同时研究发现，不同的乡村旅游主体对于旅游的需求点存在差异化，需求层面也向着多元化方向发展。Greffe 将乡村旅游活动划分为主题度假和家庭度假两种类型，这很好地引导了乡村旅游的开发。另一方面，国外学者从供给视角分析乡村旅游住宿和服务的关联性，发现服务质量的高低已经成为吸引游客最重要的因素之一，甚至已经超越了乡村本身的资源条件[42]。

（三）乡村旅游经营管理研究

乡村旅游的经营管理其主要内容包括乡村旅游的政策、乡村旅游组织管理、乡村旅游营销推广等问题。Hall 在对欧洲的乡村旅游进行实地调查研究后得出，科学的旅游政策和适当的政府干预能够有效促进当地乡村旅游与社会环境的可持续发展[43]。

Walmsley 从地点营销的视角，分析了澳大利亚消费社会和后农业社会的特点，得出由于营销地点的差异，乡村旅游的发展进程也存在着显著差异，并提出了相应的旅游营销策略[44]。

（四）乡村居民对乡村旅游的态度研究

Gursoy 等人研究得出，社区居民对发展乡村旅游支持程度受当地的经济发展水平、旅游业和社区的关联程度等因素影响[45]。Napap 对加纳的旅游小镇进行调查后得出，由于乡村旅游对于当地经济的巨大促进作用，绝大多数居民可以参与其中，分享发展收益，因此对乡村旅游表示支持甚至寄予厚望[46]。Liu 和 Var 等人的一项研究发现，尽管居民普遍认同乡村旅游在经济、文化上的重要作用，但同时也指出乡村旅游对于当地社会文化和生态环境存在负面影响。而学者通过对爱达荷州的乡村旅游研究后发现，这里的居民基本上不赞同发展乡村旅游，他们认为这些活动弊大于利[47]。

（五）乡村旅游规划研究

国外在乡村旅游规划方面研究主要以案例研究为主，同时也关注乡村规划过程中出现的各种问题以及具体的项目规划设计。例如，在规划过程中，乡村的"乡村性"缺失，生态环境遭到破坏，社区居民无法参与规划过程等，学者们在研究之后给出了相应的建议对策。

Murphy 和 Williarms 通过研究日本乡村旅游的需求发现，"乡村性"的缺失是日本乡村旅游规划面临的最大挑战，人们无法通过乡村旅游体验乡村独有的生活气息和文化氛围[48]。Steven Deller 研究了美国的乡村社区旅游规划后发现，适当增建乡村娱乐设施可以提高当地的财政收入[49]。

Augutyn M 提出了乡村旅游的 EMS 环境治理管理系统，将可持续发展概念引入乡村旅游[50]。Heather Mair 等人对加拿大的乡村进行实地考察研究后，构建了社区参与乡村旅游规划的评价体系，使乡村旅游规划更加科学有效地发挥价值[51]。

总的来说，国外学者在对乡村旅游规划的案例进行分析研究时，运用了定性及定量相结合的研究方法，并将乡村旅游规划与其他学科的理论相结合。在具体方法上，则充分进行量化模拟分析，极大地提高了研究成果的科学性和可信度，在操作层面也可以更好地指导乡村旅游。

（六）乡村旅游开发策略研究

Hall 在分析了影响乡村旅游发展的几个关键性因素后，认为乡村的生态和文化资源以及社区参与是乡村旅游开发的关键[43]。Clarke 等人则提出了包括成立旅游信息中心、创办乡村旅游协会、培养乡村旅游专业人才、制订近期乡村旅游市场营销计划四项乡村旅游开发策略[52]。

Thompson 在对日本的乡村旅游开发综合分析后得出，维护地方传统和乡村特色是维持乡村旅游吸引力的重要途径[53]。Sharpley 则表示在乡村经济逐渐发展和村民收入提高的同时，也要重视生态环境承载力和可持续发展问题，这样更加容易得到政府和当地村民的支持[40]。

（七）乡村旅游社区参与研究

Byrd、Bosley 和 Dronberge 对北卡罗来纳州东部的居民、企业家、政府官员和游客四类利益相关者群体进行研究后发现，美国乡村社区中不同的利益相关者对乡村旅游影响的感知存在差异性，其中差异最大的是各方对旅游促进地方经济的感知[54]。Patricia 通过研究科罗拉多州乡村旅游社区后发现，乡村旅游地的社会资本包括规范、信任、网络等，在务农的同时经营乡村住宿和旅游活动的居民呈现出最强的社会性，且不同增长水平的旅游县的平均犯罪率存在差异[55]。Panyik、Costa 和 Tamara 得出乡村旅游节事活动在举办过程中，节事组织者与社区之间建立信任关系至关重要，居民社区的参与有助于旅游节事的开展[56]。

（八）乡村旅游可持续发展研究

第一，关于乡村旅游可持续发展的评价指标。Tuzon、Cirdap 对亚太地区农村综合发展中心成员国的农村区域可持续发展指数进行研究得出，农村区域可持续发展指数不仅显示了国家在农村发展中的影响力，还显示了不同农村社区的发展水平和发展阶段[57]。Hashemi、Ghaffary 构建了乡村旅游可持续发展评价指标体系，用该指标评价体系能够反映社区旅游发展的优势、劣势、机遇、挑战等，评价旅游业发展是否能促进乡村的可持续发展[58]。

第二，关于乡村旅游可持续发展的对策建议。Mölders、Tanja 提出综合性为导向的共同农业政策，该政策能够促进乡村旅游的可持续性发展[59]。Kepe、Cousins 提出乡村旅游发展背景下，法律和实践的土地使用权保障，是实现可持续发展的必要条件[60]。Frisvoll 研究指出乡村性是构成乡村旅游吸引力的关键要素，乡村旅游要实现可持续发展就要重视乡村田园空间和田园生活[61]。Scott 强调要关注公民社会力量，可以从旅游发展中获得经济收益，并且通过发展旅游来改善民生[62]。

二、国内乡村旅游研究进展

乡村旅游作为缩小城乡差距、改善农村经济、提高农村人民生活水平的重要举措，也越来越受到社会各领域的关注和研究。近些年来，学者们也对我国的乡村旅游进行了各个方面的研究和探索，这里主要从乡村旅游开发、乡村旅游保护、乡村旅游管理、乡村旅游发展模式、乡村旅游社区参与、乡村旅游可持续发展等方面分别介绍。

（一）乡村旅游开发研究

乡村旅游作为一种重要的旅游类型，引起了国内外旅游行业的普遍关注，乡村旅游开发方式也一直是学者们关注和研究的重点。对此，李爱兰、霍佳颖等人则重点分析了山东和陕西的乡村旅游资源，得出乡村旅游资源的类型、价值等与旅游开发之间存在明显的相关性，资源类型越丰富、价值越大，越有利于旅游项目的开发[63-64]；安贺新、张立晓等学者认为鉴于农民在乡村旅游开发中处于相对弱势地位，以及后期乡村旅游的经营过程中存在的管理运营缺陷，因此，各级地方政府需要为乡村旅游的开发提供必要的引导和扶持[65]。黄艳萍将博弈论引入到乡村旅游开发过程中，在分析了各种参与主体行为可能导致的结果基础上，提出了相应的建议和对策[66]。赵科峰指出要使当地居民从旅游项目中获得收益，维持项目的可持续发展，就必须在开发过程中把乡村的文化和环境保护放在首位[67]。

（二）乡村旅游保护研究

乡村旅游的保护研究主要聚焦在可持续发展、环境保护、低碳旅游等方面。何玮指出，源于农村经济发展与维护生态环境质量之间存在着矛盾，这是影响乡村旅游可持续发展的主要因素[68]；刘德鹏、张晓萍等通过对云南省楚雄州彝人古镇研究得出，舞台化的乡村旅游产品可以有效防止乡村文化的变质，同时商业化可以给游客更加真实的旅游体验[69]。洪磊通过对乌镇"宏源泰"作坊进行实证研究，指出乡村农耕文化遗产作为特定历史条件下形成的不可复制的文化资源，需要科学有序的保护发展模式[70]；张补宏与徐施等在对民族旅游保护模式深入研究后得出，旅游地的商业化并不一定都是消极的，反而在一定程度上有积极意义，能够一定程度上防止丧失民族旅游的原真性[71]。

（三）乡村旅游管理研究

随着乡村旅游的不断发展，农村经济得到提升，农村就业得到缓解，农民生活得到改善。但基础与服务设施落后、人才匮乏、管理水平低等问题仍然存在。白清平主要从乡村旅游人力资源管理的视角分析了我国乡村旅游从业人员的现状问题，得出我国乡村旅游人力资源短缺和专业素质不够是乡村旅游产业出现问题的重要原因，并针对性地提出了解决方案[72]。周文英指出乡村旅游需要跟上信息时代的脚步，充分借助移动通信、互联网等技术手段，促进乡村旅游的个性化、智能化，为乡村旅游者带来全新的旅游体验[73]。李露以常熟蒋巷村为例，将双因素理论到了游客满意度的分析中，并研究乡村旅游的管理策略[74]。唐慧则研究了众多的休闲农业产业园案例，提出在乡村旅游景区初期的运营方式可以采用封闭式，发展中远期则调整为开放式，这样可以更好地实现乡村旅游景区的可持续发展[75]。

（四）乡村旅游发展模式研究

由于我国乡村地域类型多样化、经济发展水平和资源禀赋的差异性，乡村旅游在全国各地的发展模式也具有一定的差异性。许春晓研究了旅游资源丰富、经济欠发达农村地区的旅游业成长历程，总结出 3 种模式，即旅游资源主体型、旅游资源共生型和旅游资源附属型[76]。刘德谦通过研究把乡村旅游发展模式分为 4 种，分别为客源地依托模式、目的地依托模式、非典型模式和复合模式[77]。林刚、石培基等根据区位条件、客源市场、旅游目的等特征将乡村旅游开发类型分为都市郊区型、景区周缘型和特色村寨型 3 种类型[78]。郑群明等通过研究得出在乡村旅游的众多开发模式中，注重社区和居民参与的开发模式是最优选择，包括公司 + 农户模式、政府 + 公司 + 农村旅游协会 + 旅行社模式、农户 + 农户模式等[79]。王云才通过研究新时期替代传统旅游产品的乡村旅游新模式，得出有以下 7 大类型发展模式：主题农园与农庄发展模式、乡村民俗体验与主题文化村落发展模式、传承地方性遗产之乡村主题博物馆发展模式、现代商务度假与企业庄园模式、乡村旅游基地化之乡村俱乐部模式、农业产业化与产业庄园发展模式、区域景观整体与乡村意境梦幻体验模式[80]。戴斌等研究了乡村旅游的发展模式，并归纳为政府推动型（含旅游扶贫型）、市场驱动型、政府干预与经济结合发展的混合成长型三种模式[81]。郭磊夫对国内学者关于乡村旅游发展模式进行了总结归纳，指出乡村旅游发展模式主要体现在旅游资源与区域、旅游项目与产品、旅游开发与经营三大领域[82]。卢杨指出乡村旅游开发模式包括以个体农民为经营主体的模式、政府投资开发的公有模式、旅游企业独资模式、旅游企业与当地农民合作合股模式、当地村委会与外来投资商合股开发模式等，并指出了不同模式有其适用和限制条件[83]。

综上所述，由于乡村旅游地类型的多样性、研究视角的差异性，不同学者根据不同的研究视角、影响因素和划分标准，提出了诸多乡村旅游的发展模式。乡村旅游发展模式的划分主要是基于乡村旅游资源特征、投资主体和运行特征、社区与居民参与度等方面，今后应聚焦乡村旅游产品的新形态和新模式的研究，从而增强乡村旅游发展模式的解释力和普适性[84]。

（五）乡村旅游社区参与研究

郭文剖析了云南香格里拉雨崩社区这一典型案例，指出增权是社区参与的重点，增权可以提高居民自主参与旅游发展的积极性，社区旅游权能存在着结构性差异，差异化开发模式的介入使得权能建设的先后次序和实际效果存在差异[85]。张欣然以成都乡村旅游目的地花香果居景区为例，从实证的角度对社区居民近郊乡村旅游影响的感知与态度进行了相关研究[86]。苏金豹、陈庆等运用变异系数与层次分析法对乡村旅游地社区参与度的评价体系进行了研究[87]。郭华以江西省婺源县为实证案例，从利益相关者视角，分析了乡村旅游社区制度变迁路径的选择问题[88]。吉根宝、郭凌、韩丰以四川省成都市三圣乡红砂村乡村旅游社区居民体验为例，对社区居民的乡村文化在表层文化、中层文化、核心文化3个层面的变迁进行了相关研究[89]。

（六）乡村旅游可持续发展研究

任世国从全国乡村旅游的角度，陈天富从河南乡村旅游发展的角度，王兵等从北京郊区乡村旅游的角度，探讨了乡村旅游发展存在的问题，主要有科学的乡村旅游规划缺乏、资源保护力度不足、产品同质化严重、收益分配不平衡、整体服务质量不高、社会文化及环境冲击显著、社区参与度低等，从而影响了乡村旅游的可持续发展[90-92]。

王铁、张宪玉等从环城游憩带乡村旅游开发的角度，构建了环城游憩带乡村旅游开发的影响因子体系和概率计算模型，并与门槛值相结合建立了环城游憩带乡村旅游的开发决策路径，从定量角度为乡村旅游的可持续发展提供建议[93]；曹雪、武玉艳以溱潼乡村旅游为研究对象，构建了溱潼乡村旅游可持续发展的指标体系，运用模糊AHP模型对指标体系进行研究分析，并据此对溱潼乡村旅游的可持续发展提出了对策[94]；苏金豹、陈庆以社区居民的分享权、发展权、监督权为理论基础，建立分享参与、发展参与、监督参与、保护参与为评价准则层的评价体系，运用层次分析的主观权重和变异系数法的客观权重相结合的研究方法来确定各指标的权重，对乡村旅游案例地的社区居民参与度进行综合评价，提出能够提升社区参与度的有效措施，从社区参与角度为乡村旅游可持续发展和旅游增收扶贫提供借鉴[95]。

三、研究结论

国内外学者的研究内容不断丰富，研究方法也呈现多样化，并开始由定性分析转向定性和定量分析相结合。

从研究内容上看，国内外对乡村旅游供给侧和需要侧都给予了充分的关注，既关注乡村旅游发展的影响因素，也关注社区参与的研究，无论是乡村旅游的发展模式、评价指标体系还是社区参与等内容的研究，最终目的都是探讨乡村旅游的可持续发展问题。另外，国内学者更多关注乡村旅游发展问题、模式和路径等方面的研究，对于乡村旅游发展理论方面的探讨还相对薄弱；国外学者在开展大量实证研究的基础上，比较注重乡村旅游理论概念的建构和深化。

第五节　乡村旅游发展模式

一、国外乡村旅游发展模式

（一）行政干预的政府主导型

以法国为代表的政府主导型乡村旅游发展模式起源 19 世纪中期，"二战"后，受政治经济影响，大量的农村人口进入城市，乡村的空置化现象严重。为缓解农村经济的萧条，法国政府大力支持乡村旅游业的发展，1962 年至 1972 年期间先后颁布了《马尔罗法》《乡村旅游发展质量规范法》等法律法规，通过强化税收支持来改善乡村生态环境、提高乡村旅游发展质量。一系列政府主导的政策法规的出台，让法国的乡村旅游进入一个快速发展时期，逐步形成了集休闲观光、美食品尝、文化风情观赏于一体的家庭农场，吸引了来自世界各地的游客前来观光休闲。

（二）城市依托的发展型

美国人历来就有休闲的传统，长期居住在城市的人们会在周末去乡村休闲，尤其在"二战"以后，美国的经济进入飞速发展时期，大量乡村人口进城发展，留下更多的地广人稀的美国乡村。于是，美国政府将大量的农业用地转为国家公园、保护区等公众休憩区域。到了 20 世纪 80 年代，仅美国的东海岸就有 1000 余处游憩区域，到了 90 年代，美国的乡村旅游就向洛杉矶、华盛顿等大城市周边集聚发展，美国的乡村旅游也就逐渐向依托都市发展的路径演化。

（三）多种功能复合的发展型

20 世纪 60 年代，日本经济快速发展，城镇化率迅速提高，大量的农民进入城市。为减小空心村、老龄化等城镇化对农业的影响，日本政府大力发展现代农业来提升农业的产业化。与此同时，面对巨大的工作生活压力，城镇居民更加向往乡村闲适、清新的生活。从 20 世纪 60 年代末期到 70 年代，近郊观光农业成为更加专业的农业观光农园，这标志着日本的乡村旅游进入一个快速发展时期；再到 80 年代，越来越多的日本人将商业眼光集聚在了乡村区域，修建了乡村度假区，发展特色乡村旅游。在 80 年代的后期，日本老龄化更加严重，针对家庭养老问题，日本农村出现了很多休闲、养老、综合服务的乡村旅游度假村，如熊本县的"老年农村公寓"等。此时，日本乡村旅游由单一的观光功能发展到能够集观光、休闲、度假、养老等多种功能复合的模式。

二、国内乡村旅游发展模式

国内乡村旅游发展模式有多种划分方法，这里主要尝试从空间角度、经营管理等角度来探讨我国乡村旅游的发展模式。

（一）我国乡村旅游发展的空间模式

纵观全国乡村旅游发展近 40 年的历程可以发现，在北京、浙江、江苏、四川等乡村旅游发展较早、较成熟的地区，涌现出了许多具有地方特色的发展模式和典型案例。从全国范围内来看，乡村旅游发展的空间模式主要有以下四种。

1. 旅游目的地型

旅游目的地的概念是针对旅游过境地而言的。旅游目的地一般是指吸引力足够大以至于能够吸引游客专程前往停留和消费；相比之下，旅游过境地由于其自身吸引力不足和区位交通因素的限制，在大尺度旅游线路组织中，往往只能成为游客中途短暂停留之地，停留时间和消费额度相对目的地均少很多。在全国乡村旅游发展中，已经涌现了许多能够吸引游客专程前往并停留的旅游村。如陕西省礼泉县烟霞镇袁家村，经过多年发展成为国家 4A 级旅游景区，每年接待游客约 500 万人次，一年创收 10 亿元左右，已经成为全国旅游目的地型旅游村。

2. 城区依托型

这种类型是环城游憩带的重要组成部分，是针对现代都市人日益渴望摆脱快节奏、喧嚣等都市环境需求，利用都市郊区相对城市良好的自然生态环境及独特的人文环境、地理优势和便利的交通条件迅速发展起来的。

乡村是一种区别于城市或者是一种与城市对立的聚落形态。乡村旅游得以存在和发展的根本在于乡村性，乡村性是相对于城市景观和城市氛围存在的差异性，是对城市居民产生吸引力之所在。因此，乡村旅游的客源市场主要是城市居民。在区位和交通方面具有优势的旅游村，在吸引城市游客前来观光休闲度假也具有比较优势。在北京、上海、成都等特大城市周边，就分布了大量的依托城区的旅游村，如北京的洼里乡居楼、成都的五朵金花等。

3. 景区依托型

旅游景区是指以旅游及其相关活动为主要功能的区域场所，能够满足游客参观游览、休闲度假、康乐养生等旅游需求，具备相应的旅游设施并提供相应的旅游服务的独立管理区。因此，从空间的角度，旅游景区是区域游客的集散中心。景区依托型的旅游村，可以极大地利用景区的客流引流优势，通过与景区功能上的差异性来实现客源共享。有条件的旅游村，还可以大力发展乡村康养度假等业态，实现"景区中游，旅游村住"的联动发展格局。这种景区依托型的乡村旅游模式，出现在著名旅游景区周边，如青城山后山及北京的长城景区周边的农家乐聚集区。

4. 交通依托型

交通条件历来是区域旅游发展的主要影响因素，乡村旅游也不例外。交通条件的改善是一把双刃剑，一方面可以极大地提升乡村旅游地的可进入性，实现客流增加；另一方面，由于游客可以更好地进出，有些旅游地因为交通耗时减少而导致游客停留时间缩短，从而由目的地演化为过境地。交通依托型乡村旅游发展类型一般分布在国道、省道等交通主干线附近，是随着经济的发展以及私家车的增多，城市居民对交通便利的乡村旅游的需求增加而逐渐发展起来的。

目前，交通依托型的旅游发展模式也遍布于全国各地，张北的"草原天路"和川藏线的318国道就属于典型的交通依托型。依托交通轴线发展起来的交通依托型旅游村，需要充分挖掘地方特色，构建核心吸引力，防止游客停留时间过短而沦为过境地。

以上四种分类是根据游客空间行为模式所做出的框架性划分，旨在为各乡村旅游地的发展提供一个基于资源特色、区位、交通等因素的模式选择借鉴。很多乡村旅游地的发展实践表明，乡村旅游地的发展模式并非是单一的，而是众多模式的综合。

（二）乡村旅游的经营管理模式

在乡村旅游经营管理模式的构建上，要遵循"健全、精简、分工、高效"的原则，在乡村旅游发展的不同区域、不同阶段采用不同的经营管理模式。无论采取何种经营模式，都要兼顾参与方的利益，尤其重点关注农民的利益，从而建立公平合理的利益分配机制。

1."农户＋农户"模式

"农户＋农户"模式属于乡村旅游发展初级阶段的运营模式，这种模式以"示范户"带动乡村发展，当"示范户"率先在农村开展乡村旅游并取得成功后，其他农民开始从"示范户"那里学习经验和技术。这种模式可以最大限度地保留文化原真性，游客能够体验原生态的本地文化和风土人情，人均消费较低，较适合以"农家乐"为主的小规模乡村旅游。典型案例包括浙江安吉的天荒坪村、重庆市武隆区白马山乡村旅游等。

2."公司＋农户"模式

依托公司的资金、运营、宣传、渠道等优势，充分发挥投资商在旅游开发中的主体地位，这种模式通过旅游公司的带动，吸纳农民参与乡村旅游的经营与管理，盘活乡村农户闲置的资产和剩余的劳动力，增加农户的收入。通过引进旅游公司的管理运营，规范和形成农户的接待标准，提高服务水平，避免不良竞争损害游客利益，促进乡村旅游健康发展。这种模式充分考虑了乡村农民利益，乡村农户可以多方位地参与乡村旅游开发，有利于实现共同富裕。

3."公司＋村委会（社区）＋农户"模式

有实力的致力于开发乡村旅游的公司先与当地村委会或社区组织进行合作，公司与村委会签订协议，然后由村委会将农民土地承包经营权进行流转，通过村委会组织农民参与乡村旅游休闲产业的开发。这样既可以让企业实现农民土地的集中使用，又可以降低生产运营成本。公司负责资金、技术、培训、销售等，村委会负责组织农户参与乡村旅游，在公司和农户之间进行协调，同时对公司起到监督作用。

4."农村旅游合作社＋公司＋农户"模式

农村旅游合作社是由乡村居民共同组成的一个组织，一户一个代表，决定乡村旅游开发的过程中的重大事项、任命与考核，监督公司管理、审查财务状况等。"公司"是村办企业，接受合作社的委托，对合作社负责，具体负责乡村旅游的经营业务，包括基础和服务设施建设、对外营销宣传、接待并分配游客、定期与经营农户结算等。"农户"是具体的服务执行单元，接受公司安排的任务，并定期与公司结算。

5. "政府＋公司＋旅游协会＋旅行社"模式

政府负责乡村旅游规划和基础设施建设，优化乡村旅游发展环境；旅游公司负责日常经营管理、宣传营销、商业运作、渠道维护；旅游协会负责组织村民参与地方戏表演、工艺品制作、提供餐饮住宿服务等，并负责维护和修缮各自的传统民居，协调公司与农民的利益。旅行社负责开拓市场和组织客源。这种开发模式能整合旅游产业链中各环节资源，充分发挥各自的比较优势，促进乡村旅游发展。

6. 混合股份制

乡村旅游开发过程中，国家、集体和农民个体三者进行股份合作制经营，通过土地、技术、劳动等入股形式参与乡村旅游开发，把旅游资源、技术、劳动力转化成股本。收益分配机制上，实行按股分红与按劳分红相结合，这样当地农户代表成为合法股东参与企业经营管理，农户得到应有的股权和利益。这种模式可以把社区居民的责任、权利、利益有机结合起来，形成与企业风险共担、利益共享的机制，引导居民自觉保护他们赖以生存的生态环境和文化资源，从而保证乡村旅游的良性发展。

7. "个体农庄"模式

"个体农庄"模式是以规模农业个体户发展起来，以"旅游个体户"的形式出现的一种相对独立的乡村旅游模式。它引入农村缺乏的现代管理、资金技术等，极大地提高了投入产出比，实现土地价值提升。个体经营者通过对农牧果场进行改造和旅游项目建设，实现旅游接待服务功能。农庄吸纳大量的农村富余劳动力，增加农户收入。这种模式把农业家庭分散经营集中起来，形成一定规模，并按照现代企业的经营管理方式运作，实行企业化管理、专业化生产、一体化经营、市场化竞争，是一种比较典型的乡村旅游经营管理模式。

8. 农业产业园区模式

在具有一定资源禀赋、产业基础和区位优势的农业区域中，划出一定的地域范围优先发展现代农业，以推进农业现代化、增加农民收入为目标，实行政府引导、企业运作的方式，用现代工业园区的理念来建设和运营管理，实施集约化生产和企业化经管，集农业生产、科技、生态、观光休闲等多种功能于一体的综合性农业示范园区，包括种植类＋旅游观光农业园区、养殖类＋旅游观光农业园区。

第六节　乡村旅游发展存在问题与转型升级路径

一、乡村旅游发展存在问题

随着城市化不断推进，居民收入提高，闲暇时间增多，加之居民出行距离短、可达性高等多方面因素叠加，因此，城市周边出现了众多的乡村旅游景区（点）。与此同时，乡村旅游发展过程中伴随着诸多的问题，呈现出缺乏科学合理的规划设计、旅游吸引物竞争力不够、主体特色不突出、产业融合力度不够、基础和服务设施建设不完善、乡村旅游发展人才缺乏等，降低了乡村旅游的吸引力。

（一）缺乏科学合理的规划与设计

一方面，乡村旅游开发主体凭借自身理解自己进行乡村旅游规划设计；另一方面，虽然乡村旅游开发过程中进行了规划与设计，但没有起到相应的指导作用。究其原因是乡村旅游规划设计是一个系统的工程，需要考虑多方面的因素，宏观的经济环境、国家政策，中观的客群市场消费群体和消费偏好、周边项目的竞争状况，微观的场地条件、资源禀赋，更重要的是要因地制宜，找到自身的核心卖点和比较竞争优势，寻求乡村旅游破题之道。乡村旅游发展的核心破题途径需要根据自身状况，有资源依托型、市场依托型、交通区位依托型、生态环境依托型、品牌依托型等。

规划设计要充分考虑项目落地，充分考虑项目的融资来源、商业模式、投资回收期、分期开发策略、项目建造材料、文化包装、客群定位、开发模式、营销方式、周边竞合关系等，才能最终形成乡村旅游的创意经典、落地运营，实现乡村旅游的可持续发展，构建核心吸引力。

（二）旅游吸引物竞争力不够

发展旅游主要解决两大问题：第一，构建和塑造核心吸引力，吸引游客前来旅游休闲，这是旅游发展的前提和基础；第二，形成消费聚集，通过产品和业态将游客留下来，形成人群聚集和消费聚集，避免投资浪费；由于同一区域内的农业产业、乡村风貌、民风民俗、生产生活等存在诸多相似之处，导致乡村旅游在开发过程中出现同质化、重复开发、模仿设计现象，使得乡村旅游发展的区域竞争力下降。

目前，乡村旅游开发主要集中在农家餐饮、林果采摘、农家住宿等产品业态，乡村的传统文化、历史文脉、民风民俗等开发和挖掘不够，导致产品、业态可识度低、竞争力弱、影响力小。文化层面来讲，大部分乡村旅游缺乏文化内涵，乡土性不浓，体现乡土、乡愁的可体验的产品业态凤毛麟角，乡村旅游发展失去灵魂、产品业态失去了特色和吸引力。

从产品供给层面来看，当下乡村旅游产品基本满足了游客餐饮住宿和休闲娱乐功能。但随着消费群体消费诉求的提升，这些基本功能已经无法满足消费市场和产业发展的需求，创意性地开发设计更多个性化、高品质的乡村旅游产品成为重点，乡村旅游需要更多有体验价值和创新性的产品。

（三）主题特色不突出

现阶段我国乡村旅游非常大的问题就是缺乏科学合理的总体策划规划。编制的策划规划思路不清晰、定位不精准、目标不严谨，造成产品打造同质化。执行者执行规划过程中打折扣，注重自然资源，摒弃独有的人文特色；注重硬件打造，弱化软性植入；发展眼光短浅，注重经济效益，弱化文化效益和社会效益；风格偏向追求现代化的城市景观，忽视乡村的原汁原味的氛围营造。经营者凭着一时热情参与乡村旅游经营管理，照抄照搬原有的成功经营案例，未能深入系统地思考成功案例背后的成功经验，只学到了成功案例的皮毛，不能将成功案例的精髓运用到其中。由于主题特色不突出，难以形成有特色的产品，并且极易被复制，导致了具有类似资源的乡村旅游形成竞争关系，从而损害区域整体利益。

（四）产业融合力度不够

旅游业是一个综合性、关联性和带动性强的行业，涵盖餐饮、住宿、交通、游览、购物、娱乐、康养等。旅游产业融合能够将旅游产业与其他产业进行融合，从而形成一个新的产业体系，推动了传统产业的优化升级，大大提升了整个行业的竞争力。例如，旅游产业与农业进行融合，经济效益比较低的农业通过融合就可以获得更大的收益，不仅增加了居民收入，提升了居民生活水平，而且促进了当地的经济发展，使得农业向着多元化方向发展。

随着乡村旅游的升级，乡村旅游与其他产业，如农业、林业、教育、文化、体育、康养产业等联系更加紧密，但目前国内乡村旅游在产业融合方面还存在明显短板。

一是缺乏产业融合发展理念。大部分乡村旅游景区规划设计追求短、平、快，对产业融合发展认知不够，导致乡村旅游业态单一，与其他产业的融合力度不够，难以形成强大的产业整合带动能力。由于产业链条短、辐射带动能力弱，使得乡村旅游发展缓慢。

二是缺乏核心产业驱动、重点产业支撑。基于乡村旅游资源分散性的特征，大多数乡村旅游项目仍以单点式开发为主，业态创新和业态引入进展缓慢，对"旅游+"潜在价值的挖掘不够充分，还未形成能够引领乡村地区经济发展的核心驱动产业与重点支撑产业。

（五）基础和服务设施建设不完善

大部分乡村基础设施底子薄、公共服务供给不足。乡村建设资金来源主要包括政府财政配套资金、村委村民自筹资金等，道路交通等基础设施建设主要还是依靠政府财政。由于广大乡村地区经济基础薄弱，政府财政资金投入有限，导致道路交通等基础设施发展滞后，降低了游客的出游意愿和交通可达性。

乡村旅游往往存在"散、小、弱"的发展问题，导致乡村旅游餐饮、住宿、文化、娱乐等配套层次低，甚至不健全，难以满足游客多样化、品质化的旅游消费需求。服务设施建设方面，乡村旅游在环境卫生、住宿餐饮、购物服务、停车场地、道路标识、导视系统等方面的硬件配套服务以及相应的信息服务等软件服务方面还有很大的提升空间。

因此，完善广大乡村地区的基础和服务设施是乡村旅游发展的重要基础条件，也是提升游客满意度和重游率的重要因素。

（六）乡村旅游发展人才缺乏

乡村旅游人才缺乏，是导致我国乡村旅游的总体经营管理水平低下，以及乡村旅游发展规模小、产业经济结构不健全、经济贡献不高的重要因素。乡村旅游对各层次人才的需求量极大，而发展乡村旅游更需要专业性强的人才队伍。但从目前乡村旅游发展状况来看，还远远没有达到要求。

一是缺乏对乡村旅游从业人员的系统培训。大多数乡村旅游管理人员来源于村干部和村民，缺乏系统的管理科学体系学习，管理知识缺乏导致管理水平不高、视野不够开阔，使得乡村旅游长期处于粗放式经营管理状态。

二是专业知识不足与服务技能欠缺，乡村旅游服务人员主要来源于当地农民，在旅游快速发展的当下，误打误撞地进入乡村旅游服务行业，缺乏相应的培训。

三是专业化运营管理人缺乏。互联网时代，乡村旅游营销推广平台更加多元化和智能化，但目前乡村旅游从业人员多以当地居民为主，在品牌推广方面，主要依赖政府进行宣传，普遍缺乏品牌意识、营销手段落后，销售渠道、促销方式相对单一。对互联网自媒体平台（抖音、快手、小红书等）的运作了解不深，缺乏互联网媒体的精准包装和对外推广，乡村旅游产品营销力度跟不上时代发展。

二、我国乡村旅游转型升级路径

随着国家"脱贫攻坚""乡村振兴"等一系列政策的不断出台，发展乡村旅游带动了乡村经济的发展，但许多地方的乡村旅游发展不能满足新要求，只有通过乡村旅游的转型升级，才能更好地适应市场发展需求，具体来讲可以从以下几个方面着手。

（一）突出文化特色，强化品牌建设

品牌化体现了消费者对旅游产品的认可，要按照"强品牌、突特色"的路径发展乡村旅游。主要由以下两个方面：一是要利用好乡村传统文化资源，将乡村传统文化、民风民俗、历史名人和当地的乡村旅游发展结合起来，精心打造具有地域特色的乡村文化品牌；二是要注重"品牌化"的营销推广，品牌建设的同时，也要学会运用抖音、快手、小红书、微信、微博等新媒体营销手段对其进行推广，提高市场关注度，稳定旅游品牌的长久形象，最终形成客流量。

（二）完善法规机制，鼓励农民参与

发展乡村旅游时，各部门应当各司其职，保护农民的合法利益。一方面要制定乡村旅游的行业标准，完善法律法规，配套政策措施，规范乡村旅游的基础设施、服务规范、产品质量等，形成乡村旅游统一标准，最大化保护农民的基本利益。另一方面要增强乡村旅游的机制建设，鼓励政府、企业、合作社、村集体、农民共同参与，制定符合当地实际的运行机制，以农户根本利益为原则，建立利益共享风险共担的机制体系。通过建立农业农村合作社等方式吸引当地农民主动参与，以资源和宅基地入股分红、农地租金、提供就业岗位等方式增加农民收入，适时做好农业技能培训，最大限度地鼓励农民参与其中分享收益。

（三）以农业为基础，实现产业融合

乡村旅游的转型升级需要在农业产业发展的基础上实现产业融合，延长延伸农业发展产业链，实现一、二、三产业的深度融合，更好地解决农业、农村、农民问题。具体来讲：一是要以农业为基础，做强农业第一产业的基础上积极发掘

农业的各种价值，满足城市人群对休闲旅游、绿色食品的需求；二是在满足城市人群基本需求的同时，深挖当地的传统手工业，将农产品变为商品和礼品，提高农产品的附加值；三是延伸新型养老养生、物联网技术等相关产业。产业融合能够实现不同产业之间融合共生，最终能将农业的多种功能发挥出来，挖掘出乡村在观光旅游、休闲体验、健康养老、绿色生态、文化教育等方面的价值，才能推进乡村旅游的提质，才能激活农村要素资源，实现乡村振兴和共同富裕。

（四）多措并举，推动乡村旅游提质增效

《中共中央关于制定国民经济和社会发展第十四个五年规划和 2035 年远景目标的建议》强调"十四五"时期以推动高质量发展为主题，贯彻新发展理念，坚持质量第一、效益优先，转变发展方式。乡村旅游发展多年，但长期以来存在同质化、欠缺文化和内涵特色融入等现象，因此提质增效是乡村旅游持续健康发展的迫切需求。

一是推动乡村旅游集聚化发展。乡村旅游产业正朝着专业化、品质化、品牌化、集群化方向发展，近年来出现的乡村集群的"黄河宿集"，构建了乡村旅游多业态群落生态圈。黄河宿集旅宿项目立项于 2016 年，业态定位为高端度假住宿业态。项目引进了西坡、大乐之野、墟里、飞茑集、COCOMAT、Natrail 迹外六家国内知名民宿品牌，加上自创品牌南岸，七家民宿共同打造具有当地民居特色的民宿聚集地，成为全新的野奢度假目的地。项目于 2018 年 12 月正式投入运营，为提升宿集园区游客的深度体验，陆续推出了以黄河、沙漠、古村落为目的地的私人订制化旅行线路，园区内还配套了农场、酒吧、陶社、美术馆、咖啡厅、杂货铺、生活馆等体验业态。通过集聚化发展战略，整合各种资源、要素，形成乡村旅游产业合力。

二是要通过多种形式推广和宣传旅游品牌。充分发挥互联网自媒体优势，对旅游产品进行"线上线下"一体化营销；建立乡村自己的公众号微官网，乡村旅游产品和业态实现在微官网出售。除了自建渠道外，还可在传统的平台如携程、飞猪、马蜂窝、爱彼迎、小红书、抖音、快手等开通自己的店铺，销售特色农产品、工艺品，实现二、三产业的优化组合，推动多产业联动发展。

同时，也可以多举办各类乡村旅游节会，塑造乡村旅游区核心吸引物，进而推动旅游产业提质升级。

（五）加强人才建设，培养专业创意人才队伍

乡村旅游要实现高品质发展，发挥乡村旅游产业的带动效应，就必须把人才

培养放在首位，建设一支专业化的旅游人才队伍。

一是引进专业化人才。要积极引进善于策划、运营、管理、推广营销的旅游开发公司和专业人才加入乡村旅游开发过程中，推动乡村旅游资源转化为有吸引力的乡村旅游产品，实现乡村旅游产业高质量发展。

二是支持地方高校灵活设置相关专业，为乡村旅游产业发展培养一批专业化的管理和经营人才。同时要加强乡村本地人才的培养，鼓励他们多出去学习考察，树立信心，增长经验，开阔视野，加大乡村旅游可持续发展的人才储备。

三是扶持和培养一批农业职业经理人、乡村工匠、技术能人等。根据乡村旅游发展实际需求，对他们进行针对性培训，安排外出考察学习，帮助其转变身份，发挥乡村旅游主体作用，并进行系统化培训，提高乡村旅游管理服务水平。

四是引导毕业大学生、返乡农民、退休干部、知识分子及青年创业团队积极投身乡村旅游建设中来，大家群策群力，大众创业，万众创新，共同促进乡村旅游发展。

第七节　乡村旅游发展趋势

一、乡村文旅业态转型升级、跨界融合，业态趋向品质化

目前，我国乡村旅游仍以"吃农家饭、住农家院"形式的基础性功能产品为主；随着旅游产业的产品升级，中产阶级消费群体的兴起，以及消费诉求多元化，乡村旅游开始进行内容创新和产品升级，更多地关注游客体验层面，强调价值体验产品的供给。未来，新型乡村旅游产品和业态会更加倾向于通过规划设计与创意的植入，对乡村传统文化与自然资源进行重新挖掘、包装、呈现，围绕消费群体越来越多元化的消费需求，设计和开发出各种以价值体验为主的产品体系，如农业文化创意体验园、休闲农庄、农耕体验园、亲子农园、民宿集群、旅游度假村、特色营地、研学基地、田园综合体、特色农场等多元化的旅游业态。过去以乡土资源简单利用为主、同质化的低端旅游产品将慢慢升级为品质化的精品旅游产品业态。

二、乡村旅游产业参与主体更加多元化、专业化

从项目策划、规划、设计、招商、运营、投资等参与主体来看，除了农户主体外，已逐步向家庭农庄、农村集体合作社、旅游企业、农业企业等多主体经营转变。近年来，越来越多的新农人开始纷纷参与到乡村旅游建设中来，返乡创业青年、企业家、都市白领、退休职工等多元主体为乡村旅游引入和创造了更多价值。尽管这些经营主体大多是资源拥有方或项目投资主体，但他们绝大部分并不具备专业的产品打造和推广营销能力，因此，越来越多的专业化分工机构开始出现，提供专业化服务，如乡村民宿管理、预订平台，乡村旅游相关培训、管理咨询公司及乡村旅游运营公司、推广宣传公司等。根据乡村自身资源禀赋、项目规模、产品类型，与专业化的公司进行合作，专业的事情交给专业的人和机构来运作，实现乡村旅游项目的提质增效。

三、乡村旅游经营模式创新化、多元化

乡村旅游发展过程中出现了诸多问题，如融资困难、专业化运营水平低、推广营销渠道弱、信息不对称、抗风险能力弱等。因此，乡村旅游经营模式在不断地探索与创新，试图破解乡村旅游发展过程中的诸多问题，由过去单一的农户自营和政府引导形式，转化为股份制模式、政府＋公司＋农户模式、个体＋农庄模式、村委会＋旅游合作社＋投资商（引进外来旅游开发商）模式、公司＋村委会＋农户模式等，乡村旅游经营模式更加多元化。

四、产业融合性、聚集性增强

一方面，乡村旅游与传统种养殖业、林牧业、手工业等产业的融合更加深入。另一方面，通过"旅游＋"相关产业，发挥乡村旅游产业的辐射和带动作用，吸引研学教育、商贸、文化创意、体育、会议、康养等产业进入到乡村，进而形成更加丰富的乡村旅游业态体系和产业聚集区。通过发展旅游业来整合第一、二、三产业发展，形成一、三联动，二产补充和叠加的格局。同时形成泛旅游产业聚集区，就地解决"三农"问题，全面激发乡村地区产业活力。

部分地区也可以实现"＋旅游"。旅游产业作为附属产业可以和地区主导产业实现有机联动，如安徽巢湖的三瓜公社以农业为基、电商为体、旅游为辅，以电子商务为驱动，以农旅融合为切入点，实现"互联网＋三农"等的一、二、三产融合发展。

乡村旅游规划相关研究

第一节 乡村旅游规划具有重要价值

一、旅游发展亟须规划引导

在国家政策引导下，城市的资金、资源逐渐向乡村倾斜。旅游发展也逐渐与乡村未来命运捆绑，旅游开发直接影响乡村以及居民的未来发展。与此同时，目前乡村旅游发展不规范，乡村旅游规划方案缺乏论证，甚至存在略过规划、直接进行建设的现象。还有一些乡村旅游地盲目开发，导致乡村原生态景观被破坏、乡村旅游主题不明确、项目重复建设等，都影响着乡村旅游的可持续发展。从发展的观点来看，乡村旅游的开展对乡村经济、文化、生态都会产生不同程度的影响，若缺乏科学合理的规划，极易导致经济效益低下、同质化严重、吸引力不强、投资低效等各种问题。因此，不成熟的规划设计势必会阻碍乡村旅游未来的发展，亟须科学规范的旅游规划设计对其进行指导，提高乡村旅游开发与规划的科学性、可操作性、落地性。

二、乡村旅游规划研究具有重要的实践意义

第一，乡村旅游规划的编制，能够提供重要的指导和规范，减少盲目开发、无序发展等问题，使旅游开发科学、合理、有序。

　　第二，有助于突出项目特色，形成鲜明的乡村旅游形象和品牌，维护乡村旅游区的乡土性特征，增强乡村旅游地的可识别性和竞争力。

　　第三，乡村旅游规划是在科学研究自身资源禀赋、目标客源市场、周边竞合关系的基础上编制的，科学的乡村旅游规划将为乡村旅游地进行精准定位，形成差异化联动发展。

　　第四，乡村旅游规划注重生态环境资源保护和传统文化传承，并制定一系列措施，有利于延长乡村旅游地的生命周期，促进乡村旅游地的可持续发展。

　　第五，有助于整合各方资源，推动乡村产业结构优化，延伸乡村旅游产业链。使乡村旅游成为解决"三农"问题的重要途径，是实现乡村振兴与乡村可持续发展的重要渠道。

　　第六，有助于完善乡村基础设施、配套旅游服务设施，建设乡村旅游景观，与新农村建设相结合，为农民创造更优美的生产和生活环境。

第二节　乡村旅游规划概念与理论基础

一、乡村旅游规划概念

（一）旅游规划概念

　　19 世纪中期随着交通条件的改善，旅游业迅速发展。特别是在"二战"后，随着经济的复苏，旅游产业再一次飞速发展，但由于缺少科学规划，旅游业处于盲目发展状态。因此，旅游活动需要科学规划，规划思想开始得到人们的关注。"规划"一词本身具有"谋划""筹划"的含义。但旅游规划至今没有统一的定义，美国旅游规划学者冈恩（Gunn，1979）曾指出："规划作为对未来的预测，处理可预见的事件，是唯一能使旅游业获得好处的方法。"因此，旅游规划是旅游业发展的纲领和蓝图，是促进旅游业健康发展的必要条件[96]。

　　目前，国内普遍认同国家旅游局在 2003 年发布的《旅游规划通则》中的定义，它从系统的角度出发将旅游规划定义为："为了保护、开发、利用和经营管理旅游区，使其发挥多种功能和作用而进行的各项旅游要素的统筹部署和具体安排"[97-99]。

（二）乡村旅游规划概念

乡村旅游规划属于旅游规划的一种类型，将乡村作为空间载体，依托乡村独特的自然环境、文化遗存、历史传承，根据当地的经济、社会等各要素的发展趋势，同时结合市场情况制定相应目标，以及为实现这一目标而进行的各项旅游要素的统筹部署、具体项目设计及实施方案[100]。

在理解乡村旅游规划的含义时，需要注意以下几点[101]：

第一，乡村旅游规划是一种社会行为、经济行为，要求政府、经营管理方、当地群众、投资方共同参与，避免规划的"技术失灵"。为此，应建立"开放式"规划体系，邀请专家、政府、企业、群众共同参与、集思广益，实现创意经典，落地运营。

第二，乡村旅游规划不是静态的，而是一个不断优化、动态调整的过程，根据市场变化和未来形式发展，及时地进行调整优化。

第三，在乡村旅游规划过程中，独特特色的乡村文化和乡村环境是进行乡村规划的基础。随着时代的变迁和市场需求的不断发展，原有文化被注入了新的内涵，形成了新的文化特色。

第四，在乡村旅游规划中要坚持可持续发展原则，对村庄原有自然资源、生态环境进行保护、整合、包装、推广，形成强识别性的乡村旅游品牌。

二、乡村旅游规划的理论基础

（一）旅游可持续发展理论

可持续发展理论（Sustainable Development Theory）是指既满足当代人的需要，又不对后代人满足其需要的能力构成危害的发展，以公平性、持续性、共同性为三大基本原则。"旅游是一把双刃剑"，能够促进旅游地经济发展，但如果开发过度，会给当地社会以及自然环境带来不良影响和破坏。随着人们对生态发展的逐渐重视，旅游可持续发展理论被提出，并于 20 世纪 80 年代成为国际及国内社会关注的重点[102]。总的来说，旅游可持续发展是从代际公平出发，强调人类的内在需求和基本权利，要求旅游发展与地区接待能力、生态环境承载力相适应，旅游与自然环境、当地文化和人类生存发展形成一个有机整体[103-104]，实现良性发展。旅游可持续发展理论是可持续发展战略在旅游领域的延伸和运用。乡村旅游可持续发展将可持续发展思想融入乡村旅游开发的全过程中，在进行乡村旅游资源开发的同时，加强自然资源和民风民俗的保护，注重生态环境的承载力，保护地方文脉，繁荣地方经济，优化社会环境，形成健康可持续的旅游产品、文化产品和运营模式，实现乡村地区的可持续发展。

（二）产业融合理论

产业融合（Industry Convergence）是指不同产业或同一产业不同行业相互渗透、相互交叉，最终融合为一体，逐步形成新产业的动态发展过程。产业融合可分为产业渗透、产业交叉和产业重组三类。产业融合已经不仅是一种发展趋势，当前，产业融合已是产业发展的现实选择。它最早起源于信息技术领域，如今已经广泛应用于农业、旅游、经济等各领域内。产业融合理论能够将不同产业或同一产业内的不同行业相互渗透融合，形成新的产业业态，从而提高生产效率和竞争力[105]。在乡村旅游规划中，可以通过产业融合理论指导农业和旅游业之间的融合发展模式，农业为旅游提供基础条件，旅游为农业提供销售渠道和价值提升；同时，将旅游业与第一、第二、第三产业融合发展，旅游业通过客流形成消费聚集和产业聚集，带来消费流、资金流，从而带动其他产业的发展，其他产业的发展反过来反哺旅游业的发展。"旅游+"产业融合模式是目前乡村旅游发展的主要模式，也是推动乡村产业提质生效的关键。

（三）利益相关者理论

利益相关者理论起源于企业管理学，"利益相关者"一词最早被提出可以追溯到弗里曼出版的《战略管理：利益相关者管理的分析方法》一书，书中明确提出了利益相关者管理理论。利益相关者管理理论是指企业的经营管理者为综合平衡各个利益相关者的利益诉求而进行的管理活动。与传统的股东至上相比，该理论认为任何一个公司的发展都离不开各利益相关者的投入和参与，企业追求的是利益相关者的整体利益。利益相关者理论于20世纪60年代在西方国家逐步发展起来，并逐渐引起学者们的重视。如今，利益相关者理论可以更好地指导乡村旅游规划实践，兼顾旅游者、外来投资者、政府、当地居民等各方利益，在利益平衡中推动乡村旅游发展[106]。在乡村旅游的规划建设运营过程中，只有兼顾各方利益相关者诉求，乡村旅游才能得到健康持续发展，尤其是要注意避免外来群体这一强势力量的介入对当地居民这一弱势力量造成的干扰和影响。在乡村旅游规划设计中，可以从运作模式、制度保障、顶层设计、设施共享、产业发展布局、资源入股、农民就业带动等方面综合考虑，让当地农民参与到乡村旅游开发的前期策划规划、中期建设、后期运营中去，相关利益方共同构成利益共同体，在利益平衡中保障乡村旅游的健康持续发展[107]。

（四）旅游地生命周期理论

旅游地生命周期理论的起源，最早可追溯到年基尔伯特的《英格兰岛屿与海滨疗养胜地的成长》一文。到目前为止，学者们普遍认同并广泛应用的旅游地生命周期理论是年由加拿大学者巴特勒于 1980 年提出的。巴特勒在《旅游地生命周期概述》一文中，根据产品生命周期理论来描述旅游地的演进过程。他提出旅游地的演化要经过六个阶段：探索阶段、参与阶段、发展阶段、巩固阶段、停滞阶段、衰落或复苏阶段。

旅游发展带动了地区经济的发展，旅游地的发展又受客观生命周期的制约。立足众多学者的研究基础，加上多年旅游地规划开发的实践，深入分析了旅游地的生命周期的本质以及对旅游地发展的实践指导，提出旅游地生命周期的本质就是旅游地的旅游产品的生命周期，旅游地发展要打破生命周期的"宿命"，必须延续现有特色旅游产品，及更新换代旅游产品。旅游地的生命周期是一种客观存在的规律，旅游地生命周期理论为我们研究旅游地演化过程、预测旅游地未来发展和指导旅游地的产品打造、市场营销和规划设计提供了理论框架。

（五）系统理论

系统论认为，整体性、关联性、等级结构性、动态平衡性等是所有系统共同的基本特征。这些是系统所具有的基本观点，也是系统方法的基本原则，表现了系统论是反映客观规律的科学理论，具有科学的方法论。

系统论的核心思想是系统的整体观点。任何系统都是一个有机的整体，并不是各个部分的机械组合或简单相加。亚里士多德的"整体大于部分之和"名言就足以说明系统整体性的重要作用。此外，系统中各要素不是孤立地存在的，每个要素在系统中都处于特定的位置，起着特定的作用。要素之间相互关联，构成了一个不可分割的整体。要素是整体中的要素，如果将要素从系统整体中割离出来，它将失去要素的价值。

乡村旅游规划是一个系统性的工作，编制乡村旅游规划要考虑宏观的国家政策、经济环境；中观的城市区域、交通区位、周边的竞合关系、客源市场的人群基数和消费习惯；微观方面的场地现场、道路交通条件、资源禀赋等；还要从项目的策划、规划、建设、招商、运营、融资、分期开发、投资回收周期等方面进行系统考虑。

（六）RMP（资源—市场—产品）理论

吴必虎首先提出了 RMP（Resource：资源，Market：市场，Product：产品）

理论模式，用来指导区域旅游的开发规划[108]。资源、市场、产品三者是相互关联的统一整体，资源是打造产品的重要前提和基础条件，市场是将资源转化成产品的重要途径和目标，产品是承载资源市场价值的主要载体。规划地在进行乡村旅游规划时，必须遵循 RMP 理论，梳理和挖掘最具特色的乡村旅游资源，开发最具有潜力的消费市场，打造既具有地域特色又具有市场前景的乡村旅游产品。

第三节　乡村旅游规划研究进展

一、国外关于乡村旅游规划研究进展

国外关于乡村旅游规划的研究主要包括以下几个方面，分别为乡村旅游规划中市场和项目的分析、乡村旅游的社区参与规划、乡村旅游规划与生态环境保护、乡村旅游规划其他方面。

（一）乡村旅游规划中市场和项目的分析

Robert 等对西方乡村旅游规划项目类型进行研究总结，得出主要包括庄园旅游、古堡旅游、牧场旅游三种类型[109]。Eleni 等研究得出在规划乡村旅游项目之前应评估乡村旅游者的各种特征和偏好，针对不同的乡村旅游市场采用不同的策略[110]。William 从乡村旅游供应商的视角进行研究，得出进行乡村旅游规划过程中应多开发一些体验性的项目，设立乡村旅游体验标准，让游客对乡村有更好的体验[111]。

（二）乡村旅游的社区参与规划

Peter 从利益相关者的角度出发，将理念运用于乡村旅游社区规划中，并提出了生态社区法[112]。Donald 等通过对加拿大多个开展乡村旅游的地区进行实证研究，构建了一个评估乡村社区参与到当地乡村旅游规划程度的模型体系，通过该模型体系的分析，能够有效地促进乡村社区参与当地乡村旅游规划，能够保障给当地社区居民带来更多的利益[113]。Borut 尝试构建农村旅游地的创新组织模式，他指出只有创新社区参与乡村旅游的模式，才能有效保障社区居民利益，推动当地乡村旅游的可持续发展[114]。

（三）乡村旅游规划与生态环境保护

Josed 以西班牙的埃斯特雷马杜拉为案例进行了实证研究，通过影像图等技术手段分析游客在景观处的聚集程度，从而评价景观规划是否科学合理，并以此规划设计科学合理的旅游线路[115]。Lisa 通过对哥斯达黎加奥斯蒂欧那的乡村地区进行研究，发现了该地区乡村旅游发展中存在的生态问题，并指出乡村旅游具有吸引力的首要因素是乡村地区的生态保护，因此生态环境保护的问题是乡村旅游规划的核心[116]。

（四）乡村旅游规划其他方面

佩吉在分析乡村旅游与城市旅游的差异性的基础上，提出了乡村旅游发展的独特资源属性和基本原则，并总结提炼了乡村旅游规划和管理过程中的共通性问题[117]。Brbel Tress 运用综合集成方法研究了丹麦乡村景观规划，指出规划参与方和各利益相关者应当相互协作，以保障乡村旅游景观规划的旅游化与科学性[118]。Franz 等指出阿尔卑斯山旅游规划和发展中未能充分体现出当地独特的乡村韵味，导致原生性和乡村性不足等问题[119]。

从以上方面可以得出，国外乡村旅游规划研究的热点正是制约规划成功与否的关键，因此在制定乡村旅游规划的过程中要着重分析和考虑，确保制定出高水平的乡村旅游规划。

二、国内乡村旅游规划研究进展

（一）国内乡村旅游规划研究阶段

国内学者对于乡村旅游规划的研究起步较晚，是在 20 世纪 80 年代的生态旅游规划与风景旅游规划基础上发展起来的。以 2010 年为界，大致分为两个阶段：2010 年之前是理论生成阶段，2010 年至今为理论发展延伸阶段。

2010 年之前为第一阶段，即理论生成阶段：研究者们致力于建立规划设计理论方法与理论框架，界定了乡村旅游规划的分类、研究内容，发展形成了乡村旅游规划研究的基本理论框架。

2010 年至今是第二阶段，即理论发展延伸阶段：随着乡村旅游规划实践的广泛开展，国内旅游规划理论及实践蓬勃发展，学者们在初期理论研究的基础上进一步理论结合实践，展开了多角度的研究[107]。主要有以下研究角度：乡村旅游规划的基础理论研究、乡村旅游开发规划研究、乡村旅游规划中的社区参与研究、乡村振兴背景下的乡村旅游研究、乡村旅游规划模式研究、乡村旅游其他方面研究等。

（二）国内乡村旅游规划研究内容

1. 乡村旅游规划的基础理论研究

在乡村旅游规划的基础理论方面，唐代剑、池静指出，乡村旅游规划是根据市场特点和乡村旅游发展规律来制定目标及实现目标，从而对各项旅游要素进行的统筹部署和具体安排，现阶段乡村旅游规划重点在于开发性研究与编制，其核心应在项目选址、活动内容设置和游览组织设计三大方面[26]。熊凯将"意象"概念引入乡村旅游发展中，并探讨了乡村意象的丰富内涵[29]。王云才、刘滨谊运用景观规划学、景观生态学、景观地理学等多学科理论，研究了乡村景观规划的概念、原则和意义，并在此基础上探讨了现阶段我国乡村景观规划的核心内容[120]。

此外，王云才[121]、杨炯蠡[122]、陈梅[123]等学者，分别从规划原理与方法、旅游开发及规划实践、旅游可持续发展等方面，系统论述了规划原理与方法，提出旅游规划与"新农村建设"相结合的规划思路，探讨了实现乡村旅游可持续发展的规划策略。

2. 乡村旅游开发规划研究

宋棣认为成功的乡村旅游开发规划应是景观学、旅游学、经济学、建筑学等多学科系统的整合，并且是与农村农业的实际情况相融合的智慧结晶[124]。陈梅以旅游规划三元论为基础，并综合运用景观生态学、可持续发展理论、系统理论等，对旅游开发规划中的景观、旅游和生态三方面核心内容的规划策略和方法进行了研究。指出乡村旅游规划应根据不同的乡村资源禀赋、交通区位、生态环境等，因地制宜地制定不同的规划策略[123]。杨子毅综合国内旅游扶贫的现状与相关政策，针对旅游扶贫开发规划过程中存在的一些突出问题，提出了乡村旅游规划的基本原则与步骤[125]。刘雨欣以吉林省集安市太工镇钱湾村为调查样本，系统梳理和分析了基层乡村规划过程中取得的成就和存在的问题，分析了规划中存在的特色不突出、文化产品缺失等问题，并提出规划应与风土人情匹配以凸显特色、乡村旅游规划定位要精准、空间结构布局要科学、规划调整与项目开发要聚焦市场等建议[126]。王瑜等以烟台市开发区为例，分析了快速城市化地区乡村旅游持续发展的资源条件，阐述了快速城市化地区"城乡交融式"乡村旅游开发的理念与定位，强调兼容传统村落与现代乡村打造四类特色乡村旅游地域，并且提出增长极带动集群的空间规划策略[127]。刘玉霞对乡村旅游开发规划设计路径进行了相关探讨[128]。

学者们对于乡村旅游的开发规划已经进行了较为全面的相关研究。从中可以看到，要实现乡村旅游可持续发展，乡村旅游的开发规划不仅要注重经济效益，更要兼顾保护生态环境和社会效益。

3. 乡村旅游规划中的社区参与研究

刘汀通过研究发现，乡村旅游地的旅游发展模式不完善，社区弱势群体的利益得不到有效保障，是导致生态脆弱地区出现重大环境问题的重要原因。因此，针对我国生态脆弱地区，旅游发展过程中需要形成社区参与模式，从权责划分、机制建设、社区规划和经营管理等多个方面构建一套流程体系[129]。张渭认为社区参与模式不合理、利益分配机制不科学是阻碍乡村旅游发展的两个主要原因，通过对国内乡村旅游社区参与模式进行深入细致的研究分析，认为科学分配、公平效率、协商让利是构建乡村旅游社区参与模式的重要原则[130]。吕秋琳运用增权理论，从政治学角度分析了乡村旅游发展过程中社区参与度低的原因，指出缺乏社区权力意识是社区参与乡村旅游发展的最大障碍，并提出实现社区增权的建议[131]。

综上所述，学者们基本认识到了乡村旅游发展中社区参与模式的重要性。缺乏社区权力意识是我国社区参与乡村旅游发展中面临的重要问题。但是，构建科学的社区参与模式，需要对当地社区进行全面深入的调查研究，综合旅游学、心理学、社会学、经济学等相关理论，才能提出建设性建议。

4. 乡村振兴背景下的乡村旅游研究

随着国家推进乡村振兴战略，学者展开了相关研究：一方面，对乡村振兴战略与乡村旅游发展的互动关系进行了研究，如孙婧雯等人认为乡村旅游是实现乡村振兴、产业与生态协调发展的有效途径[132]；王琳丽提出乡村旅游是实现乡村振兴的重要推动力，有利于促进农村经济增长和农民增收[133]。另一方面，对于乡村振兴背景下乡村旅游发展模式进行了相关探索，王晨光认为集体化的乡村旅游模式是一种适合中国国情的旅游发展模式，对乡村经济社会发展具有积极作用[134]；杨瑜婷等构建了博弈演化模型，探讨了参与者在乡村旅游中的共赢机制[135]；也有学者根据各个地区的实际情况提出针对性的发展模式，如高峰[136]等、王宇晗等[137]、洪占东等[138]等分别以沈阳市、门头沟马栏村、合肥三十岗为例展开相应研究。此外，高辉等从乡村振兴的视角对三峡坝区乡村全域旅游规划进行了探讨，提出深度优化三峡坝区乡村旅游资源、推动创建全域旅游发展产业链为路径等措施，助力三峡坝区乡村实现全面振兴[139]。王晶晶等基于地方特色资源开发研究了乡村旅游规划，提出完善地方特色旅游资源的保护措施、加强政策宣传、调动公众的积极性、加大区域协作力度、开发多元旅游项目等开发建议[140]。郭隽瑶等从乡村振兴战略的视角探讨了乡村旅游规划现状与优化路径，并以徐州市铜山区台上草莓小镇为实证案例进行了相关研究[141]。

5. 乡村旅游规划模式研究

曹国新从人类学、文化遗产学等多学科的视角将我国的乡村旅游规划模式划分成趣味型乡村旅游规划、风格型乡村旅游规划以及综合型乡村旅游规划[142]。洪红等人在对城乡统筹、城乡一体化和乡村规划进行深入研究后，提出了一种可以引导乡村经济、社会和生态持续健康发展的乡村旅游规划新模式，并且构建了相应的规划评价体系[143]。汪秋芬在总结现有乡村旅游规划模式的基础上，指出在原有的规划模式中增加创意产业才能促进乡村旅游的可持续发展[144]。唐建兵在构建成都的乡村旅游规划模式中，将"反规划"理论融入其中[145]。游洁敏[146]、包婷婷[147]以及陈丹丹[148]分别从区域资源整合、文化传承、乡村的可持续发展等角度，总结出乡村旅游的开发模式，为乡村传统文化的传承提供了思路，并从生态文明的视角，提出了保护乡村自然生态与延续文化脉络的规划设计方法。

6. 乡村旅游规划其他方面研究

近几年来，在旅游休闲多元化的推动下，学者们进一步探讨了创意旅游、主题特色游、微旅游、慢休闲、微度假等新兴旅游需求的旅游规划设计方法。如赛金波[149]和刘玮[150]等，分别总结了创意农业休闲园的规划设计方法，以及微度假模式下江西凤凰山庄乡村旅游规划的设计方法。崔宁从产业升级视域，对乡村旅游个性化创意旅游规划进行了研究探讨，分析其在发展过程中存在的主要问题，提出以特色化、差异化模式推动乡村旅游产品提质升级，促进乡村旅游高品质发展的策略[151]。刘玮芳等针对传统的旅游规划建设中采用"正规化"理论，从可持续开发乡村旅游角度提出"反规划"理论，阐述了"反规划"理论视角下乡村旅游规划的环境优先、动态修复、条件性开发、双持续性开发、综合性原则，并提出优先规划自然环境和生态设施，构建旅游景观安全格局，划定生态、生产、生活控制线，建立乡村旅游控制指标体系等乡村旅游规划路径，丰富了乡村旅游规划的理论体系[152]。张立诚等从轻旅游的概念角度，分析了轻旅游"短暂性、可重复性、特异性"的特点，并结合高县新寨村实际情况，提出"一带三区"的规划方案[153]。刘玮等以重庆市巫溪县为例，从区域协同发展视角下对景区依托型乡村旅游规划进行了研究，从景区阴影效应、松散式发展导致资源利用效率低下、基础设施滞后及缺乏共赢机制几个方面着手分析景区依托型乡村旅游地发展面临的发展矛盾和服务优化问题，找出乡村旅游规划的核心路径，为景区依托型乡村旅游地规划方法提供了借鉴[154]。朱鹏亮针对我国乡村旅游点多、面广，在小尺度区域面临资源同质和产品同构的问题，以山西省左权县清漳河流域

4 个村的旅游扶贫规划为实证案例，对整理出的 181 处旅游资源采用德尔菲法进行评价与分析，探讨资源同质化背景下乡村旅游规划中的个性化资源挖掘、差异化形象定位与特色化旅游产品策划问题，为规避资源同质化区域乡村旅游发展存在的"千村一面"问题提供了借鉴思路[155]。

第四节　乡村旅游规划原则与规划提升策略

一、乡村旅游规划原则

（一）科学规划原则

坚持科学规划，立足区域经济社会发展全局，着眼城乡一体化发展趋势，统筹考虑乡村旅游建设与周边城市发展，公共基础设施与未来游客量相适应。分期滚动开发，不断完善乡村旅游产品体系，重视顶层规划设计，从而明晰乡村旅游发展思路，整合乡村资源和各方发展力量，以科学规划保护生态环境、保护乡村文化脉络、保护乡村基本农田。

尊重村庄机理，保护乡村原有的山地、林地、草地、农田、河流、池塘、民居资源，构建人与自然和谐的"天人合一"关系。在规划设计时，以绿色生态为发展理念，充分利用乡村现有的自然景观资源，实现景观设计与生态自然的有机发展。同时强调乡村原真性，重视乡村的整体格局和传统风貌。

（二）文化保护原则

坚持文化保护原则。在当代中国城镇化不断推进过程中，许多乡村特有的传统文化正在消逝，逐步成为一种历史记忆。因此，乡村旅游在规划设计与建设过程中，首先，需充分调查、整理乡村传统文化和历史文脉，保护历史文化遗存，传承和发扬传统文化。其次，需做好乡村民俗文化的活态化展示，为乡村旅游营造浓厚的地方特色文化形象，让传统乡村文化在乡村旅游中得到传承，在与产业融合发展中得到升华。

乡村地域文化是发展乡村旅游的灵魂，是乡村旅游发展重要的标签，在规划设计时需要充分考虑乡村的历史文脉、村落变迁、历史名人、民俗文化、饮食文化、手工艺文化、非遗文化等重要文化资源，深入挖掘乡村特色文化资源，将地域文化进行挖掘、包装和呈现，并应用到乡村旅游景观节点和旅游产品业态中，树立鲜明的文化品牌形象，保留独特的乡土文化。

（三）多方参与原则

乡村旅游规划应采取多种形式，充分征求利益相关者的意见，如当地政府、当地社区、本地居民、旅游业经营者、旅游者等，全面了解利益相关者的诉求，吸收合理建议，以求达到最好的规划效果。尤其是规划过程中充分吸纳社区居民的建议，可增强旅游规划的地方特色，凸显乡村旅游的价值，让社区居民真正分享到发展成果，提高社区居民保护乡村旅游资源和支持乡村旅游业的意愿[156]。

社区居民参与旅游发展必须涵盖各个层面，从个体参与到群体参与、组织参与，逐步实现社区的全面参与。一方面，社区居民要参与旅游经济行为决策、旅游规划实施、环境保护；另一方面，社区居民除了谋求经济发展之外，更要重视环境保护、社会传统文化的保护传承，参与森林资源的管理、参与规划制定和决策的过程[157]。在规划中要能够反映居民的想法和对旅游的态度，以便规划实施过程中减少居民对旅游业开发的反感情绪和潜在冲突。

（四）明确特色原则

坚持明确特色原则。乡村旅游定位要精准，特色要凸显，多方面展示乡村的乡村特色和优势资源。首先，要从乡村现状实际出发，充分把握市场需求、区位优势、资源特色和产业优势，在尊重旅游发展客观规律的条件下，对乡村、产业、村民进行综合统筹考虑。其次，要对乡村的历史文脉、传统文化等进行科学梳理分类与客观评价，在整个乡村旅游规划的主题定位、建设风貌、产品品质、产业特色、要素内涵等方面体现本土特色，构建特色品牌，带动村民实现增收目标。最后，在建设过程中，要突出乡村建筑特色、特色建筑风貌，打造识别性强的乡村旅游标签，展现乡村旅游的特色之美。

（五）可持续性原则

乡村旅游发展要坚持可持续性原则，坚持生态环境、经济发展、产业融合的可持续发展，建设人与自然和谐的美丽乡村。可持续发展原则是乡村旅游发展的长期目标。其中，良好的乡村生态环境是乡村旅游可持续发展的基础条件。乡村旅游以利用原生态的乡村环境、原汁原味的乡村生产生活场景为游客提供真实的乡村生活体验为目标，所以乡村旅游的规划设计应最大化保护乡村良好生态环境，保留原始乡村机理，科学利用现有乡村建筑，保护和传承优秀的乡村传统文化，在此基础上开发建设乡村旅游项目，配套旅游服务设施。

（六）综合性原则

乡村旅游规划要秉持综合性原则，平衡乡村的各个利益相关者，要充分整合组织机构、投资商、运营商、当地居民，发挥各自的比较优势，整合成为一个利益共同体。按照居民、村集体、企业等利益相关者所持股份进行分红，村民以股东身份享有获得经营收入或分红的权益，以参与者或经营者身份享有参与旅游开发的权益。

此外，乡村旅游发展还需引入旅游学、农学、环境学、营销学、地学、生态学等综合学科，综合学科的参与是保证乡村旅游规划落地的必备条件。

（七）生态性原则

乡村生态自然环境是乡村旅游开发的基础，对于常年居住在城市的人们来说，面对着快节奏的工作生活、钢筋水泥的建筑物，乡村旅游是一个缓解压力、亲近自然的极佳选择，因此充分遵循生态性原则是进行乡村开发规划的重要原则，依照大自然赠予的天然景观进行规划设计，给人们创造一个闲适、自然的游憩场所。坚持生态性原则，具体来说，即在乡村旅游规划设计中，运用景观生态学的相关原理对旅游生态环境诸方面的生态平衡和协调发展予以保护，最大限度地保持自然生态。

二、乡村旅游规划的提升策略

（一）实施科学规划，引导高质量发展

在进行乡村旅游规划设计时，要避免盲目发展、过度开发。一是要注重各产业的融合发展，乡村旅游关联着社会、经济等多个行业，在进行规划过程中要将关联行业充分考虑进去，实现融合共生；二是要体现区域内自身特色，在保持原有自然环境、传承本地传统文化的基础上，在区域内进行精准定位，实现区域差异化联动发展；三是要科学评估乡村地旅游环境容量，在开发之前要根据乡村旅游地的生态环境承载量来科学合理计算旅游人数，避免过度开发，影响生态环境；四是要完善服务配套设施，规划时要根据服务配套的服务半径对乡村旅游配套设施进行合理布局，实现乡村旅游高质量发展。

（二）乡村旅游规划要寻求突破和创新

乡村旅游规划创新是乡村旅游产业优化发展的基础，我国乡村旅游已经发展多年，但经营得特别成功的案例凤毛麟角。多数乡村旅游都是自行发展、相互模仿、照搬经验，造成乡村旅游发展处于一个比较初级的水平。因此，一方面必须

坚持规划先行，切忌照搬照抄、盲目发展，要立足自身的自然生态环境、传统文化根基、场地发展现状、优势资源条件、区位交通状况、周边城市发展、同类型业态发展状况，进行精准的市场客群定位、目标定位、功能定位、形象定位，谋求乡村旅游的突破发展。另一方面要坚持市场导向、创意为先的发展原则。聚集市场需求，挖掘乡村历史文脉，提炼文化元素和文化符号，形成乡村旅游产品业态的创新，通过创意和创新，实现乡村旅游的持续发展。

（三）创新乡村旅游业态产品

乡村旅游历经多年的发展，但产品供给多停留在"吃农家饭、住农家院"的农家乐阶段，这不符合乡村旅游产业升级的发展要求。游客出行的目的主要是放松身心、回归自然，创新乡村旅游业态产品，进行差异性开发是破解同质化竞争、吸引游客、留住游客、增加农民收入的重要途径。

一是精准分析乡村的地理交通区位、自然和文化资源禀赋等基础条件，明确乡村旅游项目开发方向和开发分期，近期以投资少、见效快、效果好为主，形成市场认知度和影响力；远期要留有后续发展空间，根据市场的需求变化，及时地调整产品业态。业态创新方面，一方面要在观光吸引物的基础上，融入创意元素，如创意水稻、大地景观；另一方面要增加参与性、互动性、体验性强的亲子体验项目，以及寓教于乐的青少年研学旅游项目。

二是强化产业融合。产业融合是旅游产业升级的重要动力，也是破解乡村旅游产业结构单一问题的重要方式，促进农旅、文旅等一、二、三产业的融合发展，持续增强产业融合力度，实现乡村旅游产业链条的上下游延伸和产业聚集效应。以旅游创意激活传统农业，大力发展休闲农业、观光农业、创意农业等新业态；同时通过"旅游＋林业"，如林下种植富硒概念地瓜、蘑菇、蒲公英、中草药等，以及通过开展青少年研学科普旅游激活林下经济。

三是凸显风土人情，着力凸显地域文化特色。在乡村旅游发展过程中充分满足游客对乡村生活的怀念感、体验感、猎奇感，体验乡村农事活动、感受田间劳作的辛苦与快乐，让游客与农民"同吃、同住、同劳动、同赶集"，吃在农家、住在农家、玩在农家、乐在农家，把心留在农家，体验乡愁，感受原味乡村的独特魅力。

（四）加强乡村旅游规划与相关规划的衔接

乡村旅游发展与农业产业化发展要同步进行，乡村旅游规划与农业发展规划在开发模式、发展阶段、用地结构上要相互融合、协调发展。即乡村旅游规划与乡村产业规划、乡村景观规划、基础设施规划、基本农田保护规划、村镇建设规划等相结合，与自然环境保护、资源永续利用相统一，实现乡村经济可持续发展[158]。

同时，乡村旅游规划设计过程中，应当处理好乡村与城乡的关系，综合考虑旅游与经济、社会、环境的关系，并将乡村旅游纳入城乡旅游大系统中进行统一规划和布局，避免区域内旅游项目的重复建设，减少投资浪费；实现城乡旅游系统内资源和产品优势互补、市场共享，提升综合效益；加快完善城乡旅游交通网络[159]。

（五）合理规划土地，做好土地治理利用

从乡村旅游的长远目标出发，科学合理地编制乡村旅游用地规划，做好土地利用现状以及发展潜力调查，严守土地用地红线，合理布局各类乡村旅游产业发展用地，统筹安排好生产生活、基础设施、产业发展、教育研学等各类用地问题。充分盘活和利用好农村闲置土地，如农村宅基地、低丘缓坡地带、四荒地，对此类用地做好综合利用与整治工作，将闲置宅基地综合利用起来，配套服务设施和旅游功能用房，调剂低丘缓坡地给周围的家庭农场，以解决用地不足的问题。

第五节　乡村旅游规划编制流程与编制内容

一、乡村旅游规划编制流程

乡村旅游规划的编制流程源于传统旅游规划，在传统旅游规划的基础上又融入了乡村规划的一些特点，形成了具有乡村旅游规划特色的编制流程。

本节笔者将通过总结完成的多个乡村旅游规划的经验，以及借鉴国内外专家学者对旅游规划编制流程的分析，提出科学合理的乡村旅游规划编制程序。

乡村旅游规划编制流程主要包括规划准备、考察调研、初稿完成、规划中期论证、中期论证稿完善、规划成果提交评审、终稿提交完成七个阶段，七个阶段依次递进、环环相扣、密不可分。

（一）规划准备阶段

规划准备阶段的主要工作内容是资料收集整理、初步研究判断、组建规划编制组。资料收集整理和初步研究判断主要在对规划地的经济社会发展概况、产业发展现状、地方历史文化、地图图片等基础资料进行初步收集的基础上，对规划地的资源禀赋、发展潜力、发展方向进行初步研究判断。与此同时，根据初步研

究的情况，确定乡村旅游规划编制组工作人员的构成，应由具有不同学科背景的人员组成，如乡村地理、城乡规划、生态与环境、农业产业、市场营销、旅游规划等。

（二）考察调研阶段

此阶段是在对规划地基础资料搜集和初步研究判断基本完成后进行实地的考察调研，以修正和验证准备阶段的初步研究判断。考察调研主要包括以下几个方面：首先，对项目地进行现场考察，对乡村旅游资源进行普查与评价，通过调研了解客群的消费偏好；其次，与规划地政府部门进行座谈，了解当地相关产业发展状况、政府的政策支持方向。同时还应对当地乡村旅游主体、农民、现场游客、存在竞争关系的区域等进行走访调研，了解乡村旅游发展存在的问题和各方利益诉求，了解周边的竞争合作项目，避免同质化竞争。

（三）初稿完成阶段

在实地考察调研结束后，针对项目地资源的禀赋条件、存在问题、周边竞争合作状况、各方利益诉求进行剖析，对收集到的基础资料和数据进行分析，制定规划地乡村旅游发展的核心解决方案，对市场、功能、目标、形象进行细分定位，对当地乡村旅游发展进行科学合理的功能分区和空间布局，设置乡村旅游发展重点项目和服务配套设施，完善乡村旅游发展保障体系规划等。

（四）规划中期论证阶段

规划初稿形成后，应由旅游主管部门组织论证会，邀请业内专家，旅游、国土、水利、规划、环保等主管部门负责人，乡村旅游开发业主，当地村民代表等参会，对当地乡村旅游规划进行全方位研究论证，增加规划的科学性和可操作性。

（五）中期论证稿完善阶段

应合理吸纳中期论证会中业内专家、主管部门、乡村旅游开发业主、当地村民代表的意见和建议，对乡村旅游规划进行修改、补充和完善，重点地区可以组织补充考察调研，不断提升乡村旅游规划的科学性和指导性。

（六）规划成果提交评审阶段

中期论证稿完成后，应由规划委托方向上级旅游行政主管部门申请召开乡村旅游规划评审会。评审会由上级旅游行政主管部门组织，召集7名以上旅游相关行业专家组成专家组进行规划评审，出具评审意见。

（七）终稿提交完成阶段

乡村旅游规划通过评审后，编制组应根据评审委员会的意见和建议，对乡村旅游规划进行修改、补充和完善，最终形成规划终稿。

二、乡村旅游规划编制内容

乡村旅游规划的内容应在遵循《旅游规划通则》中对旅游发展规划内容要求的基础上，融入乡村旅游内涵，建立乡村旅游规划独特的规划内容体系。笔者尝试将乡村旅游规划编制内容整体划分为基础分析规划内容研究、战略定位与开发布局规划内容研究、保障支撑规划内容研究三个部分。

（一）基础分析规划内容研究

编制乡村旅游规划首先要进行基础分析研究，基础分析研究主要包括乡村旅游发展政策背景分析、乡村旅游产业发展现状分析、区域发展格局分析、区位交通分析、乡村旅游发展资源评价、乡村旅游发展市场分析、上位规划解读、国内外成功案例分析、面临的问题难点剖析等方面。分别从宏观的国家政策、行政法规、旅游行业发展现状，中观的区域发展格局、区位交通条件、旅游市场、上位规划、国内外成功案例，再延伸到微观的乡村旅游资源评价、场地发展现状、面临的问题难点，从宏观、中观、微观三个角度整体系统地分析乡村旅游地，为编制乡村旅游规划奠定坚实的基础，也为战略定位和开发布局提供支持依据。

（二）战略定位与开发布局规划内容研究

在通过对乡村旅游地宏观、中观、微观分析的基础上，对项目地优势、劣势、机遇、挑战进行分析，总结出适合当地乡村旅游发展的指导思想与规划原则，指出当地乡村旅游发展的总体定位、形象定位、市场定位、发展目标，确定当地乡村旅游发展的近期、中期、远期发展计划，以及近期乡村旅游具体发展举措。开发布局部分是将乡村旅游发展的战略构想落到具体的地理空间和土地上，包括乡村旅游发展功能分区、空间布局、产品体系打造、重点项目策划、品牌体系构建、乡村旅游餐饮购物规划等内容。

（三）保障支撑规划内容研究

实现乡村旅游地的战略定位与开发布局规划，就需要相应的保障支撑体系，保障支撑规划内容主要包括乡村旅游市场营销、乡村旅游与相关产业融合、乡村资源环境保护、乡村旅游发展社区参与、乡村旅游服务配套设施、财政土地税收人力资源等政策保障、投资估算和效益分析。通过各方面的保障支撑体系，增加乡村旅游规划的可落地性。

下篇

乡村旅游规划实践研究

　　下篇包括观光型乡村旅游规划、休闲型乡村旅游规划、游乐型乡村旅游规划、康养型乡村旅游规划、度假型乡村旅游规划、研学型乡村旅游规划、民俗文化型乡村旅游规划七种类型的乡村旅游规划实践项目，在基本概况、市场分析、规划理念、总体布局规划、旅游服务设施规划等方面做了详细的阐述。

观光型乡村旅游规划实践研究

——《甘肃省临夏州积石山县柳沟乡斜套村旅游规划》

第一节 基础分析篇

一、村情概况

（一）基本概况

2017 年，斜套村全村共 293 户、1430 人，人均收入 5898 元 / 年。耕地面积 1430 亩，人均耕地 1 亩，草地 15000 亩，林地 5500 亩，劳动力 590 人，少数民族（保安族、撒拉族、东乡族、回族、土族和藏族）1150 人，约占人口总数的 80.4%。斜套村主导产业有劳务产业、种植业、养殖业。因地处高寒阴湿山区，主要粮食及经济作物有小麦、洋芋、油菜、中药材。油菜质量好、产量高，种植广泛，年平均种植规模 600 亩左右。

（二）区位条件

1. 行政隶属

斜套村隶属于甘肃省积石山县柳沟乡。

2. 地理位置

积石山县位于甘肃省西南部，东南与临夏县接壤，西与青海省循化撒拉族自治县（循化天池景区）毗邻，北与青海省民和县隔河相望；东北部与永靖县（炳灵寺景区）以黄河为界，是连接青海与甘肃的重要节点。

斜套村位于县城以北，距离乡政府所在地 1 公里，距离积石山县城 9 公里，至临夏州 60 公里。因邻近积石山县城，且地处尕护林—黄草坪—盖新坪黄金旅游线路上，有着先天的区位优势（见图 4-1）。

图4-1 规划红线示意

（三）交通条件

积石山县距离最近的兰州中川机场约 219 公里。兰新高铁、兰渝铁路、宝兰客运专线等高速铁路的发展必然对临夏中短途旅游市场的发展产生极大推动与促进作用；兰州都市圈"一环五射"大交通格局日趋完善，为兰州客源市场人群来临夏休闲旅游提供了外部条件；临夏市—县快速通道、兰临高速、双达高速、康临高速等州内路网的建设和完善，必将促进临夏州交通更加便捷，也使积石山县能更好地跟永靖县、青海省对接，更加融入大旅游市场。交通条件的改善，极大地提高了游客的可进入性，对于吸引兰州、西宁、张掖、酒泉、西安等地游客提供了坚实的交通基础。

（1）S309 省道穿村而过。309 省道穿过斜套村，将斜套村落一分为二。未来的康乐新集至积石山县大河家旅游大通道邻近村庄，旅游大通道将斜套村与周边旅游景区紧密相连。

（2）着力建设内连外通的交通网络。深入实施甘肃省"6873"交通突破行动，进一步优化交通网络布局，重点建设临大高速公路、永靖至大河家沿黄旅游一级公路，争取建设康乐新集至大河家旅游大通道（积石山段）、省道309线临夏市至安集三级公路。

（3）村落路网交通顺畅。进村公路由通组路（已硬化）以及若干串户路组成，村落交通道路顺畅（见图4-2）。

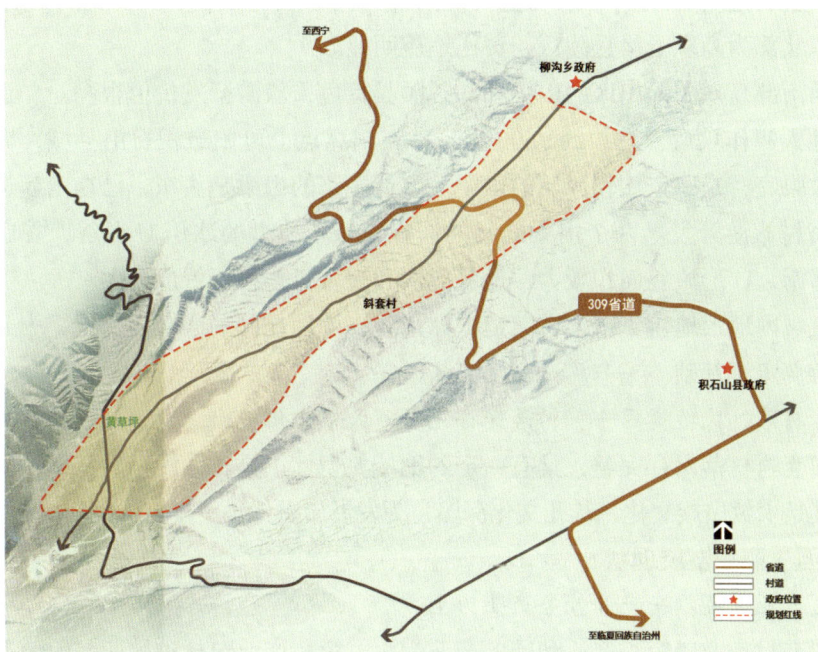

图4-2　交通分析示意

（四）资源环境现状

1. 农业资源——田园风光良好，农业景观浓郁

村落以山坡地居多。地势高低起伏，梯田层层叠叠环绕在村落周边，小麦、中草药、油菜花、洋芋交错分布，构成了一幅多彩的田园画卷。田园风光良好，农业景观浓郁。

2. 高山草甸草原资源——山地草原壮阔，避暑气候上佳

黄草坪是积石山县发展潜力巨大的旅游区，它的西面是巍峨高耸、层峦叠嶂的积石山，东面、南面是有名的冰川石海景点。海拔在2500~2600米，为高山

草甸草原，是积石山县主要牧场之一。

这里沟梁相间，山坡较缓，草坡面积大，草场分布广，植被发育好，地下水丰富。不同的季节有不同的美景，特别是夏天，牛羊成群，遍地黄花盛开，放眼望去，犹如黄色地毯，令人心情舒畅。气候凉爽，是天然的氧吧和避暑胜地，是回归自然、休闲旅游的绝佳之地。这里农牧交错，山原交接，景观特色浓郁，可体会到草原生活的独特情趣。

3. 地貌资源——古河道、冰川谷、坡地丰富

斜套村地势西南高、东北低。西南部为高寒阴湿山区，第四纪冰川地貌发育；东北部为高寒干旱丘陵区，黄土地貌明显。

西南部高寒阴湿山区的山梁和沟谷颇具特色，旅游开发价值很高。二道山梁被当地人叫作坟弯，海拔约 2600 米，站在制高点上可俯瞰积石山县城，周边景致尽收眼底，是一个比较原始的山梁。靠近主路的山梁是头东，已在南麓进行初步民俗村旅游开发。两个山梁之间的沟谷是一个典型的冰川 U 形谷，谷底曲流溪水潺潺，U 形峡谷面积较大，地势起伏和缓，科普科研价值极大。

区域内地形地貌丰富，古河道、冰川谷、坡地在同一区域内呈现，为开展研学旅游奠定了基础。

4. 村落、民俗资源——村落保存完整，民俗文化突出

斜套村村落保存完整，具有一定的地域典型性，具备做民宿的基础；民俗文化尤其是少数民族文化、花儿文化深厚，为发展旅游提供了丰富的民俗文化资源。

（五）产业发展现状

1. 产业发展以一产和劳务产业为主

斜套村产业以第一产业和劳务产业为主，第一产业包括种植业与养殖业，其中种植业以小麦、洋芋、油菜、中药材等为主；养殖业以牛羊等养殖为主。

劳动力要素市场发育不完善，农户更多地依靠自身而不是集体外出务工，缺少劳动力就业培训和统一的劳动中介部门。农户 2 月份去青海挖虫草，但并不足以支撑整个斜套村劳动力就业需要，劳动力外出务工时间也受到限制，大多数外出务工 5~6 个月后返乡从事务农工作。

2. 乡村旅游基础良好

斜套村的黄草坪每年 6 月份开花季节会吸引大量的游客，少数民族风俗及花儿会等多彩的民俗文化是未来发展乡村旅游的重要潜力资源。草地、山谷、民居、农业资源组合良好，且处于尕护林—黄草坪—盖新坪旅游线路及康乐新

集至积石山县大河家旅游大通道的旅游优质资源聚集区，具备发展乡村旅游的良好条件。

二、旅游发展条件

（一）旅游资源评价

1. 资源梳理

根据国家标准《旅游资源分类、调查与评价》（GB/T 18972—2017）梳理斜套村旅游资源，如表4-1所示。

表4-1　斜套村旅游资源概览

主类	亚类	基本类型	主要资源单体
地文景观	自然景观综合体	山丘型景观	石嘴根山、头东山梁、坟弯山梁
		台地型景观	黄草坪
		沟谷型景观	坟弯沟、寺列沟、古冰川沟
水域景观	河系	游憩河段	斜套村河道
	生物景观	林地	杨树林
建筑与设施	人文景观综合体	建设工程与生产地	梯田
	历史遗迹	建筑遗迹	清真寺、特色民居建筑
旅游购品	农业产品	种植业产品及制品	蛋皮核桃、花椒、三泡台、党参、当归
	手工工艺品	织品、染织	民间刺绣
		陶瓷	仿古彩陶
人文活动	岁时节令	宗教活动与庙会	花儿会、古尔邦节、开斋节、法图麦节、浪山节

2. 旅游资源评价

（1）高山草甸草原资源基底良好。斜套村依山傍水，山水环绕，青山葱葱，草原开阔，村庄仿佛镶嵌在青山绿水之间。斜套村的黄草坪是一处天然高山草甸草原，林草覆盖率较高，风光秀美，适合开发草原休闲运动项目。

（2）地貌景观风光奇特。斜套村山环水绕，古河道、古冰川等风光奇特，吸引众多游客前来观光。众多的地貌景观资源为未来发展旅游业提供了更多的必备要素。

（3）农耕文化资源保留完好。斜套村利用平整的土地资源进行传统的种植，主要有玉米、油菜、中草药和洋芋，保存有古法榨油等技术和设备，农耕文化资源雄厚，适宜种植、养殖业等产业发展。

（4）乡村民俗风情浓郁。斜套村民风淳朴，民俗文化底蕴深厚，当地的少数民族文化、花儿会、农耕民风民俗都很好地保留和传承了下来。

3. 旅游资源利用

（1）依托黄草坪高山草甸草原资源，发展草原消夏度假游。依托斜套村现有的15000亩高山草甸草原资源，开展草原休闲运动项目，如骑马、草原卡丁车、热气球等，做大做强草原休闲游。尤其是利用好夏季清凉气候资源，叫响"避暑天堂"，形成龙头项目，带动斜套村的发展。

（2）依托田园风光，发展农业休闲游。依托斜套村现有的田园景观，以"精致农业示范、农旅产业复合"的发展战略，集农业示范博览、农业休闲旅游、现代乡居生活、农业创意等功能于一体，打造精致农业与品牌农业发展的示范区。

（3）依托山地地形，做好山地观光休闲游。利用黄草坪区域的山地地形、壮美景色，规划形成山地特色旅游景点。通过增加空中休闲走廊、地质公园、研学基地、登山步道，增加休憩设施和旅游体验节点，从而做活山地旅游。

（4）依托村落风情，做强民俗乡村游。依托黄草坪旅游区发展，立足传统民俗村落，搭建斜套村文化戏台，举办花儿会活动及集市活动，做强民俗乡村旅游。

（二）旅游市场分析

1. 临夏州旅游市场分析

临夏回族自治州的旅游变化直接影响到积石山的旅游发展趋势。根据临夏州旅游统计数据，总结如下：

（1）临夏州旅游市场势头良好，平均增长率超过25%。

（2）临夏州旅游总收入持续增长，年平均增长率达27%。

（3）临夏州旅游发展情况良好，临夏州委、州政府将旅游业确定为全州经济的战略性支柱产业来重点培育，旅游业得到较好发展。

2017年上半年，临夏州旅游业实现了"井喷式"发展。截至6月底，全州旅游接待人数达到662万人次，同比增长39.86%；旅游综合收入28.1亿元，同比增长39.44%，临夏旅游得到快速发展。

2016年，临夏州城市居民人均收入为17912元、农村居民人均收入5680元，虽然低于全国城市居民人均收入23821元、农村人均可支配收入12363元，但随着居民收入水平的不断上涨，意味着拥有巨大的潜在消费群体。

2.项目地客源市场预测

通过对临夏州近三年客源市场规模数据及临夏州发展较好的景区全年游客接待量的分析，采用拟定基数和增长率预测的方法，对规划期的游客量进行预测。基数的拟定采取参考周边景区和景区项目建设情况结合的方法。结合项目地旅游市场情况，对斜套村乡村旅游项目客源市场做出以下预测（见表4-2）。积石山县斜套村项目的发展将经历快速发展、稳定增长、平稳发展三个时期，至2027年旅游接待人数将达到44.74万人次。

表4-2　2022—2027年游客接待规模预测

年份	2022 年	2023 年	2024 年	2025 年	2026 年	2027 年
游客接待量（万人次）	20.47	24.97	29.97	35.37	40.67	44.74
增长率（％）	26%	22%	20%	18%	15%	10%

3.客源市场地域结构

基础市场：积石山县及周边地区、临夏州、兰州、青海为核心的周边市场。

核心市场：整个甘肃省和青海、宁夏、陕西、四川等地区；中东部市场将是未来的核心市场和本地旅游风向标。

拓展市场：周边的分流市场和境外旅游市场。

三、旅游发展潜力

（一）生态基底优，旅游基础良好

斜套村田园风光优美，草原山地风光秀丽，民俗风情迷人。村庄周围青山环绕，生态基底优质，发展旅游基础良好。

（二）旅游资源佳，发展条件优越

斜套村拥有风光秀美的黄草坪，15000亩视野开阔的高山草甸草原，美丽怡人的田园景观，民俗风情浓郁的传统村落，自然人文资源交相辉映，发展乡村旅游条件优越。

（三）地处黄金旅游区、少数民族文化圈，发展潜力大

斜套村地处尕护林—黄草坪—盖新坪黄金旅游线路，应立足自身资源，与景区发展有机融合，规划打造斜套村特色休闲村。

（四）交通区位良好，可进入性强

斜套村有着较好的区位以及便利的交通条件，周边公路发达，村落的可进入性较强，旅游发展条件优越。

（五）结论

"生态基底＋旅游资源＋格局带动＋交通区位"四大优势构成斜套村旅游开发的重要条件，旅游发展潜力巨大！

第二节　发展思路篇

一、发展定位与目标

（一）旅游发展定位：斜套人家，避暑天堂

围绕积石山县开发建设集民族风情体验与观赏、禹王文化传承与黄河探险娱乐、温情草原森林生态旅游、历史遗址文化鉴赏与溯源为一体的西部现代旅游新高地的总体目标，依托斜套村的乡村意境、黄草坪高山草甸草原良好的生态环境和旅游资源基础，立足农业、农俗、农产、农村为主体的特色资源，以农旅互促、城乡统筹为手段，通过产品提升、产业提效和服务提质，以草原运动休闲、山地拓展运动、民俗文化体验和休闲农业体验等功能为重点，将斜套村打造成为临夏州具有代表性的乡村旅游村落、满足积石山县本地和临夏州居民乡村休闲的近郊型乡村旅游新聚点。积极融入区域旅游线路，打造全国独具特色的"斜套人家"乡村旅游品牌，助推积石山旅游的新的启航。

（二）性质定位

产业和旅游引导的区域综合开发项目，旅游引擎、产业支撑、乡村接待作为配套的三位一体的项目。

（三）发展目标

通过对斜套村的区位交通、旅游资源、旅游市场等的综合分析，确定斜套村的发展方向、战略目标等，合理规划景区发展建设，快速启动斜套村旅游开发项目，带动斜套村经济发展、产业升级，改善斜套村居民的生活质量，最终促进经济、产业、社会的全面发展。

1. 经济目标

在建设期完成之时，到 2024 年旅游人数达到 29.97 万人次，实现经济收入达 4500 万元；2019 年至 2020 年为斜套村的集中提升改造期，知名度逐渐增加。自 2021 年起，斜套村乡村旅进入投资回收和良性滚动开发阶段。

2. 产业目标

在规划期内，乡村旅游总收入年均增长 20% 以上。以农业种植、乡村环境为基础，将农业、林业种植与旅游业相结合。用 3~5 年的时间，将旅游业培育成斜套村的支柱产业。

3. 社会目标

通过斜套村产业的提升、乡村旅游的开展，设计居民参与旅游开发的机制，安置村庄剩余劳动力，提升人民生活水平，美化乡村环境，提高村民生活质量。

二、发展方向与路径

（一）旅游发展阶段

1. 近期阶段：本真演绎，欢乐乡村（草原部落）

注重体验，回归乡村本真，提升本真，打造黄草坪"草原部落"品牌。重点开发黄草坪草原运动休闲项目，增加骑马、草原卡丁车、空中休闲走廊、热气球、动力三角翼等运动项目，引爆市场需求。发展草原特色旅游项目，加强旅游接待设施建设。使农民享受到旅游红利，实现乡村振兴；游客既可享受旅游带来的欢乐，又可悠然地体验特色旅游项目。

2. 中期阶段：本色呈现，乡居休闲

再现斜套村乡村特有的空间肌理，从视觉上提升改造斜套村整体风貌，完善基础配套设施建设，提升改造民居建筑。整合斜套村的农业、牧业资源，完善农业运营机制，加强休闲农业、休闲牧业建设，塑造斜套村乡居天堂品牌，也为接待康养度假人群奠定基础。

3. 远期阶段：激活本源，福泽乡村

到了旅游发展的远期，运营稳定，旅游区建设完善，景区的游客量达到极限。此阶段应以提高人均消费为目标，提升景区综合收益。同时创客、投资者等精英人群回归乡村，乡村人口素质大幅提高。

（二）旅游实施路径

第一步，以草原运动休闲旅游开发为核心。以草原运动休闲项目为引擎，带

动周边发展，成为发展旅游的核心吸引力。

第二步，以农业休闲、康养度假功能为基础。通过土地流转，实现耕地统一经营管理。依托企业平台，引入创意农业发展模式，同时发展康养度假旅游区，推动斜套村的跨越式发展。

第三步，以乡村民俗旅游配套为保障。依托斜套村民居村落，发展乡村民俗旅游，配套休闲娱乐项目。此外，建设农家乐等旅游配套设施。

三、功能分区与空间组织

基于旅游发展的功能需求，根据旅游资源分布状况和资源特质，将斜套村分为三个功能区：乡村民宿休闲区、草原运动休闲区、林业生态涵养区（见图4-3）。

图4-3　功能分区规划

第三节　旅游规划篇

一、项目布局

根据场地现状、资源禀赋、交通条件，市场需求，形成了项目的空间布局与项目落位（见图4-4）。

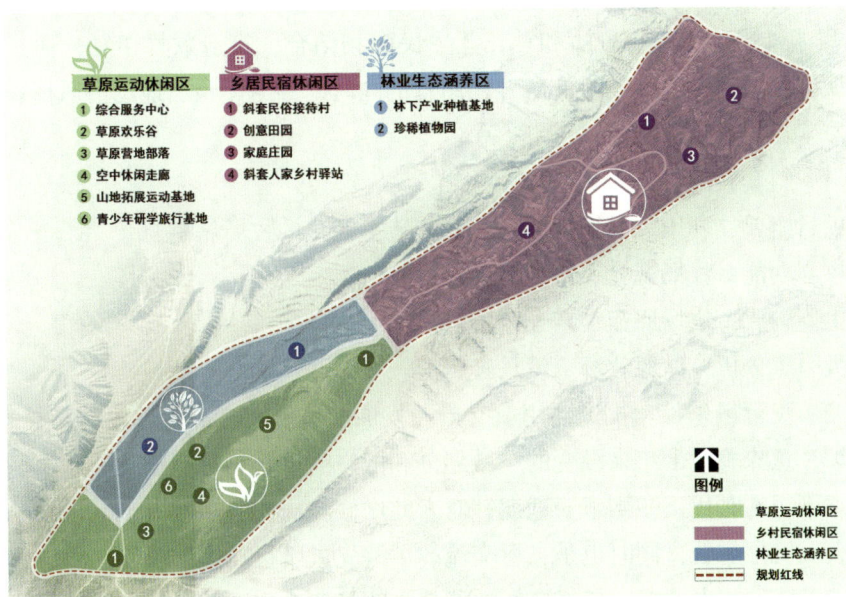

图4-4　项目布局规划

二、项目建设

（一）草原运动休闲区

1. 综合服务中心

项目构思：旅游区大门、游客中心、生态停车场、星级厕所，形成综合接待中心，承担游客咨询、住宿调度和接待、投诉管理等功能。同时完善导引系统，包括交通指引牌、重要节点解说牌、游览警示牌、LED宣传展示屏等，进行统一风格设计，构建完善的旅游解说导引体系。增设游览通道和观光电瓶车，开辟电瓶车游览专用通道，在此基础上增加马车、牛车等特色观光游览方式，为游客提供别致的游览体验。

（1）游客服务中心。在入口区建设游客集散服务中心，功能上满足游客集散、引导、服务、游憩、解说等功能。同时设置特色商品售卖点等，以满足游客的购物需求。

（2）旅游区大门。在入口区建设入口大门，建筑特色上突出生态主题，构成一道亮丽的景观风景。

（3）生态停车场。以"绿色生态，环保低碳"为主题，车位间以各种绿色植物、花卉隔离开，营造绿色、生态的环境氛围。

（4）草原餐厅——歌舞伴餐。斜套村的民族饮食很有特色，如手抓羊肉、盖碗茶等，风味独特。将餐厅和"花儿"民歌相结合，打造歌舞伴餐，通过"花儿"演艺和"花儿"会场，使游客在用餐的同时，参与体验当地民俗风情。

2.草原欢乐谷

（1）斜套牧场。

项目概要：利用大面积草原条件，打造主题化的牧场旅游。

核心功能：牧场观光、特色体验。

主要构成：牧场原宿、亲子牧场等。

吸引点分析：高原牧场、策马奔腾等。

（2）飞行俱乐部。推进通用航空产业发展的《低空空域管理改革指导意见》的出炉，意味着数十年来没变的空域划分和低空空域管制有望正式破冰，一个私人畅意飞行的时代正在到来。远期针对来此度假和居住的高端人士，规划提供一个私人飞机停靠处，同时也是飞行交流、了解先进飞行技术的场所。

（3）草原八大营帐。依托广阔的草甸空间打造八个区域，每个区域形成一个营帐，每个营帐有一个草甸游乐项目，共形成八个草甸游乐项目。八大游乐项目分别是草原骑马、草原四轮摩托车、草原游乐场、草原卡丁车、草原高空滑翔、草原射箭、草原篝火晚会、草原烟花，通过八大营帐打造甘肃高山草甸游乐第一品牌。

3.草原营地部落

依托周边良好的生态环境，以低碳、生态、健康、环保为开发理念，配套多样化的活动设施、休憩平台等，完善服务设施，打造营地部落，满足游客休憩、露营等需求。

（1）星空营地。利用现状场地建设条件，以开阔的景观视觉和户外野宿体验为旅游核心吸引力，建设星空营地，配套管理中心、生态厕所等一系列营地旅游配套设施，打造集特色住宿、山水观光、夜色体验等功能于一体的营地。

（2）草原帐篷酒店（野奢风情）。

主题定位：独享百万平方米草甸的极致野奢酒店。

规划思路：打造本项目品质最高端、视野最开阔、阳光最充足的野奢度假酒店；借鉴非洲坦桑尼亚辛吉塔法鲁法鲁山庄、萨波拉营地酒店风格进行极致化野奢打造，最大限度与原生态环境、原生态文化形成融合。

4. 空中休闲走廊

在即将建风力发电的山梁坎弯，中远期通过木栈道的形式构建空中休闲走廊，并设置避雷设施和临时遮雨的设施设备，用以预防夏季突如其来的雷雨。鉴于风力发电会切割黄草坪完整的围合性，破坏黄草坪的整体格局，建议将坎弯上面建设的风力发电设施设备移至斜套村的外围，为未来黄草坪发展留有空间。

5. 山地拓展运动基地

满足游客登山越野、户外拓展等特定需求，开展徒步、越野拉练等山地运动，规划山地拓展运动基地。依托规划区大面积草原背景，并植入运动休闲项目，以"休闲品质＋全众体验"为导向，打造既满足度假客群又满足游客运动娱乐需求的运动休闲空间。

（1）户外运动拓展园。结合"自然"＋"场地"，打造一个新型的活动空间。园内可适应不同年龄段游客的各种需求，成为一个受欢迎的新空间。

（2）峡谷穿越。

项目概要：依托良好的生态环境和地形地貌，选择安全的峡谷穿越线路，吸引驴友和探险爱好者前来。

吸引点分析：以专项徒步旅游为目标市场，做精徒步旅游。

（3）非动力拓展乐园。

根据儿童成长过程中的发展需求，打造非动力拓展乐园，让孩子"寓教于乐，寓乐于学，寓游于成长"。

客群定位：儿童、青少年。

研学功能：通过户外生态障碍设施，锻炼儿童及青少年探索、团结精神及身体协调能力。

（4）山地拓展运动基地。

项目构思：以多样的拓展项目，打造满足户外拓展、旅游观光等多种需求的户外运动空间。

运动基地适应不同年龄、不同层次的游客需要，是集企业拓展培训、青少年社会实践、团队活动以及休闲旅游于一体的大型运动基地。基地主要由户外拓展基地、CS 野战场、青少年运动营等部分构成。

6. 青少年研学旅行基地

结合古冰川河道等现状资源，以青少年为目标客群，以娱乐教育化、教育娱乐化为理念，打造研学科普教育基地，举办地理科普夏令营。通过设置标识牌和解说牌，打造冰川遗址公园，供游客参观。

黄草坪地质地貌具有典型性，反映了斜套村所在区域沧海桑田的变迁，通过增加解说系统和标识系统，面向高中以下的青少年客群开展研学旅游，开展野外地质科考，打造地质科普公园。

（二）乡居民宿休闲区

1. 斜套民俗接待村

核心思路：挖掘斜套村特色民俗文化底蕴，以展示特色民俗文化为特色，重点发展民居观光休闲、特色民俗体验等旅游产品，打造甘肃知名民俗休闲聚落，成为甘肃著名的民俗接待乡村。

景区风貌方面，实现景区和社区一体化。实现产业化发展业态方面，产业与居住相结合。城镇化发展模式方面，实现生活与接待服务相融合。最终形成包含乡村游憩区、主题居住区、产业聚集区的民俗接待村。

乡村游憩区构建"核心吸引中心"，是创造核心吸引力的基石。产业聚集区创造"休闲接待中心"，是留住客人并扩大其消费的载体、创造利润与获取土地增值效益的根本。主题居住区构造"村民居住中心"，要将村民居住功能和旅游功能进行融合。解决农民安置问题，增加农民收入，促进农业发展，最终实现城乡一体化、脱贫致富。

村落整治提升：斜套村主要街道保持洁净，柴火等农村必要生活设施、工具摆放整齐；每隔 100 米设置垃圾桶，垃圾桶外观采用乡村文化主题，与村落环境保持一致；沿街建筑风格乡土化、外墙展现斜套村历史民俗文化，两侧种植乡土树种扩大绿荫，或者设藤架形成绿色走廊。对斜套村民居进行改造，打造特色乡居民宿。

恢复穿村而过的溪流，运用各色卵石铺底，点缀形态各异的置石，再用植物修饰，以梯级生态景观坝打造叠水水景，净化水质，打造清洁、灵动的斜套溪水。

2. 创意田园

以农作物的废弃物为主要原材料，形成独具创意的农业景观，让农业插上创意的翅膀。借鉴日本稻田艺术的模式，点缀一些植物果蔬的造型，丰富景观性。

同时打造各类果品采摘园，以及春季赏花、夏秋观光采摘的休闲乐园。此外，可以进行果树认养活动，增加游客的重游率和停留时间，提高果园附加经济效益。

3. 家庭庄园

结合农耕文化，打造具有积石山地域风情的家庭庄园。庄园内以特色木屋以主，每栋木屋根据其面积配套 3~10 亩风情田园。

家庭庄园实行"产品菜单式""服务管家式"，同时配套度假农舍、绿色农家养生餐厅等。配备电子巡更系统、电子导览系统、监控系统、动态视频管理系统等，全方位、系统性、人性化地为业主服务。

4. 斜套人家乡村驿站

规划思路：通过风貌改造、建筑升级、改拆建相结合，分批改建成为接待农家。外立面植入乡村元素，形成乡村风情浓郁的农家建筑。农家建筑内部按照旅游休闲度假的需求，配套休闲度假设施，打造成为游客旅居驿站。

改建分为三种模式：第一种是对现有房屋的外观、接待客房和餐厅进行改造；第二种是对房屋结构进行改建，包括原地扩建；第三种是拆掉重建。

农民自愿参与特色餐饮接待和住宿接待等旅游服务项目。建设具有特色的大型旅游客栈，能同时容纳 200~300 人。同时选择现有条件比较完备和已经粗具规模的农户，发展特色餐饮，由村委会负责统一培训村民，包括菜肴烹制、住宿接待等，其中菜品主要有手抓羊肉等。

运营模式：政府引导，村民自主经营。

（三）林业生态涵养区

1. 林下产业种植基地

充分利用项目地的树林资源，打造林下有机产业园，响应国家大力发展林下产业的号召，大力发展林禽、林药、林苗、林菜等林下产业。形成特色有机产品供应链，优先满足项目地内部的需求，其次向市场外部市场供应，打响自己的有机产品品牌。

2. 珍稀植物园

种植珍稀经济植物，如红豆杉、红木、银杏等，既可创造经济效益，又可形成一道亮丽的景观。在珍稀植物园的基础上，打造森林养生项目节点，修建健身步道、栈道进行串联。以"森林七养，天然氧吧"为主题，形成养眼、养心、养肺、养体、养神、养性、养情七种不同的养生产品，各产品分布在不同的区域，串联起一个完整的游线。

第四节　基础设施篇

一、基础设施布局与规划

（一）基础设施类型

1. 公共基础设施

公共基础设施主要包括：交通设施、水电供应设施、排水设施、电信设施、环卫设施和综合防灾设施。

2. 旅游基础设施

旅游基础设施主要包括：食宿设施、购物设施、康乐设施、导视设施、环境景观设施。

（二）公共基础设施规划

1. 交通设施规划

村域道路按照其使用功能共可分为四级：309 省道、村域主干道、村域次干道和村域支路；路网规划以少占农田、少拆民宅为原则，同时保证村庄与外部联系方便，每户门前均有道路，整体路网呈现为树枝状路网。

（1）309 省道。309 省道从村域穿过，路宽 7 米，两边各设置绿化带，是斜套村对外交通联系的主要道路。

（2）村域主干道。村域主干道红线宽 9 米，两侧酌情控制 1.5 米宽绿化带。应对主干道进行梳理，保护好路基，防止洪水的冲刷。

（3）村域次干道。村域次干道红线宽 4 米，两侧各控制 1 米宽绿化带。

（4）村域支路。主要为宅间路（串户路），道路红线宽 2 米。

（5）停车场。在黄草坪区域及周边的民居旁边设置多处小型集中停车场，每处停车场面积不超过 10000 平方米，路边可设置平行式停车位，车辆可随时停放，主干道建议每隔 300 米设置一处错车位（见图 4-5）。

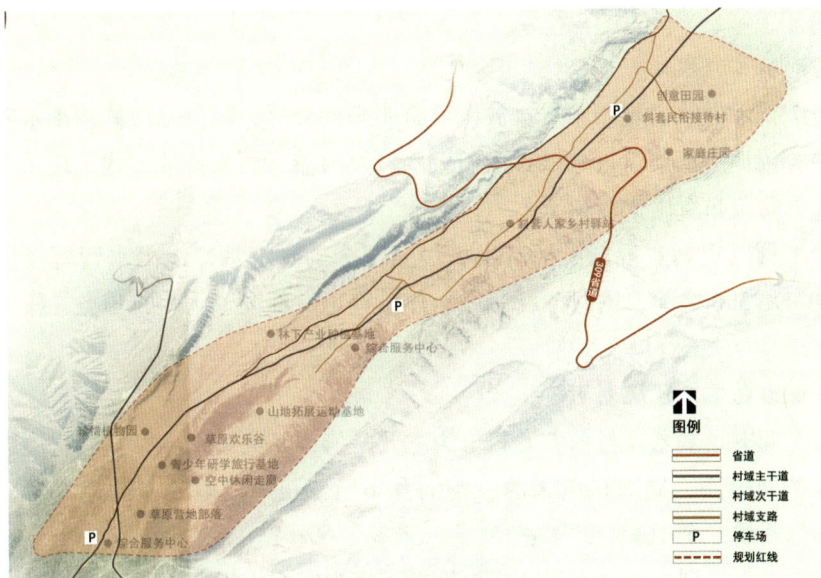

图4-5　交通设施规划

2.给排水工程规划

（1）给排水现状。村庄内目前尚未形成完整的给排水系统，村庄生活污水均直接排入地表径流，无污水处理设施。

（2）给水水源。全村供水水源采用地下水水源点，直接引入各组，保障村民用水。

（3）用水标准。对现有的水源点水质进行检测，水质标准应符合《地下水质量标准》（GB/T 14848—2017）的规定。通过村域给水工程规划，供水到户，达到生活饮水量不低于40-60L/（人·d），满足村庄人畜安全、卫生用水需要。

（4）管网规划。村域人畜饮用水水源引致高位水池后直接引入各户，自来水覆盖全村。主管径为DN300，引入村庄的次管为DN200，管材采用镀锌钢管。

3.污水工程规划

（1）排水方式。污水排放采用雨污分流制，排放方式主要采用重力流方式，在规划内形成独立完善的污水排放系统。

（2）污水处理池。斜套村设置3处污水处理池，污水处理厂承接斜套村及黄草坪等区域的污水。

（3）管网规划。污水管径在DN200~DN500之间，沿道路东、西布置；由于片区地形所限，整个片区不能形成重力排污环线，在规划中应布置污水提升泵站。

4. 雨水工程规划

（1）排水方式。规划雨水排放区没有明确的分界，部分路段修建雨水明沟或者暗沟，依地势汇集就近分散排入附近水域及河流，雨水排放方式采用重力流方式；部分路段布置雨水管道。

（2）管网规划。规划沿河流水域设置三个雨水出水口，雨水管管径控制在DN200~DN300之间；同时，村庄民居建筑宜每户都设置雨水收集点，作为牲畜饮用水源。

5. 电力电信工程规划

（1）变电站规划。目前斜套村电力主要从柳沟乡集镇接入，斜套村周边尚无有规模的变电站，周边供电来源于柳沟乡集镇110kV变电站，远期考虑在村域范围内部新建一个10kV变电站。

（2）电力规划。在现有村庄供电网的基础上，根据需要进行扩容，对现有电力线路进行提升，电力供应的变配电设施输电线架设必须符合有关技术规范要求，并结合村庄布点统一规划，近期主要完善斜套村变压器偏小问题。

（3）电信规划。中国电信、中国联通、中国移动等通信服务商已将电缆接至斜套村村域范围内，通信网络信号已实现全区覆盖，通话质量清晰。本区域的光缆线路、电信电缆的程控线路以及移动、联通等的信息网的覆盖面都达到了柳沟乡集镇的标准。

6. 环保环卫规划

（1）公共厕所。农宅厕所原则上每户均配置，上水由村庄统一安装给水系统，下水则排放到村组统一规划的化粪池中降解。公共厕所作为独立卫生环保水厕，公共厕所服务半径按200米控制。未来考虑旅游发展，建议整体结构采用轻钢结构作为主体结构（见图4-6）。

（2）垃圾收集点（垃圾箱）。路口以及公共设施等的出入口附近应设置垃圾箱，约20个。垃圾箱应美观、耐用，且便于垃圾的分类收集，由村委统一购买，每天雇用专职人员进行清理。

（3）垃圾处理点。依据服务半径设置垃圾处理点2处，每天有专职人员统一收集、分类，实行集中倾倒，日产日清，保证垃圾池整洁。

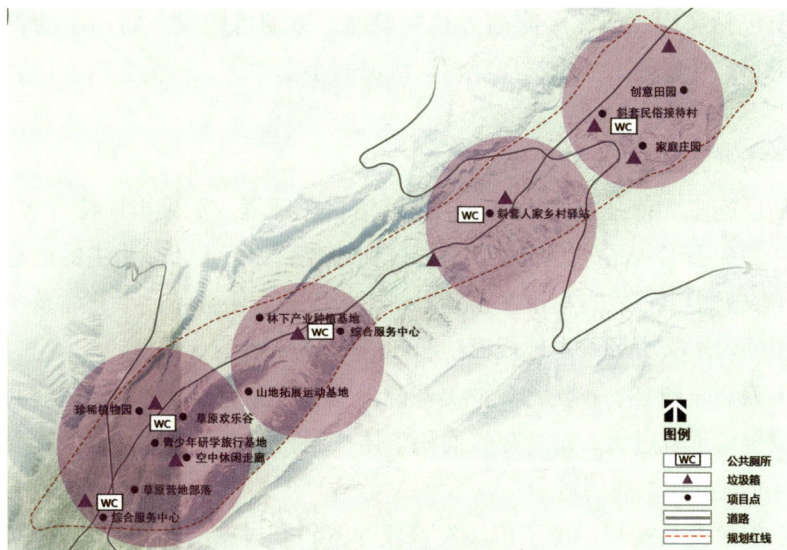

图4-6　环卫设施规划

（三）旅游基础设施规划

1. 旅游基础设施内容

旅游基础设施主要包括：食宿设施、购物设施、康乐设施、导识设施和环境景观设施。

（1）旅游基础设施分布。旅游基础设施按 300~500 米服务半径设置，规划考虑布局 6 处食宿设施、3 处购物设施、3 处康乐设施。

（2）公共服务设施。设立 3 处游客中心；非独立公共服务设施主要包括：村委会、村民文化广场等。

2. 食宿设施建设

就功能而言，斜套村食宿设施分为两大基本类型：住宿类设施和餐饮类设施；斜套村无农家乐等接待设施，住宿接待能力较弱。

（1）住宿类设施。本次规划住宿类设施按照斜套村旅游发展目标，结合旅游开发项目，住宿设施主要为周边改造后的民居，包括民俗客栈、家庭旅馆、野营地等。

（2）餐饮类设施。依托积石山县的保安族、撒拉族、东乡族等多民族特色美食，打造一个集积石山县当地文化、饮食文化的特色美食节，让游客体验烧地锅洋芋、包麦穗包子等，吸引游客前来参观，体验当地民俗文化，感受当地民俗风情。

主要包括餐厅、风味小吃店等独立设施，近期可建设不同档次的餐馆、冷饮、休闲农家等设施，鼓励村民经营传统民间小吃为特色的美食馆，以满足不同游客需求。

3. 购物设施建设

购物设施主要依托村主干道，沿路整治村庄环境，汇聚当地特色水果蔬菜、特色农产品和手工艺品等，形成以斜套村农特产品和手工艺品为主的创意集市。

（1）农夫集市。农夫集市主要是以斜套村、积石山县特色手艺品及各种农副产品为主的农产品市场，占地规模约 2000 平方米。

（2）商店、商亭、小卖部。此类基础设施主要为游客提供方便快捷的购物方式，建设规模不宜过大，每处建筑面积整体控制在 100 平方米，不独立占建设用地，兼容于其他建筑或用地内。

（3）旅游商品规划。由于市场发育较晚，斜套村旅游购物基本未发展起来，旅游商品的开发还处在初级阶段，旅游商品缺少特色，品牌未建立，当地土特产、旅游纪念品、工艺品等都未得到很好的设计开发，尚未提供完整的旅游购物服务。主要存在的问题有：缺乏富有地方特色的旅游商品；产品附加值挖掘不够；尚未形成生产规模；缺少知名品牌；旅游商品销售收入在旅游总收入中所占比例过低。

具体规划建议：第一，强调社会参与，给予政策优惠。旅游商品的开发与旅游购物服务涉及社会的各个方面，政府应鼓励有关单位和个人参与旅游商品的设计、生产与销售。要给予政策、资金等方面的优惠，优惠政策包括：税收减免，给予旅游商品设计生产资金扶持或成立设计开发基金，奖励经营业绩良好的旅游商品生产和销售企业，鼓励传统手工艺人以技术入股，加强打击仿造力度，保护开发者利益等。同时，加大对旅游商品研制和销售经营上的政策、资金扶持，鼓励和支持企业研制特色旅游商品。

第二，成立专门的旅游商品设计部门。设计和制作出反映地域特色、传统文化和民间文化艺术的旅游商品；定期举行旅游纪念品设计大赛，征集民间旅游纪念品设计创意，推动旅游纪念品的设计和开发；旅游商品要便于携带，注重实用性和收藏性。建立旅游商品信息收集中心，为企业提供最新的市场信息，辅助企业生产出适销对路的旅游商品。

第三，旅游商品逐步产业化、品牌化。通过深入分析市场需求，研究、设计具有地域特色的旅游商品。建立和完善旅游商品销售渠道，逐步推进旅游商品的规模化，生产知名的旅游纪念品，如刺绣、保安族腰刀等。树立品牌意识，加强宣传力度，增加产品附加值，提高创收能力。加快市场升级改造，扶持有潜力、上规模、有特色的旅游商品生产基地。

第四，重点开发六大旅游商品系列：积极培育旅游商品市场，做好宣传推广工作，不断提升旅游商品品质，注重观赏、实用、收藏的结合。通过政府支持、市场运作的方式，努力构建旅游商品包装设计、生产营销平台，建成保安族腰刀、彩陶仿制纪念品、民族服饰、手工艺品、仿古彩陶研发中心，蛋皮核桃、花椒加工包装中心，民间刺绣、民族民俗用品生产中心，打造和推出保安族腰刀、蛋皮核桃、花椒、仿古彩陶等特色旅游商品（见表4-3）。

表4-3　商品系列开发要求一览

商品系列	内容	开发要求
纪念品系列	徽章、景区门票、生肖属相等	通过时尚元素和民族元素有机结合，向小巧、精致、文化的方向发展
民族工艺品系列	保安族腰刀、手工纺织品、民间刺绣、仿古彩陶、石雕、木雕制品、木质工艺品、民族民俗用品等	传统民间工艺要去芜存精，现代工艺品要向精细化方向发展
民族服饰系列	保安族、撒拉族、东乡族等少数民族服饰、饰品等	延伸开发一些具有民族元素的饰品和家居用品
草药系列	党参、当归等	加强生长、采掘、加工、销售各个环节的管理
土特产系列	牛肉、山羊肉等罐头，矿泉水、蛋皮核桃、大红袍花椒、杏子、啤特果等	实现土特产品向旅游商品转化
绿色保健品	苦丁茶、杜仲茶、茉莉花茶、葛根粉等	根据本地的资源优势，合理地包装

4.康乐设施建设

康乐设施是为游客提供健身养生、休闲娱乐活动的场地及设备，主要包括：健身场、篮球场、乒乓球场、村民文化活动室、老年活动中心、棋牌室以及其他各种文化娱乐设施。

（1）体育健身类设施。规划考虑设置4处体育健身类基础设施，此类设施建设面积不宜过大，控制在100~300平方米，要充分利用村域开敞空间，除满足村民自身建设之外，也可修建小体量的室内体育场馆。

（2）文化娱乐类设施。按照景区标准，村庄内文化娱乐设施是以日常文化娱乐、体验为主的内容活动场所。规划应积极引导村民自主组织各类娱乐活动，如唱歌比赛、棋牌游戏等，游客也可参与其中。

5. 导视设施规划

标示标牌整体材质选用当地木材，表面做防腐、防紫外线处理，有文字和Logo丝印处使用不锈钢连接，部分表面也可使用PVC板；色彩多使用暗红色和灰色调，标识文字使用中文、英文两种语言。

6. 环境景观设施规划

环境景观设施主要包括观景亭、坐具、景观照明灯具、雕塑等；村庄内环境景观设施既是功能设施，也是重要的文化特征，应当具备斜套村当地的文化艺术特质，同时与环境相协调、相融合；设施的选材应节能、节材。

二、建设时序与效益分析

（一）建设时序

1. 近期建设

近期建设市政基础设施，完善给排水系统、电力电信管网，加建部分公共服务设施。改造部分质量较差的民居，充分考虑规划的示范性和实施紧迫性。近期建设实施区域选址于黄草坪，以及几处重点民居改造。

2. 中期建设

中期进一步完善公共服务设施与市政基础设施系统，改造村域传统民居形成特色民宿，形成旅游吸引力和人群聚集效应。

3. 远期建设

远期进一步建设斜套村其他景点，完善村庄旅游体系，发展康养度假设施，建设相应规模的公共服务设施和市政基础设施。

（二）旅游开发效益分析

1. 产业效益

（1）增加政府财政税收。项目建成后，有利于带动相关产业发展，增加政府财政税收。

（2）拉动相关产业发展。带动第一、第三产业的全面转型升级，发挥周边产业经济的带动效应；有力地促进斜套区域整体产业发展。

2. 生态效益

（1）优化区域环境。通过景观营造、环保配套、生态农业等手段，对项目区域进行生态综合优化，实现整体环境提升，优化斜套村周边区域环境。

（2）发挥生态价值。在科学保护的前提下进行旅游项目开发，实现"保护—开发—保护"的良性循环，实现对区域生态资源的合理有效利用，发挥生态价值。

（3）创造低碳示范。在建设与运营过程中，利用环保照明、太阳能、风能、绿色交通的绿色节能减排措施，提升斜套村节能减排环保水平，构筑低碳示范区。

3. 文化效益

（1）锻造积石山少数民族文化平台。通过对本项目特色少数民族文化的挖掘和呈现，有利于打造斜套少数民族特色文化的交流、展示、体验、传承平台。

（2）推动积石山县建设特色旅游休闲名城。通过对斜套村少数民族特色文化、农耕文化、民俗文化的深入挖掘与创新利用，打造具有文化内涵的斜套特色乡村，为积石山县建设特色文化名城做出重要贡献。

4. 社会效益

（1）拉动就业增长。本项目的建设，预计可创造 100 个直接就业岗位，拉动间接就业岗位约 700 个。

（2）培育休闲度假品牌。斜套村未来将培育一个以少数民族文化、生态文化、民俗文化为底蕴，以草原运动休闲、康养度假为核心功能的旅游品牌，从而增强整个旅游区的吸引力。

（3）构建和谐典范。在斜套村开发建设过程中，将旅游开发与城乡统筹、乡村振兴有机结合，充分关注三农问题，强调社区参与，使乡村区域融入区域产业体系，分享区域发展效益，促进城乡统筹。

第五节　运营保障篇

一、整村推进的运营机制

（一）组织模式与运营机制

1. 引入市场主体

搭建旅游发展平台，在政府有效监管下，了解市场、运作灵活的民营开发经营主体能够更加高效地将旅游资源转化为具有市场吸引力的旅游产品，为乡村带来更多旅游经济发展机会。

2. 政府与企业合作

首先，政府监督企业行为，严格执行污水排放、环境保护等国家法律法规的相关标准，降低旅游开发经营的随意性；其次，企业将旅游资源视为核心资产，着眼于长期经营，改变以往追求短期业绩的运动式投资、掠夺式开发的模式；最后，企业为乡村地区带来经济发展机会，促进乡村振兴。

3. 统筹利用专项财政资金

市场化开发模式下，政府划拨的交通、农业、生态补偿及乡村振兴等专项资金统筹用于道路建设、农村外立面改造、生态环境整治、乡村旅游培训等基础设施和公共服务方面。

（二）模式要点

1. 开展乡村旅游，引导困难群众参与

挖掘斜套村的民俗文化、山地资源、农业资源等资源优势，开展乡村旅游，引导困难群众参与旅游服务和发展；倾听群众意愿，扶持有基础的困难农户在家经营农家乐，开展餐饮、住宿接待；引导部分村民从事导游、安保、清洁、技术服务等工作，实现就业，增加困难群众的收入。

2. 一户一策的帮扶策略

把握教育培训方向，实行一户一策的扶持策略，扶持困难农户学一门技能，开展农民专业合作社，带动困难户增收；组织群众集中培训，鼓励群众"就地取材""就地创业"。

3. 充分利用电商金融平台

充分发挥"互联网 +"在信息传递、经营管理、促进特色农产品价格保护、增加优势农产品附加值上的优势作用；采取"斜套村网上平台 + 乡村旅游 + 村合作社（网上交易、代理服务、助农金融服务） + 各类市场经营主体"模式，加快推进新常态下精准帮扶发展方式的新业态发展。

二、加强安全与卫生管理

（一）安全管理规划

1. 经营管理

制定旅游安全事故预防管理的法规、条例，培养旅游从业人员、旅游者、村民的安全意识。

对村民进行法制宣传教育，提高法制观念和守法意识。让村民认识到村庄安全的旅游环境对他们的切身利益有重要的影响，从而激发村民自觉维护村庄旅游安全环境。

设置安全宣传栏，发放安全手册，在事故频发、有危险的地段，如黄草坪的山顶和河谷，设置安全警示牌，提醒旅游者在旅游过程中的注意事项，以及遇到突发情况应当采取的紧急措施。

2. 自然灾害

加大对村庄的防灾和监测预报的投入，建立安全预警系统。

3. 旅游事故

加强村庄求助报警通信系统建设，保证旅游通信设施通畅。对黄草坪和村庄内的旅游活动进行防控和管理，制定旅游旺季疏导游客的具体方案；对村庄内的住宿安全、饮食安全进行防控、监督和管理。

（二）卫生环境规划

1. 环境保护原则

严格按照《森林法》《环境保护法》《土地管理法》《水体污染防治法》《生活饮用水卫生标准》《地下水环境质量标准》等有关法规条例，运用法律手段实行有效保护。

（1）可持续发展原则。坚持科学发展观，在做好环境保护工作的基础上，对资源进行科学、合理开发。

（2）自然环境原真性原则。保持乡村固有的生态环境、自然风光等自然形态，突出农村生活特点，形成乡土文化氛围，避免盲目开发。

（3）旅游环境保护与人居环境营造相结合原则。随着生活水平的提高和社会主义新农村建设的推进，农民迫切要求改善农村生活环境和村容村貌。在搞好旅游的同时，要结合农村环境建设，搞好农村污水处理、垃圾整治工作，营造优美的乡村旅游环境与和谐人居环境。

2. 环境保护工程规划

（1）村域环境卫生整治。对斜套村村庄生活废水实行雨污分流，污水集中由污水处理厂处理后统一排放，严禁把生活污水直接排入河道，以免引起水体污染；考虑可降解和不可降解垃圾分类投放，做到分类、集中、专门处理；村庄内尽可能使用液化气、水电、太阳能作为能源。

（2）垃圾回收处理。禁止游客乱扔垃圾，使用过的废弃物放入垃圾箱，由环卫工作人员运至垃圾转运站，集中外运。垃圾回收站、垃圾桶布局合理、干净整洁，建立健全卫生管理制度，使垃圾处理做到流程化、责任化。

（3）污水处理。对于餐饮、客房、民宿、村民生活等方面的污水采取就地处理、集中与分散排放相结合。在旅游服务设施集中的区域，设立污水处理点，完善污水处理排放系统。

（4）厕所、厨房管理。加强对厕所和厨房的"两改"，重点针对开展农家接待的农户，厨房卫生以及食品卫生应达标。厕所要配备抽水马桶，淘汰旱厕，做到整洁、无污垢，粪便处理要符合《粪便卫生无害化标准》，禁止任意排放。

三、强化市场营销推广

"斜套特色乡村"O2O模式应用：实现旅游产品与商品的线上预购、线上支付与线下体验相结合。

（一）发展初期：与知名网站合作

与国内知名网站如携程网、驴妈妈、去哪儿网等合作，有针对性地推出在线旅游业务，游客可通过智能手机、笔记本电脑等移动终端在互联网上获取定位导航、搜索浏览、票务预订、气象信息等，从而减少游客暴增后出现排队买票、等待就餐等现象，降低运营成本。

（二）发展成熟期：自办资讯网站

提供信息动态展示，包括景点概况、交通指南、特色食宿等信息查询；制作客流高峰走势图，为游客选择最佳游览时间提供参考；为游客提供评价平台，让游客写下自己的体验感受和对斜套村旅游发展的建议，游客可直接将相关信息分享到微博等网络交流平台上，增强用户的互动性和体验性，提升游客的体验质量。

（三）体验式微营销

通过微信、微博、微电影大众传播以及微圈子口碑传播途径，借助分享故事、体验等方式，以斜套村旅游资源为平台，以旅游产品为载体，以游客体验为中心，设计场景让游客参与进来，提高营销效率，提升营销效果。

（1）微信营销。建立斜套村旅游微信公众平台，通过好友和圈子，把客群连接成一个个有共同话题、爱好相近、出游习惯相近的圈子。通过微信精准定位客群圈子，能极大提高营销效率。

（2）微博营销。开通斜套村旅游的新浪、腾讯微博，与重点客源城市的旅游管理部门、主要在线旅行社、周边著名景区相联系，形成联合营销的效应。

（3）微电影营销。拍摄若干部微电影，在优酷、搜狐、爱奇艺、Youtube 等视频网站推广，微电影力求新颖。

（四）节事营销

节事营销的出现使得旅游活动的形式日益丰富起来，不仅大大提高了旅游活动内容的丰富性，更重要的是它满足了现代社会人类的多种需求。通过举办节事活动，吸引社会名流、专业人士参与，在社会形成一定的影响力，树立旅游区强大的感知品牌，引起目标客源市场的注意，促使其产生旅游动机（见表4-4、表4-5）。

表4-4　斜套乡村旅游节庆活动一览

序号	节庆名称	时间
1	"斜套乡村过大年"乡村旅游节	1—2 月
2	开山节	3 月
3	春季百花节	3—5 月
4	黄草坪草原节	6-8 月
5	斜套乡村文化旅游节	5—10
6	斜套乡村养生美食节	8—10 月
7	金秋采摘节	9—10 月
8	休闲马拉松	10 月
9	秋季农产品采购会	9—11 月

表4-5 斜套乡村旅游事件活动一览

序号	活动名称	活动内容
1	"斜套过大年"	体验斜套乡村过大年
2	"寻找乡村记忆"微信大赛	微信大赛
3	"寻找美丽乡愁"微电影	拍摄微电影，吸引关注度
4	"斜套乡村"摄影大赛	举办摄影大赛，吸引摄影爱好者
5	花儿文化研讨会	研讨花儿文化
6	斜套乡村民俗文化论坛	研讨斜套乡村民俗文化与旅游开发
7	旅游商品设计大赛	围绕"少数民族文化、民俗文化"设计主题旅游商品
8	"我的乡愁"征文比赛	征文比赛，吸引文学爱好者
9	书籍营销	出版与斜套村历史、民俗相关的书籍
10	影视宣传	与斜套村相关的影视剧作

四、科学合理保护控制

（一）非物质文化遗产保护计划

1. 非遗保护现状

2006年6月，保安族腰刀锻制技艺被列为首批国家非物质文化遗产名录。斜套村作为积石山的著名乡村、少数民族聚居地，刺绣、经画、石画等非物质文化资源丰富，保安族的口头文学和腰刀锻制技艺被评为省级和国家级非物质文化遗产。通过调查获知，斜套村现有的保安族老人其实仍然掌握着腰刀制作技艺，但随着时间的流逝，传统的制作技艺在衰退。

2. 非遗保护计划

将口头文学和腰刀锻制进行传承保护；通过发展旅游，使非物质文化遗产得以传承。非物质文化遗产的保护不应脱离其特有的生活方式。本项目对传统非物质文化遗产施行活化性保护性开发，使工艺文化恢复到人民的生活中，对传统文化进行保护。

对传统腰刀锻制非物质文化遗产进行保护的同时，也要重视对其的传承。可以开设体验工坊，组织有意愿的游客、学生等进行培训学习，使工艺得以弘扬传承。

（二）村域风貌控制规划

依据可利用资源的空间布局与本质特点，坚持协调性与完整性原则，以草地、农田、建筑三大景观类型为主，在规划中融入田园、生态、人文、自然等多类型元素，打造斜套村特色景观。

1. 高山草甸景观

在布局上，以草原为背景植物，搭配相适宜的花种，营造丰富草地植物景观风貌。在草地、水体周边考虑增加耐水湿植物，与河流和周边草原交相辉映，增加景观层次和视觉效果。

2. 建筑景观

村庄内建筑风貌采用简约、自然的特色，注重整体风貌的统一以及与周边环境的协调。对村庄建筑外墙进行整体美化装饰，将斜套村历史、少数民族文化等元素加入建筑的装饰中，突出当地历史文化特色，展现文化内涵。

3. 农田景观

以现有农业自然景观单元为依托，充分利用菜地等农业环境及资源，构筑农田景观。将蔬菜种植与观光体验相结合，开发自采摘菜园、景观菜地、观光大棚等农田景观。

五、开展旅游人才培训

（一）总体目标

对全村乡村旅游从业人员进行普及性教育培训，使农民素质和乡村旅游服务水平得到明显提升。培养造就一批高素质的乡村旅游管理人员和有致富能力的旅游从业人员。

（二）主要任务

适应斜套村乡村旅游发展需要，开展以旅游服务人员为重点的执业技能培训，逐步开展，以点带面，最终达到全员培训上岗的目的。

（三）实施方案

由规划设计单位作为顾问，对斜套村干部和乡村旅游带头人进行产品开发、市场推广等旅游经营管理培训，对乡村旅游经营户进行餐饮、住宿、休闲、娱乐等旅游接待服务培训，对涉旅农户进行特色农副产品、工艺品开发等实用技术培训。

组织试点培训：先选出 10 个有代表性的专业户进行调研，确定有针对性的培训内容和培训方式。

针对性培训：根据农业旅游示范村（户）的服务规范，有的放矢地组织培训。

草原项目服务人员培训：针对草原运动休闲所需，对参与的村民进行有针对性的草原项目运作培训，从理念到操作进行基本培训。

山地运动专业知识培训：在黄草坪开展户外拓展运动，对相关管理人员、从业者进行基本操作知识与管理知识培训，提高旅游接待能力与专业程度。

服务人员礼仪规范、旅游产品营销培训：对服务人员进行服务礼仪和服务规范的培训，介绍旅游产品营销策略。

片区导游员培训：以村民为参与者，将村民转变为每片区的导游员，对其进行导游员基本知识、接待能力、礼仪规范等培训。

六、建立和完善旅游安全救援体系

（一）斜套村旅游安全救援指挥调度中心

在斜套村旅游集散与综合服务中心设立旅游安全救援指挥调度中心，由积石山县旅游局统筹，采取政府救助与商业救援相结合地方式。对灾害事故进行评估和分级，编制应急救援资源分布图谱及救援预案等。

（二）划片区分管不同区域

设立黄草坪区域救援工作站、斜套村靠近黄草坪区域救援工作站、斜套村远离黄草坪区域的救援工作站。完善工作站的医疗急救中心服务；实行 24 小时服务，做到"一分钟调度，一分钟出车"；黄草坪区域、斜套村民宿应设立设备完善的医疗救护点。

（三）若干旅游应急救援点

旅游应急预案备案率达到 100%；涵盖所有的农家乐、重要旅游景点；应急救援点配备必要的医护人员和常用药品。

第六节　组织实施篇

一、实施组织

规划项目建设、管理以及设施建设、管理相关情况如表 4-6、表 4-7 所示。

表4-6　规划项目建设、管理一览

编号	项目名称	建设主体	运营管理主体
1	草原欢乐谷	村委牵头，农户参与	产业项目实施组
2	草原营地部落	企业招商	产业项目实施组
3	山地拓展运动基地	企业招商	产业项目实施组
4	空中休闲走廊	企业招商	产业项目实施组
5	青少年研学旅行基地	企业招商	产业项目实施组
6	综合服务中心	村委牵头，农户参与	产业项目实施组
7	斜套民俗接待村	企业招商，农户参与	产业项目实施组
8	创意田园	村委牵头，农户参与	产业项目实施组
9	家庭庄园	企业招商	产业项目实施组
10	斜套人家乡村驿站	村委牵头，农户参与	产业项目实施组
11	林下产业种植基地	村委牵头，农户参与	产业项目（环境与生态）实施组
12	珍稀植物园	村委牵头，农户参与	产业项目（环境与生态）实施组

表4-7　设施建设、管理一览

编号	项目名称	建设主体	运营管理主体
1	停车场	村委	基础设施实施组
2	住宿设施	招商及农户自愿	基础设施实施组
3	餐饮设施	招商及农户自愿	基础设施实施组
4	旅游厕所	村委	基础设施实施组
5	游步道	村委	基础设施实施组
6	旅游标识引导系统	村委	基础设施实施组
7	道路	村委	基础设施实施组
8	给排水系统	村委	基础设施实施组
9	垃圾箱	村委	基础设施实施组
10	垃圾处理站	村委	基础设施实施组
11	建筑外立面改造	村委	环境与生态实施组

二、任务分解

规划项目及设施建设分期情况如表 4-8 所示。

表4-8　规划项目及设施建设分期

项目类型	项目名称	近期（2019—2020 年）	中期（2021—2022 年）	远期（2023—2024 年）
旅游体验类项目（部分重点）	草原欢乐谷	跑马场、草原八大营帐	牧场原宿	飞行俱乐部
	草原营地部落	星空营地	帐篷酒店	草原帐篷酒店
	山地拓展运动基地	户外运动拓展园、峡谷穿越	儿童非动力乐园	—
	空中休闲走廊	400 米	600 米	—
	青少年研学旅行基地	地理科普夏令营	地质科普公园	—
	综合服务中心	生态停车场、景区大门、游客中心、生态餐厅	—	—
	斜套民俗接待村	民居、景观改造提升	基础设施、景观氛围进一步提升	—
	创意田园	作物种植	优化景观环境	—
	家庭庄园	基础设施配套	完善旅游服务设施	优化景观环境
旅游体验类项目（部分重点）	斜套人家乡村驿站	民居改造	基础设施、景观氛围进一步提升	配套进一步提升
	林下产业种植基地	规模种植	形成规模和产业	—
	珍稀植物园	种植珍稀植物	形成规模	植入项目
基础配套类项目	停车场	10000 平方米	20000 平方米	30000 平方米
	旅游厕所	3 处	2 处	4 处
	旅游标识引导牌	10 个	10 个	10 个
	景观绿化	完成村子主干道绿化	完成集中改造民居及房前、房后绿化	全村整体绿化完成

休闲型乡村旅游规划实践研究

——《山东济南九女峰片区坡里庄村旅游总体规划》

第一节　规划总论

一、规划范围

本项目规划范围：坡里庄村片区总面积 7.45 平方公里，位于济南长清区万德街道南部，坡里庄村东至京台高速，西至山顶分水岭村界，南部与肥城市相邻，北部与长城村相邻。规划将综合考虑九女峰乡村度假区等周边区域（见图 5-1）。

二、规划原则

（一）保护开发原则

坡里庄片区应将生态环境保护摆在重要的位置，在保护的基础之上，深入开展乡村振兴和旅游产业开发，对接市场需求，创新旅游产品开发，打造产旅融合示范区。

（二）市场导向原则

要以未来市场需求为指引，根据市场的需求打造系列具有市场针对性的旅游产品和产业，增强坡里庄片区吸引力，做到自身发展与市场之间的互动。

（三）效益化原则

充分协调处理好坡里庄片区环境效益、社会效益和经济效益的关系，协调处理好旅游发展与社会需求的关系，努力创造一个风景优美、设施完善、生态环境良好、人与自然协调发展的产旅融合示范区。

（四）优化整合原则

对坡里庄片区的资源进行优化整合，挖掘潜力，以打造南湖、景观河道、泉城茶博园等为重点，带动整个坡里庄片区及联动周边区域的发展。

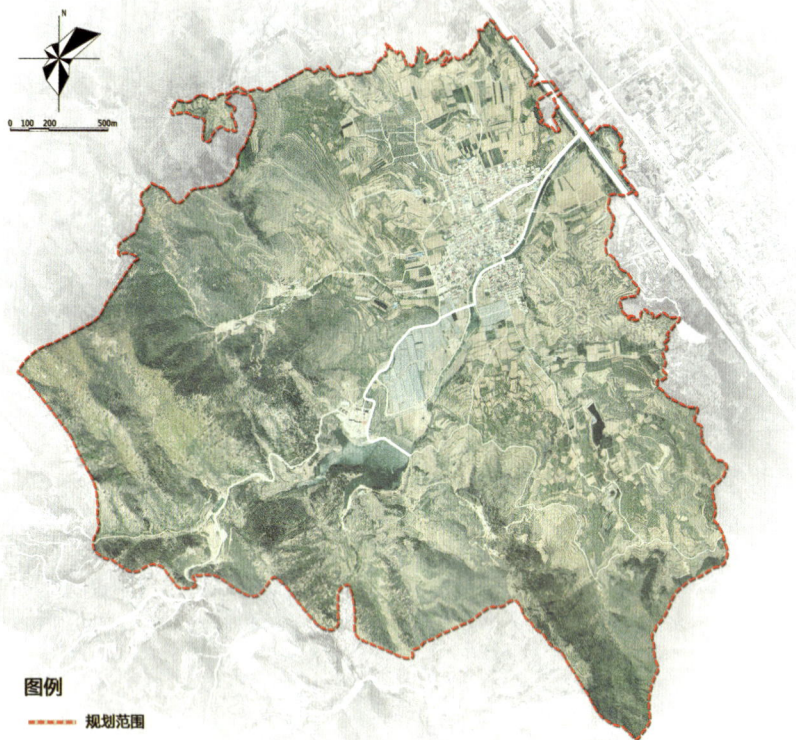

图5-1　规划范围

三、规划期限

本规划期限为2021—2035年，共15年，分为以下三个阶段。

（一）近期（2021—2025年）：完善配套、核心突破

充分考虑规划的科学性和实施性，近期建设完善村庄基础设施和公共服务设施，重点建设和提升泉城茶博园，开展南湖和景观河道项目的招商引资，完善村庄的餐饮和住宿配套设施，做好样板示范区，实现核心突破。

（二）中期（2026—2030年）：拉开骨架、统筹开发

中期进一步完善公共服务设施与基础设施，拉开骨架，推进坡里庄片区整体环境优化和统筹开发，重点建设山地运动休闲项目，以及建设龙居寺祈福养生项目。

（三）远期（2031—2035年）：全面启动、持续发展

远期进一步建设坡里庄片区，完善村庄旅游体系，提升公共服务设施和基础设施，促进产业融合发展。延伸产业链条，发展产业多种功能，促进多元化业态体系的构建，实现产业快速发展，最终成为济泰一体化的样板项目。

四、指导思想

以党的十九大提出的乡村振兴战略和习近平总书记要求"山东充分发挥农业大省优势，打造乡村振兴的齐鲁样板"的指示精神为指引，以《山东省乡村振兴战略规划（2018—2022年）》、5个工作方案和山东省乡村振兴"十百千"工程文件精神为依据，以"发挥生态基础优势，产业融合提升发展，推动坡里庄片区乡村振兴"为主题，以市场为导向，通过重点培育康体养生、休闲度假、特色农业等支柱产业，带动农民共同富裕，进而实现预期的经济效益、社会效益和环境效益三大效益目标。

第二节　规划综合分析

一、济泰一体化战略

2020年10月底，有着"最美高速"之称的济泰高速通车。与此同时，自2020年9月1日开始，济南市民开始与泰安市民享受同一项待遇——100元不限次的泰山年卡。

交通、旅游领域的不断破壁，始于"济泰一体化、共建大省会"的战略构想。2020年8月11日，《济南市人民政府 泰安市人民政府一体化发展战略合作协议》在济签订。根据协议，两市将加快推进济泰一体化"633"工程，包含6条通道建设、3大产业对接、3大区域协作等内容。

其中，"6 条通道建设"即济枣高铁、鲁中高铁，京台高速、济泰高速，G104 国道、S103 省道；"3 大产业对接"即文化旅游产业、医养健康产业、智能制造产业对接；"3 大区域协作"即泰山区域、黄河流域、大汶河流域生态保护与协同发展。

济南南依泰山，并不单是地理位置的毗邻，济南南部山区本就是泰山山脉的一部分，更是济南泉水的源头。"济泰一体、山水同城"的提出恰恰是要突出大泰山的品牌效应，最终将济南打造成为"中华文化枢轴"上的龙头城市，这也是济南应有的大格局。

二、上位规划分析

（一）《济南市长清区旅游发展总体规划（2016—2025 年）》

四区之一：禅茶一味度假区。

空间范围：万德镇。万德镇坡里庄村，地处泰山北麓，紧邻 104 国道、京沪高速。

发展思路：以灵岩寺景区创 5A 为主要抓手，做大灵岩寺佛教文化、禅茶文化，提高灵岩寺在海内外的影响力，辐射带动周边景区和乡村旅游发展，打造海内外知名的旅游胜地。

重点项目：泉城茶博园。

未来发展目标：国家级标准茶园、江北茶文化旅游体验园。

（二）《济南市长清区泉城茶道田园综合体规划》

根据规划定位、市场空间及发展需求，确定经过三年的开发建设，将项目区打造成为中国北方高纬度茶种植示范基地、禅茶文化旅游综合体——长清茶标准引领基地。

泉城茶道田园综合体区域总面积约 2.8 万亩，农业生产区建设规模 1.36 万亩，规划发展茶园 6000 亩、干果 7600 亩。总体架构为"三大板块"：核心区域板块、辐射带动板块和生态景观板块，重点建设核心区域板块。

泉城茶道田园综合体核心区域板块总体布局为"一带、一路、二湖、二翼、二心、三区"。

一带：青龙河景观茶带。

一路：贯穿泉城茶道田园综合体南北、连接"南湖"和"灵岩湖"的景观主路，沿路发展标准化茶园，命名"泉城茶道"。

二湖：位于项目区南部的坡里庄水库，定名为"南湖"；位于项目区北部的黑水湾水库，定名为"灵岩湖"。

二翼：项目区西南部的神龙大峡谷风光探险区和威龙大峡谷休闲度假区。

二心：综合管理服务中心和茶叶加工配送中心。

三区：农业生产区、文旅休闲区和田园居住区。

三、区域格局分析

（一）九女峰乡村度假区

九女峰乡村度假区坐落在泰山西麓、岱岳区道朗镇北部山区，是鲁商集团投入建设的乡村振兴项目。总投资 20 亿元，涉及 19 个村、50 平方公里、1.3 万人，对 19 个村的"三生空间"（生产、生活、生态）进行重塑，整个片区分三期完成。项目一期已于 2019 年"十一"正式开放。

九女峰乡村度假区已荣获乡村振兴齐鲁样板省级示范区、中国文旅融合示范奖等荣誉称号。"故乡的云"民宿荣获第 3 届 IAI 国际旅游奖、《旅·城》年度精品酒店奖、最值得期待文旅项目、中国最具影响力美宿 50 强等荣誉称号。

（二）8 号风情路

全长 12.5 公里，在群山环抱中，流水潺潺，曲径通幽，引人入胜。北起拔山村，向南途经马场村、玉皇庙、房庄村、张庄村至马套村，不同的乡村风情被一条路串起。

（三）大泰山旅游

紧邻泰山旅游风景区，可融入泰山宏观旅游体系，处于泰山西北麓，距泰山风景区仅有 20 公里的路程。

（四）周边旅游资源

卧龙峪生态景区、龙凤庄园、海拔 560 米的高山采摘园、灵岩寺景区、凤凰岭景区。

四、坡里庄现状分析

坡里庄村是济南市宜居村庄、济南市乡村振兴齐鲁样板村。近几年来，村两委带领村民发展茶叶种植和乡村旅游，引进了泉城茶博园农旅项目，现有茶叶种植面积 500 余亩，是泉城茶博园中茶叶的核心种植区，村容村貌得到改善，村集体经济和各项事业有了较快发展。

（一）坡里庄历史沿革

1. 村庄历史渊源

巍巍泰山，雄峙东方，西北脚下，有一祥瑞之地，此地东出卧龙峪直达齐长城，西南穿越神龙大峡谷联通西御道，此地有村曰坡里庄。明朝崇祯年间建村之时，时逢南山坡藤花盛开，故名"藤花坡"。清乾隆年间因大旱，藤花枯死，更名坡里庄。庄西有古寺名泉和清潭，皆曰"龙居"。卧龙、神龙、龙居、文物古迹、地名传说皆与龙有不解之缘。

2. 自然条件

自然景观优美，人文景观丰富，森林覆盖率达 68%，地下水资源丰富，水质佳，村西东风水库属小Ⅱ型，村内土地大部分能够自流灌溉。水库南支流是神龙大峡谷，大峡谷终点地处泰安道朗东西门村，峡谷呈南北走向，长约千米，谷深 160 米。谷内流水潺潺，清澈见底，多处形成瀑布；峡谷两侧陡壁峻峭，奇石遍地，怪石林立，有的像人、像兽、像器、像物，其逼真程度令人叹为观止。

（二）水系现状

坡里庄水源丰富，村内有主河道 2000 余米，南湖水库来水面积 7.7 平方公里，库存量 147 万立方米，水质清澈，灌溉茶园及农田 2000 余亩，水库周边青山绿水相映成趣，具有江南之美景风光，具有文化旅游及生态旅游的巨大潜力。2017 年被评为"山东省宜居乡村"。

（三）人口与用地

坡里庄村现有人口 1766 人、624 户。村域面积 11175 亩，村庄建设用地 401 亩，包含有 790 处宅基地，果树种植面积 5000 余亩。

（四）优势和制约条件分析

1. 优势分析

（1）坡里庄村地处济南、泰安两大城市之间的济泰融合发展部，交通便利，两市都有较强的对外辐射能力，并且之间的联系非常密切，能够同时接受泉城、泰山的辐射，享受泰山每年千万游客的红利，融入山水圣人文化旅游线路，区位优势明显。（2）坡里庄村所处区域即是济南、泰安之间重要的生态保护区，又是连接"山水圣人"的人文生态走廊，山地地形起伏大，独特的地理条件造就了优美的自然生态环境，生态优势明显。（3）坡里庄村被列为乡村振兴潜力样板村，政策和资金扶持力度加大，为该项目的实施提供了政策支持。（4）适宜建设登山、骑行、露营、垂钓、探险等体验性项目，具备打造旅游目的地的潜力。

2. 制约条件

（1）山地很多区域处于生态保护红线范围内，旅游发展一定程度上受到环境保护的制约。（2）村庄可利用的区域空间小，将存量项目盘活，同时根据市场增加增量项目面临着诸多挑战。（3）旅游服务设施配套不完善，面临如何很好地吸引游客、留住游客的问题。（4）旅游专业规划、管理、运营人才缺乏。

（五）产业现状分析

1. 第一产业

坡里庄片区第一产业主要以茶叶为主，核桃、栗子种植以及家禽养殖也是重要的经济来源；农作物种植目前以传统作物与经济作物为主，主要有玉米、茶叶、栗子、核桃等。

2. 第二产业

目前坡里庄片区产业无第二产业。

3. 第三产业

坡里庄片区第三产业主要是以茶博园、大峡谷、龙居寺等休闲旅游服务为主。

4. 产业小结

通过发展旅游业来整合一、二、三产业发展，形成一、三产联动，二产补充的格局，形成泛旅游产业聚集区，就地解决三农问题。

五、区位交通分析

长清区万德街道坡里庄村位于万德街道办事处驻地西南端7.5公里处，南邻界首村，北接长城村，东靠店台村，西连泰安市岱岳区九女峰乡村度假区。坡里庄村与济南的距离不到1小时车程，与泰安市只有20分钟的车程。

东距104国道不足1000米，西南方向有2条道路通往泰安岱岳区道朗街道。村北距京沪高速公路万德出口7公里，南距新设泰安桃花源出口4公里，交通方便快捷（见图5-2）。

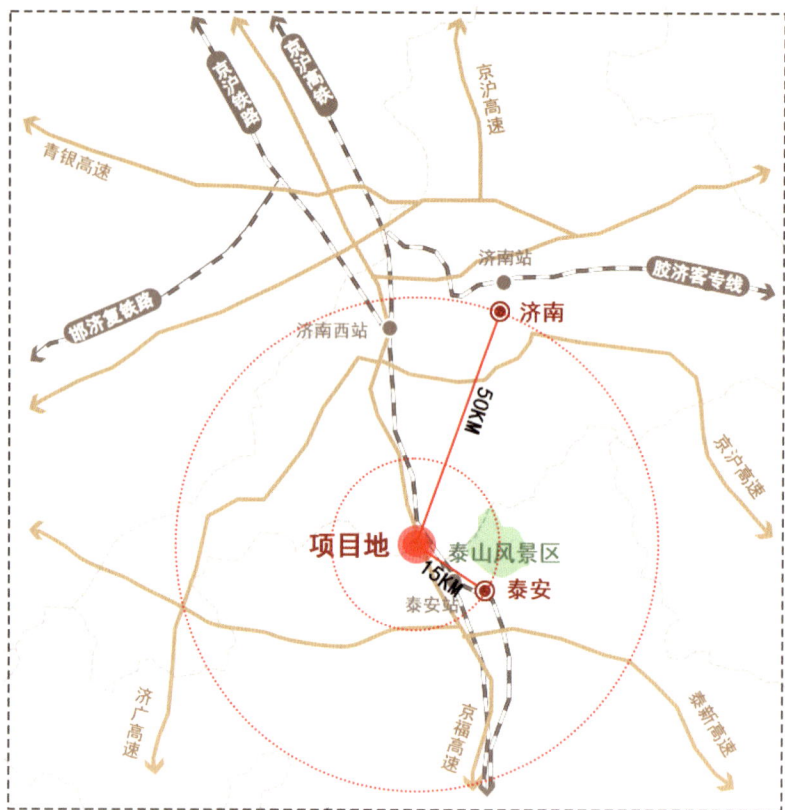

图5-2　区位交通分析

六、资源分析解读

（一）坡里庄片区旅游资源概况

1. 山——群山环绕，清幽隐逸

村域地形以山地丘陵为主，处在泰山西北麓，群山环绕，重峦叠嶂。

2. 水——曲水映带，清风碧波

坡里庄水库是神龙大峡谷的东起点，水库之前叫"群英水库"，后来改叫坡里庄水库。水库里有一个小岛，传说是"尧王坟"。水位高的时候"尧王坟"是被淹在水里的，当地百姓讲，当年曾经在这里出土过一个大石棺，现在被保存在博物馆。

3. 林——山林植被生态良好

山清水秀，空气清新，绿树成荫，森林覆盖率极高，山林植被良好，掩映在绿树青山之中，宛如世外桃源；林果资源丰富，满山遍野的板栗树，夏季栗花飘香，秋季果实累累。

4. 田——田园风光良好，农业景观浓厚

坡里庄山下地势平坦，农作物、果林交错分布，构成了一幅多彩的田园画卷，田园风光良好，农业景观浓郁。

5. 谷——峡谷幽深，清风碧波

坡里庄水库南支流是神龙大峡谷，大峡谷终点地处泰安道朗镇东西门村，峡谷呈南北走向，长约 1000 米，谷深 160 米。谷内流水潺潺，清澈见底，多处形瀑布；峡谷两侧陡壁峻峭，奇石遍地，怪石林立，堪称江北第一石林、第一生态谷。

6. 茶——满坡茶香，香飘泉城

坡里庄村属暖温带半湿润季风气候，四季分明，平均气温 13.8℃，无霜期 220 天，全年平均降水 680 毫米，平均相对湿度为 62%。早晚温差较大，土质水质优良，具备天然的有机茶地环境。

7. 寺（龙居寺）——千年古寺、灵岩寺下院

唐代袁天罡、李淳风在泰山岱顶眺望西北，看到有一条青龙山脉，自南向北顺势而下，蜿蜒数里，断定此处是难寻的风水宝地。他们循迹而来，决定在这里建一座寺庙，寺名就叫"龙居寺"，此为泰安道朗南龙居寺，现只存残垣断壁。后到了元朝，传说有一风水先生从此路过，见紫雾缭绕、云呈龙凤状，一打听，前有白马寺，后有龙居寺，是一处人杰地灵的风水宝地，有"三山对，出王位"之相。这风水先生吓了一跳，算出附近将出一人争坐皇位，于是，就匆忙报告了皇上，皇上听后问有什么办法可解，风水先生说："不用灭寺，可在龙居寺北，龙脉的尾部再建一个龙居寺"。问其何故，风水先生说："白马，即麒麟，属火龙，而龙居寺的龙是水龙，两'水'灭一'火'，故破也"。于是有了后来的北龙居寺，在今天的万德镇坡里庄西。尽管风水先生把风水给破了，但到了明朝万历年间当地还是出了一个一人兼兵部、刑部两尚书的大官，那就是萧太亨。

村西的龙居寺创建于元代，是灵岩寺的下院。此寺三面环山，山势像条俯卧的巨龙。龙居寺原有山门、天王殿、大佛殿，各殿内塑有泥像。山门、天王殿已无存，现仅留有大佛殿，1991 年被列为县重点文物保护单位。大佛殿建于高 50 厘米的台基之上，面阔 3 间，进深 3 间，单檐硬山顶，全灰瓦覆盖。正脊、脊背雕刻华丽。现室内仅存有罗汉像后的火焰圈佛光及模糊不清的壁画，其他文物有明弘治、清乾隆年间御笔题词重修龙居寺碑两通。

8. 村——民俗文化底蕴深厚，农耕文化缩影

坡里庄民风淳朴，民俗文化底蕴深厚。当地的农耕民风民俗都很好地保留和传承下来，村落民居建筑具有一定的地域性和乡土性。

村西北是长城岭，村南一条自然河流，自西向东汇入长清河，地势西北高、东南低，民居顺势而建，面朝泰山，错落有致。村落是典型的背山临水而居形态，冬季背风向阳，是济南市最适合宜居村庄之一。

村落以乡村平房为主，建筑高度为1~2层。红瓦坡顶刷白墙，高大门楼高侧窗；院子中轴为主要起居空间，采光通风效果好，周边围合辅助空间，配备有厨卫、储藏等生活必备设施。

（二）资源系统分析

根据统计，项目地主要旅游资源类型有7个主类、13个亚类、25个基本类，共有资源单体48个（见表5-1）。人文资源种类总体上略多于自然资源，项目地旅游资源种类丰富，组合度较好，可塑性强。因此，未来旅游开发需要在依托自然旅游资源的基础上，更多地进行人文旅游开发。

表5-1 项目地旅游资源分类及实体旅游资源统计

主类	亚类	基本类型	旅游资源实体名称
A 地文景观	自然景观综合体	山丘型景观	南山坡山地、坡里庄丘陵
		沟谷型景观	神龙大峡谷
	地表形态	峰柱状地景	江北第一石林
		奇特与象形山石	龟石
B 水域风光	河系	游憩河段	南湖、青龙河、
		瀑布	峡谷瀑布
	地下水	泉	龙居泉、牛角泉
C 生物景观	植被景观	林地	松林、刺槐林、核桃林
		独树与丛树	千年银杏树、大槐树、核桃树、栗子树
	野生动物栖息地	水生动物栖息地	青龙河、南湖
		陆地动物栖息地	南山坡林地
E 建筑与设施	人文景观综合体	军事遗迹与古战场	齐长城
		建筑工程与生产地	泉城茶博园、茶园

（续表）

主类	亚类	基本类型	旅游资源实体名称
E 建筑与设施	人文景观综合体	文化活动场所	棋牌室、活动室、乐器室
		宗教与祭祀活动场所	龙泉寺、龙居寺
	实用建筑与核心设施	陵墓	尧王坟、天子墓
	景观与小品建筑	碑碣、碑林、经幢	龙居寺碑
F 历史遗迹	非物质类文化遗存	传统演艺	山东梆子、皮影戏
G 旅游购品	农业产品	种植业产品及制品	赤灵芝、何首乌、四叶参、黄精
		水产品及制品	南湖鱼
		养殖业产品及制品	土鸭、土鸡
H 人文活动	人事活动记录	地方人物	袁天罡、李顺风、萧太亨
		地方事件	2020年3月29日15:30分，第一锅中国纬度最高的茶叶"泉城绿"在南湖玉露茶叶科技开发有限公司出炉
	岁时节令	农时节日	春节、中秋节、元宵节
		现代节庆	茶叶采摘节

根据国家标准《旅游资源分类、调查与评价》（GB/T 18972—2017），结合调研组现场考察情况，整理出坡里庄旅游资源如表5-2所示。

表5-2　项目地旅游资源一览

序号		资源类型	资源单体数量
自然旅游资源	A	地文景观	5
	B	水域风光	5
	C	生物景观	10
人文旅游资源	E	建筑与设施	11
	F	历史遗迹	2
	G	旅游购品	7
	H	人文活动	8
总计		7	48

（三）场地环境资源解读

（1）坡里庄片区生态自然环境优越，青山绿水环绕，山清水秀，风景秀丽，空气清新，绿树成荫，森林覆盖率极高，为休闲养生度假提供了环境基础。

（2）坡里庄片区优美的山、水、林、田等场地环境，使得村居、村田、村闲、村乐、村隐、村耕、村农、村行构成一幅流动的山水田园画。回归自然，居于乡间，以田园大地为背景，以农耕体验为乐趣，是中国文人追求的理想生活方式的极致。

（四）坡里庄片区旅游优势资源解读

1.青龙河、南湖水库水资源解读

水不但可以丰富游览元素，增加旅游趣味性，而且具有深厚的文化内涵和哲学思考，正所谓"水善利万物而不争""从水之道，而不为私焉"。依托青龙河、南湖水库，一方面可以增加场地灵性，另一方面水文化的注入，可以提升项目地的文化品位和文化内涵。

2.龙居寺解读

（1）御站（驿站）文化解读。

龙在古代代表帝王，可以呼应泰山的帝王封禅文化，泰山为帝王封禅之地，坡里庄因处于交通要道，为帝王封禅泰山途中的驻跸之所，属于皇家驿站、御站。古代无论帝王封禅泰山，还是达官贵人、赶考学子、平民百姓，中间需要进驿站休整，形成驿站文化，现今慢慢演化为慢休闲文化。

（2）禅文化解读。

龙居寺是灵岩寺的下院，而灵岩寺是我国佛教禅宗的名刹之一。唐李吉甫在《十道图》中将它与浙江天台国清寺、湖北江陵玉泉寺、江苏南京栖霞寺同称"城中四绝"。经历代修葺增建，寺院布局恢宏，文物古迹丰富，主要建筑有千佛殿、大雄宝殿、御书阁、钟鼓楼、辟支塔等，还有积翠证明龛、墓塔林、五花殿石柱及唐代李邕书《灵岩寺颂碑》、元代日本僧人邵元撰书《息庵禅师道行碑》等唐宋以来碑碣，具有较高的历史价值和艺术价值。明代学者王世贞有"灵岩是泰山背最幽绝处，游泰山不至灵岩不成游也"之说。

禅是由禅宗在汉地发扬光大的一种理念、一种生活和为人处世的方式，其意义是让人活得自在、活出真正的自我。而要达到这个目的，禅宗所提倡的方法，便是参禅。参禅是禅宗修行的最基本的方式。"参"即参究的意思，"参禅"即参究禅道，以求"明心见性"。参禅的方法很多，如独自打坐，静心审思；参见禅

师，以求开示；禅师与学人的机语回答：参"公案"、参"话头"等。

3. 泉城茶博园解读

泉城茶博园具有优越的自然环境、人文环境，是全省单体生产规模较大、加工能力较强、加工茶叶种类较多的北方茶叶种植区，是集茶叶种植加工、销售、茶文化、生态休闲、文化旅游开发于一体的专业化茶产业综合园区。现已建成综合服务8000平方米，茶叶种植面积1500亩，拥有泉城绿茶和泉城红茶自动化加工生产流水线，可加工4大类、7个系列、40多种茶叶，包括泉城绿（针形、扁形、卷曲形、螺形四个系列）、泉城红、泉城白、泉城乌龙等名优泉城茶。泉城茶叶基地已发展至1万多亩，带动了3000多农户脱贫致富，叫响了"济南有茶园，何必下江南"的泉城茶品牌。

2020年3月29日15:30分，第一锅中国纬度最高的茶叶"泉城绿"，在南湖玉露茶叶科技开发有限公司出炉。第一锅"泉城绿"的上市，破解了千百年来中国北部不能种植茶叶的植物密码，探索出了一条北方现代农业企业种植茶叶的新路子。

截至2021年，济南南湖玉露茶叶科技开发有限公司已经荣获山东省农业产业化重点龙头企业、山东省林业龙头企业、济南旅游商品示范点等荣誉称号。济南南湖玉露泉城茶博园也已被评为全国农产品加工创业基地、国家AAA级旅游景区、省旅游商品研发基地、山东省农科院茶科技示范基地、山东省生态休闲农业示范园、济南市农业都市观光重点园区。

（五）慢休闲文化为主导，龙文化为点缀

依托茶资源、水资源、寺庙资源等优势资源，逐步形成慢休闲文化为主导、龙文化为点缀和补充的文化利用格局。

七、市场分析

（一）市场发展趋势

1. 近郊旅游日益火爆

小长假的实施使人们拥有了越来越多可自由支配的短假期，近郊游逐步发展起来。节假日带着家人到郊区小住两日，远离城市的喧嚣，在田园环境中放松身心，感悟生活，成为一种时尚。随着自驾车保有量的日益增加，近郊游呈现出繁荣发展景象。

2. 旅居生活——做旅游就是做生活

在经历了观光、休闲、度假之后，人们不再满足于仅仅短时间地到访某地，而是越来越强烈地希望能够长时间驻足，享受生活，因此，"旅居生活"作为旅游的一种新兴形态，必将成为旅游未来的黄金形态。

3. "回归自然"的休闲度假生活已经逐步成为时尚

快速发展的科技和海量的信息，让人们一味追求速度与效率，却忽略了耐心与等待；激烈的竞争与工作压力，让人变得越来越浮躁。人们越来越希望能有个地方：能让身体恢复、身心回归、心灵洗涤、信心重构、人际关系重建，从而引发了新一轮回归自然的热潮。大城市的郊区游、田园休闲、森林旅游、徒步游、郊野度假、汽车宿营、乡村旅游等成为新宠。人类回归自然的需求，改变着人的价值取向与生活方式、坡里庄的自然环境与茶文化所提供的休闲意境，具备条件打造人类追求亲近自然的场所。

（二）主要客源地消费能力与休闲方式分析

2020 年，泰安居民人均可支配收入 30937 元，首次突破"3 万元大关"，比上年同期增加 1247 元。泰安市全体居民人均消费支出 18601 元，同比增加 499 元。济南全市居民人均可支配收入 43056 元，其中，城镇居民人均可支配收入 53329 元；农村居民人均可支配收入 20432 元。

1. 巨大的旅游消费群体

泰安市和济南市居民人均可支配收入超 3 万元，强大的休闲支出能力意味着拥有巨大的潜在消费群体。

2. 泰安人和济南人的休闲方式分析

享休闲：闲暇之余享受清闲。凑热闹：新鲜节事必须看看。喜玩耍：三五结伴自驾出游。爱吃喝：特色美食喜好尝尝。

（三）旅游专项市场

1. 休闲养生慢生活方式成为新追求

现代城市生活节奏快，工作压力大，导致身心疲惫，人们内心渴求能够暂时逃离喧嚣，弥补心灵空白，寻求回归本我的养心之所，来告别快、忙、累，寻求慢、闲、逸，以实现身心的全方位回归。

2. 文化旅游市场

随着生活水平的提高，人们对文化生活的要求越来越高，催生出近几年热门的历史文化旅游。文化旅游的持续升温催发了一批展示历史文化、民俗风情的旅游项目。应植根本土文化，与现代文化相融合，打造区域文化高地。通过文化的展示与传承，提升坡里庄项目整体品质。

3. 休闲度假市场

随着消费水平的不断提升，人们对旅游的认识也从单一的旅游观光向多元化的度假、体验转变，休闲度假市场呈现出快速发展势头。坡里庄山水环境优越，具备打造旅游区的基础条件，因此可借助离尘不离城的区位优势，打造城市休闲田园，形成济泰市民乃至周边城市居民休闲度假的重要场所。

4. 乡村旅游市场

钢筋水泥的城市环境桎梏了人们的思想，城市热岛效应、繁忙的工作压力又极大地降低了人们的幸福感，回归田园，寻找桃花源般的田园生活成为城市人们追求的梦想，由此引发了一系列的乡村热。项目植根田园生态本底，形成乡村旅游开发的基础。项目设计依托山乡风貌，开发乡村体验系列产品，丰富项目产品体系，提升体验价值。

5. 短途旅游市场

随着小长假政策的实施，再加上 4+2+1 家庭模式的助推，短途度假旅游市场日渐兴起，小长假携家人、约朋友到近郊山清水秀的自然环境中换一种生活方式，成为人们的时尚追求。项目距离城区交通便利，生态环境良好，具备打造短途体验游的本底优势，可依托泰安、济南城市人口，打造短途旅游目的地。

（四）客源市场预测

通过对长清区近三年客源市场规模数据及长清区发展较好的景区全午游客接待量的分析，结合项目地旅游市场情况，对坡里庄乡村旅游项目客源市场做出以下预测（见表5-3）。

表5-3　2022—2033年游客接待规模预测

年份	2022年	2023年	2024年	2025年	2026年	2027年	2028年	2029年	2030年	2031年	2032年	2033年
游客接待量（万人次）	10	12.5	16.25	20.47	24.97	29.97	35.37	40.67	44.74	49.2	54.1	59
增长率（%）	—	25%	30%	26%	22%	20%	18%	15%	10%	10%	9%	9%

项目现阶段处于开发建设初级阶段，采用的是拟定基数和增长率预测的方法，对规划期的游客量进行了预测。基数的拟定采取参考周边景区和景区项目建设情况结合的方法。

基数拟定：根据项目建设情况，项目采用"边建设、边营业、边投资、边盈利"的发展模式，2022 年部分坡里庄游乐项目已可面向市场，相关的市场推广也将进行。参考周边景区游客接待量，拟定坡里庄项目 2022 年的游客基数为 10 万人次。

（五）旅游市场定位

立足中短距离的近郊游，如济南、泰安、淄博、聊城等，拓展山东省其他区域。

1. 基础客源市场

项目地的一级客源市场主要定位于济南市、泰安市及九女峰乡村度假区和从泰山西大门——桃花源游泰山的分流游客。

2. 拓展市场

项目地的二级客源市场主要定位于淄博市、济宁市、聊城及周边 2 小时城市圈。

3. 机会市场

项目地的三级客源市场主要定位于山东省其他区域及国内其他省份游客。

八、坡里庄旅游发展核心难点分析

第一，如何在济泰一体化的背景下，站在九女峰乡村度假区一体化发展的角度，准确地定位坡里庄片区，在旅游产品打造方面与九女峰片区进行互补，形成差异化联动发展。第二，旅游的核心吸引力如何打造，如何将游客吸引过来，并留住游客，形成旅游消费。第三，山地生态保护区域如何在保护生态环境的基础上发展旅游产业。第四，产业如何发展，存量产业如何盘活，增量产业如何增加，旅游和产业如何融合发展，旅游和产业如何形成良好的互动关系。第五，坡里庄片区旅游公共服务设施如何更好地完善。

九、规划SWOT分析

项目地拥有便捷的交通区位、广阔的市场客源，面临国家实施乡村振兴的重大战略历史机遇；同时也面临核心吸引物缺乏、知名度不高、服务配套不足、同质性乡村旅游竞争的劣势和挑战。因此，项目开发中，需要对整个坡里庄区域进行系统整合提升，抓住机遇、转换劣势、迎接挑战，实现乡村振兴。

（一）项目优势

（1）坡里庄片区生态环境得天独厚，以坡里庄水库（南湖）、青龙河、泉城茶博园、龙居寺等为代表的旅游资源组合性好，具有发展旅游的巨大潜力。

（2）坡里庄片区产业基础条件较好，尤其是茶产业已形成规模和品牌。

（3）坡里庄片区距离泰山西大门——桃花源停车场5公里，与泰安道朗镇的东西门村、里峪村、八楼村仅一山之隔，区位优势明显。

（二）项目劣势

（1）坡里庄村部分区域处于生态保护红线范围内，旅游发展受到环境保护的制约。

（2）旅游的核心吸引物缺乏，知名度有待提升。

（3）旅游服务设施配套不完善。

（4）专业的旅游管理人才缺乏。

（三）项目机遇

（1）国家实施乡村振兴战略，为坡里庄片区的资源优势提供了让"绿水青山"转化成为"金山银山"的绝佳机遇。

（2）国家和省、市乡村振兴政策体系配套出台，为坡里庄片区的建设发展营造了良好的政策环境。

（3）国家对乡村旅游日益重视，城市居民乡村游常态化。

（四）项目挑战

（1）在全国乡村旅游发展的大趋势下，产品同质化现象严重，旅游开发如何做出亮点难度较大。

（2）采用科学合理的开发步骤和运作方式面临挑战。

第三节　规划定位

一、概念主题

项目概念：坡里慢村。

坡里慢村释义：坡里是村庄名称；慢指慢生活方式，构建一种恬静、淡然、本真、回归、灵动的慢生活方式；坡里庄区域是古代帝王封禅泰山途中的驻跸之所，同时也是交通要道；项目场地环境呈现出道法自然、尊重自然、回归自然、顺应自然之势；湖泊、河流等水资源呈现出上善若水、顺其自然之势；禅文化让人活得自在、活出真正的自我；村是指项目地呈现安静、祥和的山村意境，人们在这里村居、村隐、村乐、村农、村耕、村田、村闲、村行。

坡里慢村呈现的是一个世外桃源的画卷，也是未来对外宣传的主推概念，使游客一听就记得住，一看就想来，来了能留下，留下有消费。

宣传口号：藤花坡里有慢村！

二、发展定位

（一）总体定位

济泰一体化背景下的乡村振兴示范区、实践区、先行区。在乡村振兴战略指导下，遵循严格的生态保护政策，依托坡里庄片区山、水、林、田等优越的基底条件，构建以旅游休闲为先导、产业为支撑、乡居养生度假为配套的乡村振兴发展示范区。通过一、二、三产业融合发展，从而实现坡里庄片区乡村振兴；最终将坡里庄片区打造成为山东省乡村振兴的样板区和示范区。成为九女峰乡村度假区的北大门（服务区、集散区、休闲区），与九女峰形成功能互补、差异化联动发展（坡里庄"动"与九女峰"静"），实现资源和客群的共享，最终成为济泰一体化的样板区。

坡里庄片区乡村振兴示范区包含三个层面：第一，旅游开发；第二，产业聚集；第三，乡居配套。

1. 旅游开发

旅游开发为引擎，打造山东省著名的旅游休闲养生度假区；提升泉城茶博园和龙居寺，打造南湖水库和青龙河滨河游乐与山地运动休闲板块，通过优化空间格局，核心游线整合，极点突破，以点带面，梯次推进精品项目建设，构建快旅慢游的乡村旅游目的地——坡里庄村片区（旅游带动下的乡村振兴）。

2. 产业聚集

产业聚集为支撑，进行泛旅游产业整合，构建以泛旅游产业为导向的多种产业聚集，形成产业集群，包括林果业、土特产与工艺品加工、养生、康疗、会议等；突破旅游产业链式结构，实现多产业聚集效应。

3. 乡居配套

乡居度假为配套，打造田园综合体，旅游民俗村、村居驿站等形成乡居度假配套。

（二）产业定位

全面推进"旅游+产业"的泛旅游产业战略：旅游+茶、旅游+康养度假等，通过旅游产业聚集形成人流聚集、消费聚集，通过产业聚集带动经济发展，带动新型村庄社区的聚集发展，从而实现坡里庄片区的产业振兴之路。

1.坡里庄产业振兴路径

一产接二产连三产，一产继续强，二产助力，三产腾飞，最终实现一、二、三产融合发展。

2.产业发展引导

一产：继续扩大茶叶种植面积，形成有机茶种植基地；二产：发展农产品加工业和茶叶加工配送产业；三产：发展滨水旅游、茶文化体验旅游、生态休闲旅游、宗教文化体验游。

（三）功能定位

（1）重点功能：亲水游憩、乡土休闲娱乐、康养度假、文化体验、乡居休闲、民俗体验。

（2）支撑功能：商务会议、科普研学、拓展运动、美食体验、田园观光。

三、发展模式与路径选择

旅游带动村落发展的乡村休闲度假综合体模式：旅游带动+产业支持+村落配套。

第一阶段：聚人气，构建核心吸引力。以坡里庄滨水休闲旅游为突破，打好基础，突出特色，吸引眼球，聚集人气，提升项目名气，带动区域人气。

第二阶段：聚产业，构建产业休闲聚集平台。利用旅游休闲产业基础，形成产业聚集和人群聚集，延长停留时间并扩大休闲消费。

第三阶段：创收益，实现农民致富。以泛旅游产业链为引擎，实现多样化的收益模式，最终带动旅游民宿、农家乐的开发，居民最大限度地参与其中，实现收益。

最终形成旅游的一、二、三产融合发展，助力坡里庄的乡村振兴。

第四节　空间布局规划

一、空间结构规划

构建"核心带动，轴线联动，组团支撑"的新格局。根据项目定位、开发理念与思路，以及区域内的自然生态基底、地形地貌、项目发展现状等，形成核心带动、轴线联动、组团支撑的空间布局（见图5-3）。

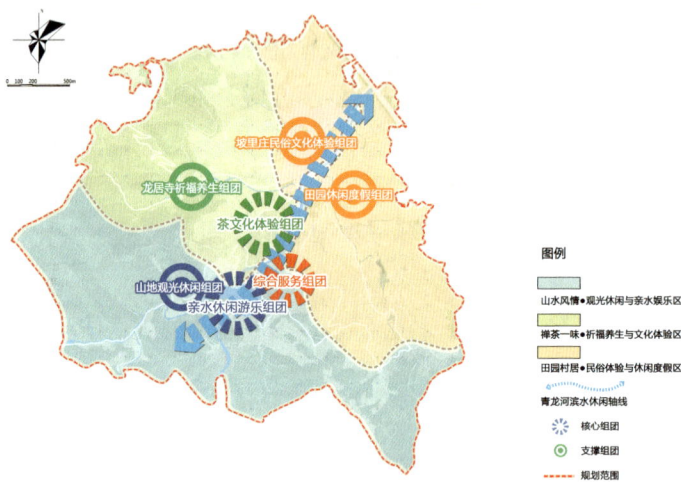

图5-3　空间结构规划

核心带动：由亲水休闲游乐组团、茶文化体验组团、综合服务组团构建发展核心，带动整个项目地的发展。

轴线联动：青龙河滨水休闲轴线串联山水风情、禅茶一味、田园村居三大片区，从而联动三大片区发展。

组团支撑：山地观光休闲组团、龙居寺祈福养生组团、田园休闲度假组团、坡里庄民俗文化体验组团来支撑整个项目地的发展。

二、功能分区规划

根据项目地资源禀赋、资源类型相近原则，形成了多个组团支撑的山水风情·观光休闲与亲水娱乐区、禅茶一味·祈福养生与文化体验区、田园村居·民俗体验与休闲度假区（见图5-4）。

山水风情·观光休闲与亲水娱乐区：山地观光休闲组团、亲水休闲游乐组团、综合服务组团。

禅茶一味·祈福养生与文化体验区：茶文化体验组团、龙居寺祈福养生组团。

田园村居·民俗体验与休闲度假区：田园休闲度假组团、坡里庄民俗文化体验组团。

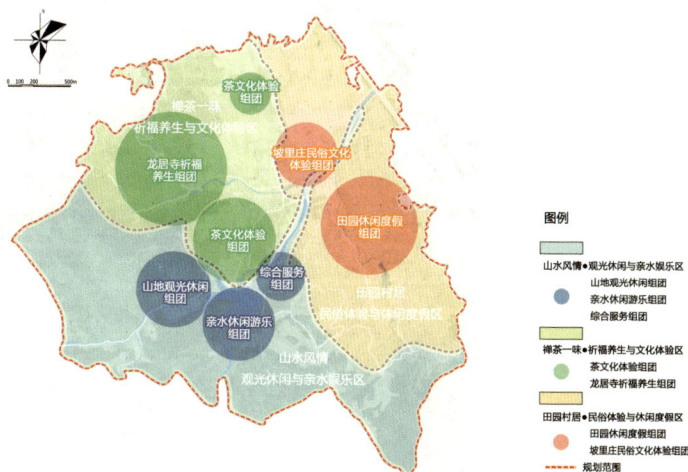

图5-4　功能分区规划

三、项目体系规划

九女峰坡里庄片区项目体系如表5-4所示。

表5-4　九女峰坡里庄片区项目体系

山水风情·观光休闲与亲水娱乐区			禅茶一味·祈福养生与文化体验区		田园村居·民俗体验与休闲度假区	
龙腾——山地观光休闲组团	龙戏——亲水休闲游乐组团	龙卧——综合服务组团	龙隐——龙居寺祈福养生组团	龙潜——茶文化体验组团	龙憩——田园休闲度假组团	龙盘——坡里庄民俗文化体验组团
1. 林下产业种植基地 2. 珍稀中草药园 3. 悬空玻璃观光台 4. 望龙亭 5. 山地运动拓展公园 6. 森林七养 7. 森林课堂	1. 玻璃水滑道 2. 休闲垂钓园 3. 游船码头 4. 滨湖栈道 5. 南湖船坊 6. 沉鱼走廊 7. 水上激光秀 8. 水岸运动游乐园 9. 鱼乐园 10. 月亮湾滨水游乐园 11. 滨湖栈道 12. 荷塘月色 13. 营地部落 14. 神龙谷乐园	1. 3D文化广场 2. 游客服务中心 3. 生态停车场 4. 特色交通工具 5. 五彩隧道	1. 龙居寺提升 2. 隐士谷 3. 禅修苑 4. 国学养心中心 5. 慢村颐养部落 6. 农禅园	1. 茶创意梦工厂 2. 长清茶文化博物馆提升 3. 禅茶园 4. 坡里慢村有机茶园 5. 茶工厂研学体验基地 6. 茶养生别墅 7. 茶田庄园 8. 茶文化长廊 9. 禅茶大典 10. 儿童茶乐园	1. 农业研学基地 2. 大地创意景观 3. 乡村创意公园 4. 慢庄农场 5. 慢村农庄 6. 慢村瓜果采摘园	1. 坡里慢村乡村驿站 2. 坡里慢村主题民宿 3. 农家食坊 4. 慢村酒吧 5. 村落外立面提升 6. 槐树怀古 7. 慢村工坊体验部落 8. 慢村林果加工厂 9. 慢村乡愁体验园

四、项目规划布点

根据场地现状、资源禀赋、交通条件，市场需求，形成了规划布局和空间落位（见图5-5）。

图5-5　项目布局规划

第五节　分区项目规划

一、山水风情·观光休闲与亲水娱乐区

（一）龙腾——山地观光休闲组团

分区位置：坡里庄水库周边的山地区域。

规划思路：以现有的山地森林为依托，通过林下种植、养殖，大力发展林下经济；同时针对青少年举办夏令营，开展森林科普研学活动；通过玻璃栈道和望龙亭实现立体观景；通过崖壁秋千、空中滑索、网红吊桥等开展山地拓展运动（见表5-5）。

功能定位：林下种植、山地观光、山地拓展、森林养生、森林科普研学。

表5-5　山地观光休闲组团项目设置一览

重点旅游项目	支撑旅游项目
林下产业种植基地、悬空玻璃观光台、山地运动拓展公园	珍稀中草药园、望龙亭、森林七养、森林课堂

1. 林下产业种植基地

充分利用项目地的树林资源，打造林下有机产业园，响应国家大力发展林下产业的号召，大力发展林禽、林药、林苗、林菜等林下产业。形成特色有机产品供应链，优先满足项目地内部的需求，其次向市场外部市场供应，打响自己的有机产品品牌。

2. 珍稀中草药园

种植珍稀中草药，如何首乌、四叶参、紫草、黄精等，既有经济价值，又形成一道亮丽的景观。

3. 悬空玻璃观光台

将玻璃观光台悬于岩壁之上，让游客全方位欣赏美景。

4. 望龙亭

依托登山步道，于风景秀美之处设计休憩观景平台——望龙亭。观景平台的设置及设计要遵循游客心理感知，注重景观的多样化的统一，观景平台的空间距离做到相对合理等。

5. 山地运动拓展公园

以地形为依托，开展山地户外拓展运动，打造满足户外拓展、徒步登山、旅游观光等多种需求的场所。山地运动拓展公园主要由崖壁秋千、空中滑索、森林滑行、徒步登山等项目构成。

6. 森林七养

打造森林养生节点，以"森林七养，天然氧吧"为打造主题，形成养眼、养心、养肺、养体、养神、养性、养情七种不同养生方式产品。通过修建健身步道、栈道进行串联，串联起一个完整的游线，构建森林健康养生线路。

7. 森林课堂

依托树林资源，开展森林课堂活动。发展林下旅游，提供冬令营和夏令营活动，为孩子和家长们提供更多深入的自然体验。自然科学主要引导孩子观察和记录森林里的动植物，独立完成自然笔记，来更深入地认识植物的生长。森林艺术创作课则是利用森林环境中的自然材料进行艺术创作，孩子们自己动手制作各种树枝相框、树枝风铃、根雕吊灯等。

（二）龙戏——亲水休闲游乐组团

分区位置：位于南湖水库和青龙河区域。

规划思路：充分利用现有的青龙河河道和坡里庄南湖水库，规划滨湖亲水游乐项目和滨河亲水游乐项目。通过鱼乐园、水岸运动游乐园等，打造亲水休闲游乐空间（见表5-6）。同时充分利用南湖水库和大峡谷区域，通过设置营地部落、神龙谷乐园等，形成游客游乐的聚集空间，向上连通神龙大峡谷，向下连通坡里庄南湖水库，真正成为九女峰北大门的服务区、集散区、休闲区。

功能定位：滨湖休闲游乐、滨河休闲游乐。

表5-6 亲水休闲游乐组团项目设置一览

重点旅游项目	支撑旅游项目
玻璃水滑道、休闲垂钓园、南湖船坊、沉鱼走廊、水岸运动游乐园、月亮湾滨水游乐园、营地部落、神龙谷乐园	游船码头、滨湖栈道、水上激光秀、鱼乐园、荷塘月色、滨河栈道

1. 南湖板块区域

（1）玻璃水滑道。规划夏季空中玻璃滑道漂流，体验高空向下的势不可当。

（2）休闲垂钓园。为了满足不同游客的需求，设休闲垂钓区、竞技垂钓区等不同的垂钓区域。竞技垂钓区可举行各类垂钓竞赛，提升知名度。同时增加舟钓、夜钓、台钓等特色垂钓项目。

（3）游船码头。规划游船码头，这里有碧水、蓝天等，形成极好的景观组合，码头为木结构。滨水栈道沿水边曲折蜿蜒，踏步其中，湖光碧水，令人心旷神怡，形成很高的审美价值和景观质量。

（4）滨湖栈道。在坡里庄南湖上规划环湖栈道，游客走在环湖栈道上，能够近距离地接触坡里庄南湖，感受湖南的休闲氛围。

（5）南湖船坊。坐画舫游览南湖，近距离观赏飞龙饮水的震撼景观。

（6）沉鱼走廊。顾名思义，沉鱼走廊是按照一定的线路，设置在水体中的休闲长廊。从远处看，人就像被水淹没似的在水中行走。时不时用手指点一下仅一面玻璃相隔的鱼儿们，它们会误以为人们自投食而游过来，将成为游客极佳的游憩平台。

（7）水上激光秀。在坡里庄南湖规划设计水上激光秀，通过光影打造夜间旅游产品，能够成为夜间消费的重要吸引点，使游客能够停留下来，从而增加消费。

（8）水岸运动游乐园。在坡里庄南湖水库选择一个浅水湾来打造水岸运动游乐园，主要针对成年人，提供脚踏船、木舟等游乐设施，感受滨湖游乐的乐趣。

2. 青龙河滨河休闲带区域

（1）鱼乐园。将胜利桥至月亮湾以及月亮湾至综合服务中心的河道区域规划多段鱼乐园。首先对河道进行清淤；然后将河道铺上光滑的小石头，小石头上铺上细沙；同时配套可以洗手、换湿衣服等的服务设施以及临时厕所、渔具和小商铺售卖亭等（见图5-6）。

（2）月亮湾滨水游乐园。主要针对儿童和青少年客群，充分利用滨水浅湾，打造月亮湾滨水游乐园，主要设置喊泉、趣桥乐园（网红荡桥）、水上拓展园、滨水游乐园（水上步行球、水上滚筒、水上跳床、水上自行车）等，同时配套相应的服务设施（见图5-7）。

（3）滨河栈道。在胜利桥下的两段水面上设置滨河栈道，第一，去掉两段水面中间的水泥坝，形成一个面积较大的水面；第二，将靠近胜利桥的一段水面河床深挖，增加整体水面面积；第三，在不影响行洪的前提下设置河滨栈道，供游客、居民休闲游憩。

（4）荷塘月色。在胜利桥到104国道之间青龙河区域，通过荷花种植，打造集莲藕种植、莲藕采挖、荷花观赏于一体的荷园。夏天呈现荷塘月色的唯美意境，也是进入坡里庄必经之路上的亮丽景观。

图5-6　鱼乐园效果图　　　　　　　图5-7　月亮湾滨水游乐园效果图

3. 南湖与神龙大峡谷中间区域

（1）营地部落。

星空营地：选址地势平坦且景观效果极佳的区域，利用现状场地建设条件，以开阔的景观视觉和户外野宿体验为旅游核心吸引力，建设星空营地，配套管理中心、生态厕所等一系列营地旅游配套设施。

房车营地：规划房车营地，供房车补给和人们露营娱乐休闲。房车营地配备供水设施、供电设施、污水处理装置等，还配有帐篷、房车、运动游乐设备等露营设施，适合外出旅行或长时间居住。

帐篷露营地：依托南湖水库良好的生态环境，以低碳、生态、健康、环保为理念，配套多样化的活动设施、休憩平台等，完善服务设施，打造露营地聚集营地，满足游客休憩、露营需求。

球形帐篷酒店：在平坦地段，视野开阔处打造球形帐篷酒店，形成特色户外度假体验地。可将帐篷酒店以栅栏的形式围合起来，在景观上形成野奢风情。

（2）神龙谷乐园。

亲子农乐园：以亲子游乐为主题，以传统农业包装为特色，打造以农事体验、农业休闲娱乐为主的亲子游乐项目。项目可就地取材，成本投入低，发展潜力大，近年来逐渐兴起，是为城市消费人群量身打造的亲子游乐项目。

儿童拓展娱乐园：针对儿童专门设置拓展娱乐活动项目，设置障碍长廊、走钢丝、走晃桥、臂力通道、高架攀绳、荡麻绳等。

青少年素能拓展基地：针对青少年市场规划设置青少年素能拓展基地，培养青少年的自信心与团队协作精神。

萌宠乐园：面向家庭亲子市场，建设萌宠乐园，打造以萌宠亲密接触、动物喂养、萌宠互动活动为特色，集游乐休闲、亲子互动、科普教育、萌宠表演等功能于一体的萌宠乐园。

骑马场：设立骑马场，开发骑马旅游项目，提供含马具、教学、野外骑乘等一整套的产品服务。成立马术俱乐部，为马术爱好者提供马匹，并提供骑术训练课程。

奇趣冰雪乐园：假日休闲游玩、体验精彩刺激的冰雪项目的场所。设有溜冰、冰车、冰上自行车、冰上碰碰车、冰上卡丁车等；冰雪创意区有冰雕、雪人、打雪仗等趣味项目。增设阿拉斯加犬拉雪橇等娱乐项目，与可爱的小动物近距离接触，感受冰雪激情、乐在其中。

（三）龙卧——游客综合服务组团

分区位置：坡里庄水库下方区域。

规划思路：坡里庄水库下方区域规划游客综合服务区，主要有游客中心、生态停车场、星级厕所，形成综合服务接待中心，承担功能为游客集散、票务、咨询、车辆停放、住宿调配、购物餐饮、投诉管理等（见表5-7）。

按照国家4A级旅游景区标准，结合《旅游景区游客中心设置和服务规范》

（LB/T 011—2011）标准新建游客中心，完善内部电子触摸屏、医务室、自驾车咨询台、智能监测系统等设施，丰富宣传材料，提供多种语言导游服务，为游客提供较为全面的接待服务。同时设置特色商品售卖点等，以满足游客的旅游购物需求。出售和免费发放有关宣传材料等，配套有小型休息室，用于游客短暂的休息和旅游团体的接待洽谈。

功能定位：交通集散、特色交通、游客服务、生态停车。

表5-7　游客综合服务组团项目设置一览

重点旅游项目	支撑旅游项目
3D 文化广场、游客服务中心、生态停车场	特色交通工具、五彩隧道

1.3D 文化广场

规划 3D 文化广场，形成举办节庆、人流集散的人气聚集区域，同时承载游客集散功能。广场采用 3D 地面立体画景观打造方式，将水、茶、禅融入广场中，形成独具文化氛围的 3D 文化广场。广场周边设计景观小品，提供人性化的休闲空间。

2. 游客服务中心

在坡里庄水库下方规划游客服务中心，游客中心内部设有售票处、信息咨询台、投诉建议处、医疗室、小超市、3A 级旅游厕所等，具有游客集散、引导、服务、游憩、解说、门票售卖、信息咨询、景区导览、旅游纪念品销售、医疗服务等多种功能。

3. 生态停车场

规划多个分散式的生态停车场，按照国家 4A 级旅游景区建设标准设置生态停车场。停车场设计特点主要是高绿化、透水性能好、草的成活率高。车位间种植各种绿色植物和高大乔木，树木充当车位与车位之间的隔离，达到"树下停车、车下有草"的景观效果。在公路的两边规划应急停车场，解决节假日旅游高峰时段旅游区内停车场地紧张的难题。

4. 特色交通工具

打造坡里庄乡村特色交通工具：一是双人自行车、特异形状的趣味自行车，形成骑行坡里庄的新风尚；二是毛驴车、牛车、小马车；三是特色越野车。还可以搞家庭式的小推车、人力拉车等。

5. 五彩隧道

搭建跨度 4 米、高度 3 米的弧状隧道，装饰紫藤花卉，游客穿过紫藤花垂坠的隧道，产生五彩隧道的梦幻感觉。

二、禅茶一味·祈福养生与文化体验区

（一）龙隐——龙居寺祈福养生组团

分区位置：龙居寺及周边区域。

规划思路：以现有的龙居寺为依托，通过增设素斋坊、"观自在"禅师讲堂、禅茶坊等对龙居寺进行提升，完善功能；通过龙居寺的禅文化延伸隐居文化和养生功能，通过隐士谷、禅修苑、国学养心中心、慢村颐养部落等项目来打造祈福养生区域（见表5-8）。

功能定位：宗教祈福、养生休闲、隐居体验。

表5-8　龙居寺祈福养生组团项目设置一览

重点旅游项目	支撑旅游项目
龙居寺提升、隐士谷、禅修苑	国学养心中心、慢村颐养部落、农禅园

1. 龙居寺提升

（1）素斋坊。设置一个供游客餐饮休憩的素食餐厅，提供素食菜肴，设计果蔬斋等食谱。菜肴服务以小巧精致、养生功效为原则，便于游客短时间内食用，同时也可以增提高餐厅的流转使用率。餐厅内外用带有禅意、佛家寓意的植物、花卉装饰，并选取部分芳香植物与佛香融合，周围附带一些禅意小品装饰，形成淡雅的禅意就餐环境。

（2）"观自在"禅师讲堂。禅宗思想中对生命的感悟、对自然的关爱，极大影响了古代中国人的人生哲学观。定期邀请国内外禅学大师讲解禅学智慧，并开展各种禅主题文化活动，如参禅、讲禅、静修等。

（3）禅茶坊。禅宗茶道生发于"茶之德"，旨在参禅悟道；世俗茶道生发于"茶之味"，旨在享乐人生。可增加禅茶表演，融入禅茶文化，丰富品茶之外的体验性。既是游客禅定养心的清修场所，同时又增加了项目的文化内涵，延长停留时间，增加额外消费。

2. 隐士谷

通过简单清静的隐修环境，吸引"周一出山工作，周五回山修行"的广大隐修市场群体，使隐修者与群山、清风为邻，超脱于现世，寻觅内心的恬静自在，感悟生命和自然的真谛，使灵魂得以净化和升华。

3. 禅修苑

未来将产生较多的休闲养生度假客群，因此需要增加接待住宿设施，来承载住宿功能，进而留住游客、扩大消费。根据地形地势，充分考虑景观视线、风水朝向、采光条件、施工难易、给水排水等因素，学习法云安缦和裸心谷的经验进行环境打造，规划禅修苑，为休闲养生度假游客提供住宿体验功能，提升接待能力。注重环境氛围打造，丰富现有景观种植结构，增加绿竹、桂树等景观树种，形成多样化的林相景观和植物配置。

4. 国学养心中心

《黄帝内经》之《素问·四气调神大论》论述："是故圣人不治已病治未病，不治已乱治未乱，此之谓也。""治未病"就是调养尚未患病的机体，防患于未然，防止疾病发生。以"治未病"养生理念，延伸出"养未老"理念，作为现代养生的新理念和新的养生文化，是一种新理念、新高度、新境界。

国学养心"1236"课程设计：1套制度指一套严格封闭式管理制度；2种模式指体验与深度两种课程模式；3种方式指讲座、体验、论坛三种课程方式；6个方面指茶、禅、道、儒、医、艺六个方面。

5. 慢村颐养部落

项目构思：引入高端定制型管理体制，为中高端客人健康量身定制调养计划，设立中医营养师咨询室、养生顾问室。

实施步骤：与中医院或退休老中医合作，安排专人负责中高端客户健康调养；与营养师合作，根据当地有机农业特色，打造四季养生食疗菜系；与当地有机农园达成合作，由专人负责有机食材的采购与挑选，保证品质；依托当地太极协会，游客可参加户外太极养生康体活动。

6. 农禅园

作为禅修苑、慢村颐养部落的配套，通过"向日葵园、有机菜园、百花福田、中草药园、梯田茶园"六大特色农禅体验方式，使游客参与到种植、采摘、农耕、松土、浇水、除草等农事活动中，将修行和农业劳动结合起来，亲身体验农禅生活。

（二）龙潜——茶文化体验组团

分区位置：茶园及泉城茶博园综合楼区域。

规划思路：利用好泉城茶博园这个金字招牌，构建高端有机泉城茶博园品牌，扩大茶叶种植面积，打造"江北茶园"茶文化示范区，设置茶文化工艺馆、茶园观光体验区、茶品尝区、茶食品餐馆等，最终打造茶文化产业链体系，形成第一产业的茶叶种植 + 第二产业的茶叶加工 + 第三产业的茶文化体验的全产业链闭合结构，以三产反哺一产和二产，实现一、二、三产联动，最终打造成为江北茶园示范基地。

结合现有建筑、制作车间、办公空间，延长产业链，向上延伸培训、研发，向下延伸物流、会展、展览展示、会议，实现一、二、三产深度融合。引进科研机构，以信息化、互联网化为原则，形成技术指导、金融服务等相关服务，推动茶产业集聚升级。打造集科研实践、加工生产、电商销售、工业旅游、电商基地、物流基地于一体的一站式服务园区（见表5-9）。

功能定位：茶叶种植、茶叶加工、茶田观光、茶园度假、茶文化体验、茶叶科普研学。

表5-9 茶文化体验组团项目设置一览

重点旅游项目	支撑旅游项目
茶创意梦工厂、长清茶文化博物馆提升、茶工厂研学体验基地、茶养生别墅、茶田庄园	茶文化长廊、禅茶大典、儿童茶乐园

1. 茶创意梦工厂

保留现有茶厂厂房，对厂房进行改造和功能创新，向游客展示茶叶加工制作程序。对茶厂功能进行延伸，将文化创意产业融入茶产业，让游客参与体验茶创意产品的制作，主要开发具有创意性的茶产品，打造旅游区创意商品输出地。

2. 长清茶文化博物馆提升

在二楼茶博物馆的基础上，利用博物馆的室内空间，使用最新科技，运用VR等可视化技术手段，整个博物馆设置多种互动项目，包括5D电影院、VR体验区、全息立体体验区、时光穿越区等内容。同时博物馆要设置影视中心，进行影视展示和研学授课。

3. 禅茶园

此处茶园最大的特色是与禅修生活紧密结合在一起，茶叶的种植、生产、加工等都由僧人和居士负责，打造真正意义的禅茶园，将佛教农禅并举的思想进行充分表现。

4. 坡里慢村有机茶园

打造坡里慢村有机茶园，形成有机茶品牌，依托千亩有机茶园，开展科普研学，游客可在此观光、赏景，在茶园小径间呼吸，跟随茶农识茶、辨茶、采茶。

5. 茶工厂研学体验基地

针对中小学生，利用一楼现有的制茶设备，设置研学参观线路，在参观线路的两旁设置多个观摩点，方便游客观摩茶产品制作过程。游客在参观的过程中，体验到整个制茶过程。开辟游客体验加工区，将整个传统的制茶工艺进行再造，重现传统的制茶工艺流程。游客可以通过学习，掌握基本的制茶方法。让游客亲自参与茶产品加工的整个流程，亦可将游客参与活动时拍摄的录像制成光碟，作为旅游纪念品出售或赠送给游客。

6. 茶养生别墅

盘活现有的三栋别墅，植入茶养生主题，让游客在私密环境中享受品质生活。从整体形象设计到客房内部细节，围绕着茶主题来展开。主要面向中老年人群，主打道茶文化养生牌，并吸收中医五行养生精华，打造一处集休闲度假、康体养生于一体的中高端茶文化休闲养生场所。

7. 茶田庄园

开启高端、私享、定制化的茶主题庄园度假模式，享受高端茶庄园聚落、高品质度假体验的栖心度假居所。

8. 茶文化长廊

建设道茶文化长廊，对茶文化进行展示。展示形式以互动为主，用六柱体的形式，在每一面介绍不同的信息，让游客通过转动柱体了解茶文化。同时，通过茶主题小雕塑和亭、花架园林景观小品来展示道茶文化。

9. 禅茶大典

以禅茶文化历史为脉络，以佛音梵呗为艺术载体，以龙居寺僧众为演员，打造纯净佛音天籁秀《茶禅大典》，将茶禅文化用清澈的佛音艺术形式推向世界。

举行盛大的祭茶和茶叶开光仪式《茶禅渊源》：茶禅的最初结合——坐禅饮茶；茶叶走入佛门——僧人种茶；禅门茶事——以茶供佛；禅门茶道的外化——禅门茶礼；禅、茶的最终融合——以茶参禅。用佛音艺术和舞台表演艺术进行全景再现。

10. 儿童茶乐园

以本区茶资源为基础，形成系列以茶为主题的娱乐项目，从形态到内容均体现茶文化。规划致力于将本区打造成为一个娱乐与茶文化相融合，以及对儿童具有教育意义、体验性强的以茶为主题的儿童茶乐园。

开辟一片茶园，作为供儿童休闲游乐的场地，设置茶主题的游乐活动，提供给儿童不同的卡通形象的装扮和玩耍道具，小朋友一起劳动、游戏，让儿童在游戏中收获快乐。

儿童可以通过参与除草、摘茶、采野果等劳动，与小伙伴分享，互换劳动成果，主要设置茶园涂涂乐、茶园淘淘街、勇闯茶溪谷、茶农爱消除等游戏活动。

三、田园村居·民俗体验与休闲度假区

（一）龙憩——田园休闲度假组团

分区位置：坡里庄农田区域。

规划思路：结合现状基本农田和农业种植，主要发展现代化农产品种植业，同时增加集中化养殖区，形成"种植＋养殖"的业态模式。主要利用坡里庄村田园作为旅游开发的载体，通过农业研学基地、慢庄农场、慢村农庄、大地创意景观、乡村创意公园、慢村瓜果采摘园等项目打造，最终打造田园休闲度假区（见表5-10）。

功能定位：农业科普研学、庄园度假、农庄休闲、农业创意、瓜果采摘。

表5-10　田园休闲度假组团项目设置一览

重点旅游项目	支撑旅游项目
农业研学基地、慢庄农场、慢村农庄	大地创意景观、乡村创意公园、慢村瓜果采摘园

1. 农业研学基地

带领孩子体验磨豆腐、摘水果、挖花生、挖红薯、种菜等农事活动，培养孩子的劳动精神，让孩子们在体验中学习生活、了解生活、热爱生活。

2. 大地创意景观

通过创意性手法的运用，将农田设计为农业大地艺术景观，如日本的稻田艺术、麦田怪圈等。

3. 乡村创意公园

打造乡村创意公园，运用带有各种肢体语言的稻草人讲述大家都熟悉的故事。稻草艺术人制作价格低廉，可随时更换，可联合地方的艺术学校，让田园成为艺术学校制作稻草人的展示舞台。

4. 慢庄农场

慢庄农场以定制菜地为主，可选择一块由自己支配的土地进行种植，城市居

民通过手机随时了解农作物生长情况，实现远程监控。通过"互联网+"发展众筹模式，通过线下代收代销获得盈利，通过生态式种植培育绿色无公害食品。同时针对中小学生群体，开展青少年农业研学教育。

5. 慢村农庄

慢村农庄可以自己经营，可向外出租，也可交由村里组织的农民管家托管中心。投资者不在农庄度假时，农庄交由托管中心打理，平时有散客入住到代为托管的农庄时，收入所得与投资者进行分成。最后农庄也会慢慢升值，农庄里生产的高品质有机作物也可由托管中心定时运送到投资者家中。

6. 慢村瓜果采摘园

开展农业采摘活动，重点建设慢村瓜果采摘园，游客可入内采瓜、摘果，享受田园乐趣。游客在果园亲自动手，体验果树的嫁接、修剪、套袋等管理活动，丰富体验形式。打造成春季赏花采摘、夏秋观光采摘的休闲乐园，同时可以进行果树认养活动，增加游客的重游率和停留时间，提高果园附加经济效益。

（二）龙盘——坡里庄民俗文化体验组团

分区位置：坡里庄村民居区域。

规划思路：对坡里庄进行提升改造，打造乡村民宿、农家乐，采取先期试点、政府引导、村民参与的模式（见表5-11）。

结合现代化农产品种植，发展农产品加工产业，延伸农业产业链条，用于坡里庄及周边村庄板栗、核桃等林果产品的加工和包装等产业。

挖掘坡里庄乡村特色民俗文化底蕴，以展示特色民俗文化为特色，重点发展民居观光休闲、特色民俗体验等旅游产品，打造山东知名民俗休闲聚落，成为山东省著名的民俗接待乡村。

住农家屋、吃农家饭是游客乡村旅游和体验的重要环节。在现有建筑形式、外观不能大改的情况下，强化院内外景观的乡土风情，院内通过廊架（葡萄架、丝瓜架、扁豆架等）突出局部小环境特色。提高餐厅、房间的设备和卫生条件水平，切实保障饮用水和食品安全。

功能定位：乡居度假、林果加工、乡愁体验、工坊体验、餐饮体验。

表5-11　坡里庄民俗文化体验组团项目设置一览

重点旅游项目	支撑旅游项目
坡里慢村乡村驿站、坡里慢村主题民宿、慢村林果加工厂、慢村乡愁体验园	农家食坊、慢村酒吧、村落外立面提升、慢村工坊体验部落

1. 坡里慢村乡村驿站

规划思路：鼓励村民利用自家院落空余的房屋开辟为客房，为游客提供住宿服务。坡里庄成立"坡里庄乡愁驿站合作社"，借鉴江浙民宿的管理经营理念，对客房统一管理，客房用品实行统一配送、统一换洗、统一卫生标准。根据服务与管理状况对坡里庄客房评定星级，为客人提供干净、方便、安全住宿服务与环境，让游客得到富有特色的住宿体验。

依托恬静祥和的田园环境和乡村聚落，针对泰安、济南的都市家庭客群，对现有民居进行改造，完善休闲度假功能。外立面统一采用乡土文化元素进行点缀，形成统一的乡土主题民宿风貌。民居在不改变原有格局的基础上，完善现代休闲度假功能，保证院子整洁干净，种植石榴、枣树、国槐等，营造形成优雅的休闲度假氛围。对房间内部、厕所、洗浴间、厨房进行改造，满足游客休闲度假需求，内部的房间采用乡愁主题名称，房间装饰融入乡愁主题元素，形成主题鲜明的乡愁主题民宿。

游客来到这里，与农民同吃、同住、同劳动，满足游客农耕体验、休闲娱乐的需求，打造坡里慢村乡村驿站，体验唯美乡居生活方式。

前期通过1~2户的打造产生示范效应，然后引导居民发展特色民宿。通过风貌改造、建筑升级、改拆建相结合等方式，分批改建成为农家接待户，打造坡里慢村乡村驿站。

2. 坡里慢村主题民宿

规划思路：民居改造以风貌整治为主，除清洁能源的利用之外，加强庭院经济和景观环境的整治力度，为旅游接待服务提供良好的接待空间。

依托现有的建筑外貌，对内部的设施、装修进行升级，以提升居住品质。在民宿中注入茶文化元素，为居民和游客提供特色住宿体验方式。

围绕茶主题来营造餐厅的经营气氛，餐厅内所有的桌椅、装饰、餐具、菜单等均体现出茶文化元素。将茶文化融入中国的特色餐饮当中，以茶为主要食材，打造茶特色餐饮体系。

3. 农家食坊

盘活坡里庄小学废弃的教室，打造成餐饮接待场所，同时引导居民发展特色餐饮，包装形成农家食坊，为游客提供餐饮服务。将生产的有机食材与传统乡村饮食相结合，打造绿色美食体系，形成"坡里味道"农家食坊。

4. 慢村酒吧

中远期规划建设慢村酒吧，为游客夜间消费提供场所，丰富夜间生活。

5. 村落外立面提升

通过墙面的田园素材油画增加乡村意境，形成社会主义新农村崭新风貌。

6. 槐树怀古

依托坡里庄村的古槐树进行观光怀古。一方面，对古槐树进行严格保护，设置围栏，安装摄像头；另一方面，对古槐树的历史脉络进行深入挖掘，并用标识牌以文字方式呈现给游客，既能起到科普教育作用，也能使人们感悟到大自然沧海桑田的变迁与生命的顽强。

7. 慢村工坊体验部落

挖掘当地特色的手工艺、特色饮食、文艺等，打造非遗文化工坊群，通过木艺坊、陶艺坊、糕点坊、豆腐坊等来集中展示。游客可以品尝，也可以动手参与，打造集乡愁体验、工坊参与、民俗休闲、特色购物于一体的非遗文化主题工坊群落。

8. 慢村林果加工厂

依托项目地及周边丰富的核桃等农产品资源，通过招商引资，建立与林果产量相匹配的慢村林果加工厂，开展农副产品深加工，提高农副产品附加值，实现农民增收。同时，应配套物流仓储、包装等。

9. 慢村乡愁体验园

在城市化进程发展越来越快的今天，儿时的农村风情风貌永远留在了我们的记忆中。乡村是长辈回忆童年美好时光的地方，是将儿时回忆展现给下一辈的地方。打造一个集乡愁休闲体验、餐饮休闲、民俗风情于一体的体验园，园内以乡村特色民俗体验、农事体验、童年趣味游戏体验、美食体验为主，凸显中国传统的乡村文化。

第六节 产业要素规划

一、旅游住宿规划

（一）规划思路

1. 结构：以市场为导向，控制规模，优化结构

按照市场定位和市场预测，定位住宿设施的类别、等级、床位数。重点发展泉城茶博园、坡里庄民宿和营地部落的接待设施。

2. 类型与功能：主题性与专业性相结合

以市场需求为导向，结合各住宿区域实际情况，建设具有较强主题性和专业性的接待设施。适当引进知名酒店品牌，以提升旅游区知名度，打造住宿接待区域。

（二）重点举措

1. "高端＋大众"多元化，打造特色主题住宿产品

增设高星级酒店，积极引导度假酒店、乡村酒店、星空营地等新型服务设施建设，大力发展度假公寓、民宿等专业化、度假型住宿设施，以适应不同类型、不同档次的游客需要。

主题酒店是中国酒店业发展的必然选择，是中国酒店行业未来的标志。充分挖掘坡里庄特有的文化内涵，发展藤花、茶主题酒店。规划慢村农庄，使住宿从大众化向特色化发展；经营风格突出田园特色，提供可参与的特色娱乐活动，塑造"家园"感觉。在装修上，追求"外部古朴、内部装修现代化"。

2. 提升泉城茶博园酒店服务

以星级酒店标准为要求，为游客提供优质的住宿服务。倡导"金钥匙"服务理念，提高行业管理者的经营水平，不断提升行业服务人员的服务技能与服务意识。

泉城茶博园应不断提高服务接待水平，利用秀美的山水风光、茶园风光为休闲度假游客提供商务往来、交流兴趣爱好、健身娱乐等服务。

丰富坡里庄旅游住宿接待体系，满足旅游者多样化的需求。发展民宿，设计风格上要体现当地民居特色，管理上要强调标准化，以"卫生、安全、舒适"为目标，民宿等旅游住宿设施应努力提高市场信誉度，加大市场促销力度。

二、文化娱乐规划

（一）规划思路

1. 合理布局文化娱乐设施

以青龙河、南湖、泉城茶博园为依托，设置文化娱乐项目，举办丰富多彩的娱乐活动。

2. 构筑旅游娱乐服务体系

（1）休闲娱乐场所——完善并提升面向休闲娱乐客群的娱乐服务设施，同时开发面向外来游客的娱乐服务设施，创意性策划娱乐体验类活动等；完善民宿娱乐活动设施，增加民俗舞台等娱乐设施。

（2）文化活态展示娱乐场所——泉城茶博园以茶文化博物馆、文化创意等形

式，以高新科技为辅助，让游客参与其中，动态地展示茶文化，寓教于乐。

（3）民俗文化体验区休闲娱乐场所——为大众休闲娱乐提供集聚空间，包括广场、休闲街等。

（二）重点措施

1. 发展夜间娱乐休闲活动

重点在坡里庄村内、南湖水库周边增加夜间活动场所和文化娱乐项目，包括水上激光秀、慢村酒吧等形式，积极推动夜生活的发展。

2. 增加游乐项目与设施

开发水上、滨湖、田园游乐项目，开发适合儿童和家庭市场的鱼乐园、月亮湾滨水游乐园、滨河栈道、玻璃水滑道、休闲垂钓园、水岸运动游乐园、神龙谷乐园、乡村创意公园、儿童茶乐园等。

3. 提升旅游节庆娱乐活动

开展春季采茶节、夏季荷花节、金秋采摘节、冬季冰雪节等节庆活动，对节庆开展积极宣传和营销，以提高知名度。

三、旅游餐饮规划

（一）餐饮设施规划原则

特色化原则——深挖乡村文化内涵，打造具有乡村特色的餐饮，构建乡村特色餐饮。

地域性原则——要体现坡里庄的地域性，更要具备地方餐饮特色。

需求导向原则——通过科学的游客预测公式，合理预测算餐位需求量。以此为导向，规划高、中、低三种级别的餐饮设施。

分级设置原则——根据各景点吸引力的强弱，综合考虑游线组织和游览时间，合理预测就餐点和就餐人数，设置相应规模的餐饮设施。

（二）规划思路

1. 餐饮形式多样化发展

在坡里庄旅游区内部规划多种风味和多种档次的餐饮形式，根据不同季节，不断充实和丰富季节性餐饮品种和特色，品种要丰富、营养搭配要合理。同时，应注意对本地特产的深加工。

2. 形成特色餐饮连锁品牌

每家特色餐厅要形成自己的餐饮特色，重点推出特色餐饮。在经营上要形成品牌，形成特色餐饮连锁品牌经营模式。

3. 积极吸引外来餐饮企业

外来餐饮企业是对本地餐饮行业的重要补充，可以满足外来游客的多种消费诉求，也可满足本地餐饮的消费需求。在引进外来餐饮企业的同时，促进本地餐饮行业多元化，餐饮企业之间的竞争能够提升本地餐饮行业的服务水平和服务质量。

4. 开发特色美食品牌

深度挖掘传统产品，一是要组织有关餐饮专家深入民间，系统挖掘整理传统饮食文化，把独具长清区特色的菜肴筛选出来重点打造，形成长清区特色美食体系。二是运用长清区丰富的食材，在餐饮中不断深度挖掘、创新一批长清区特色菜品、小吃、名品，满足消费者求新、求异、求个性以及"吃特色、吃氛围、吃环境、吃文化"的各种不同需求。

5. 规划建设多种餐饮接待设施

本着满足不同类型游客的餐饮消费需求，形成精品餐饮、大众餐饮、特色餐饮、休闲餐饮、商务餐饮等种类丰富的旅游餐饮系统，打造包括中高端酒店餐饮、主题餐厅、休闲街区餐饮、农庄餐饮、营地自助餐饮等不同类型的高档、中档、低档相结合的餐饮服务设施体系。

6. 旅游餐饮服务规范化

组织开展不同形式、不同层次的培训，坚持管理岗位、技术岗位持证上岗制度，重点抓好管理人员、技术人员和服务人员的岗位适应性培训和新知识新技术培训。大力培养现代化、高素质的经营管理和技术人才，不断推出新菜品，带动旅游餐饮业整体水平的提高。

餐饮店应力求做到环境整洁、服务热情、菜肴可口；要加强餐饮卫生管理，避免食物中毒等严重影响旅游区旅游形象的事故发生。

四、旅游商品规划

建立坡里庄购物旅游品牌"坡里慢村礼物"，开发系列旅游商品。建设旅游购物场所，健全购物网站，形成"线上＋线下"的旅游商品销售模式（见表5–12）。

表5-12　商品开发一览

商品系列	发展方向	商品类别	主要消费群体
创意旅游纪念品	层次化、系列化、多样化发展，注重中低端商品的研发、设计，主要满足大众市场需求	文化类	儿童、青少年

（续表）

商品系列	发展方向	商品类别	主要消费群体
创意旅游纪念品	层次化、系列化、多样化发展，注重中低端商品的研发、设计，主要满足大众市场需求	电子玩具类	青少年
		20世纪80年代记忆类	"80后"
特色人文工艺品	以金银或水晶为材质，打造高端的工艺品	贵重收藏品类	收藏家、中老年

（一）规划思路

1. 购物场所多样化

为了方便游客购买旅游商品，购物场所要求多样化，主要分为私营摊点、旅游购物商店及自动售卖机三种。其中，旅游购物商店以在旅游区经营为主；自动售卖机以销售日常生活用品为主。

2. 旅游商品品牌化

旅游商品采用统一品牌，形成一个系列，定为"坡里慢村农礼"系列，采用统一标识、统一包装、统一销售。

· 3. 销售方式创新化

旅游商品销售急需要创新模式，除了一般的陈列式销售，还需要有表演式销售及体验式销售。表演式销售指在向旅游者展示旅游商品制作的过程中进行销售。体验式销售指让旅游者亲自参与到旅游商品的制作过程中，然后将自己的作品作为纪念物带回。

（二）重点举措

1. 注入文化创意元素，进行旅游商品开发

深度挖掘坡里慢村文化，通过文化创意元素的注入，挖掘文化内涵，开发高、中、低多层次的旅游商品，满足游客的不同需求。鼓励企业、个人积极设计、研究具有慢村文化特色的旅游商品，打造以工艺品、文化创意商品为亮点，以文创产品为支撑的购物旅游商品体系，增加旅游商品销售额，提高旅游购物在旅游总收入中的比重。

2. 打造坡里慢村购物旅游品牌，开发"坡里慢村礼物"系列旅游商品

引进创意旅游商品开发机构，注册统一的商标"坡里慢村礼物"，从形象设计、外观包装、品牌运营、产品体系等方面进行规范，采取品牌化的经营模式。围绕各旅游节点，利用新闻传媒手段，大力推介购物旅游。

3. 系列化、标准化、创意化、艺术化开发坡里庄旅游商品

初步形成纪念品、收藏品、工艺品、农副产品、生活用品等系列化产品，伴

随旅游商品的逐步发展，大力发展创意性强、艺术性高的系列化旅游商品。

旅游商品的发展是一个动态演进的过程，是一个不断开拓创新的过程。因此，本规划注重强调旅游商品系列、类别及未来发展方向，使旅游商品系统成为一个开放的系统。

充分利用网络资源开设坡里慢村礼物旗舰店，完善网站功能，丰富网站产品，增加人工服务，为游客网上购物提供翔实的产品介绍。定期开展各种优惠活动，对消费金额较大的游客实行旅游优惠制度。同时，与1号店、淘宝等网站合作，增加旅游商品销售途径。

第七节　道路交通系统规划

一、规划原则与目标

（1）确定合理路网密度，重视支路的建设，发展科学合理的交通体系。

（2）解决好旅游区内外部交通之间的衔接问题，采取有效的衔接方式，形成"快速、便捷、有序"的交通网络系统。

（3）借助已有路基和路面结合项目地地形特点，合理设计道路断面；尽量满足旅游区、景点和景观环境的协调性要求，因地制宜，依山就势。

（4）采取近远期结合、有主有次、分步实施的原则。

（5）构筑规划区内道路层次分明、连接有序的路网系统，满足旅游区内游客的交通要求。

（6）道路路线规划以原有路基为主，整合各功能区以及功能区内各项目点的需求，在串联项目景点的基础上分级规划，对土路、村路进行拓宽硬化，并配置停车场地。

二、现状道路分析

（一）区域交通

主要依托村庄东侧的104国道与外界联系。

（二）村内交通

村庄内部有一条东西向的"人"形主要街道，与另一条南北向的主要街道十字交叉，构成了坡里庄村的主要道路结构。主干道道路宽度为 4~6 米，内部街巷道路 2 米。

（三）静态交通

目前村庄基本以路边停车为主，无法满足未来游客的停车需求。

三、村域道路交通规划

建议完善路网结构，局部形成环线；加强各功能区间的交通联系，特别加强同万德街道的联系；打造沿路景观，满足宜居宜游的发展需求。

（一）完善路网结构

1. 对外联系道路

充分利用 104 国道作为对外交通道路，在村域形成局部成环的道路结构，提升村域对外交通联系能力。

在外部设置完善的旅游区宣传及指示系统。即在济南市、泰安市至旅游区的主要道路出入口、交叉口，主要在 104 国道入村口处设置旅游区指示系统，引导游客进入旅游区。

2. 村域内部道路

梳理村域内部路网体系，加强与对外道路的联系；同时增加若干条村域内部次要道路和支路形成内通外达、便捷高效的道路系统。

3. 主要道路

村域主要道路连通 104 国道和村域支路，便于居民对外联系，规划道路红线 5~6 米。

4. 次要道路

次要道路为村内部主要通行道路，规划道路红线 3~4 米。

5. 游步道

根据浏览需要设计步行道路网，路宽 2~3 米。游步道主要在重要的景点之间，如龙居寺、山地运动区域、茶园观光区域等。整体设计应符合生态性要求，尽量使用卵石、石板等生态材料，做防滑处理；同时，沿线应配合设置游憩节点、休憩平台。

6. 出入口

按照游客进入坡里庄的主要来源和交通路线设置出入口。

7. 停车场

旅游区内规划多处分散停车场，其他地方为道旁停车。

（二）交通设施规划

1. 自驾车游览道规划

目前坡里庄片区的主干道路为 4~6 米，中远期将现状主干道路拓宽为 5~6 米，部分路段设置错车位，尽量保证全路段可双向错车行驶（见图 5-8）。自行车与机动车混行，必要路段设置交通标志，提醒驾驶人、行人等的注意，自驾车严格限速行驶，最快速度禁止超过 30 公里 / 小时。

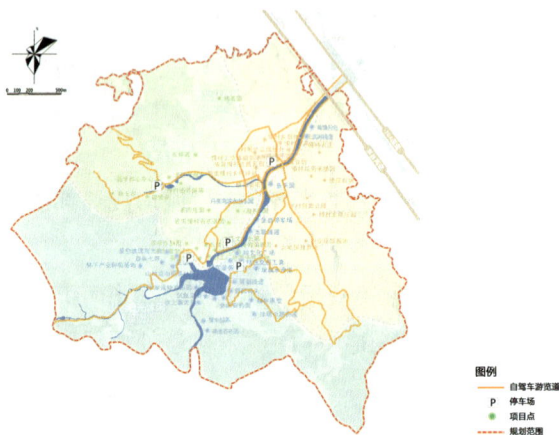

图5-8　自驾车游览道规划

2. 电瓶车观光道规划

为了满足旅游区游客游览需求，设置电瓶车游览，既是旅游区的重要交通组织方式，又是重要的交通游览方式（见图 5-9）。

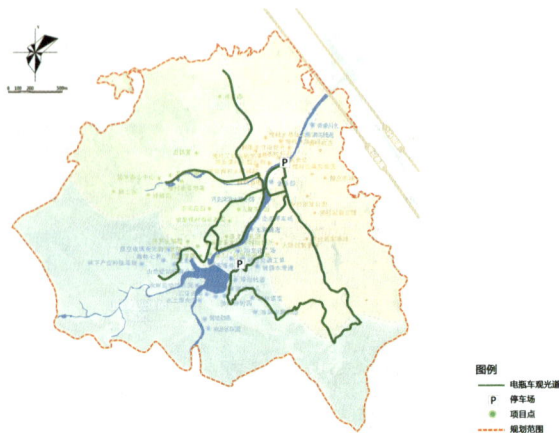

图5-9　电瓶车游览道规划

3. 自行车骑行道规划

规划自行车道宽 1.5 米，满足游客骑行游览的需求，属于区域绿道系统的重要组成部分（见图 5-10）。

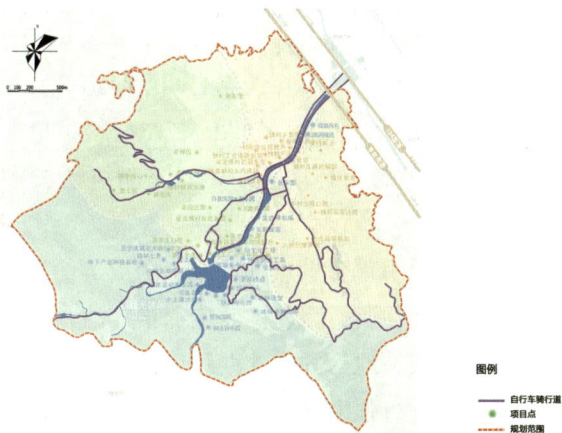

图5-10　自行车骑行道规划

第八节　旅游服务设施规划

一、旅游解说系统规划

（一）解说系统设计的理念、功能和规范

（1）解说系统应具备以下功能：服务功能、景观功能、教育功能、参与功能和交流功能。

（2）解说系统的规范：遵循多层次配套、形式多样化、简洁清晰和乡土化。

（二）旅游区解说系统设计

1. 建立解说中心

游客解说中心设在游客服务中心处，解说中心的设计要注意其外形的独特性，与旅游区的环境背景相协调。免费提供旅游区的导游地图。中心配备专业化的工作人员，回答游客的问题并处理投诉等问题。中心提供旅游区及其周边其他旅游区的信息以及旅游产品组合、交通信息。

2.设置标示解说系统

（1）全景标示。全景标示是坡里庄旅游区对旅游者的整体形象展示，是规划设计的重点，制作应精致，以环境地图形式出现。全景标示在坡里庄主要体现为全景图，全景图展示旅游区的总体结构、道路、服务设施（小商店、旅游公厕等）的空间分布。全景标示设在综合服务中心处。

（2）导引标示。设在岔路口、内部各景点之间游步道旁，用以串联各景点牌上标明前进方向、距离（或可达时间）。构件的制作材料尽量选用光滑的圆角和弧边体量较小，设计精美，色彩与环境相协调，造型可活泼多样，如植物、动物、人物造型等。

（3）景点解说牌。用以说明单个景点的性质、历史等信息，对游客有较大吸引力，一般游客会花较长时间阅读，因此文字应简洁、清晰、通俗易懂。根据景点的设计需要选择墙面固定式、地面固定式两种固定方法，解说物载体结构一定要坚固，受力合理，必要时进行强度验算，保证安全性和可靠性。

（4）警示标示。指告之游客安全注意事项和禁止游客各种不良行为的标示。在临水、山坡等地点，以"游客须知"等形式设立安全警告标示，提醒游客注意安全。警示牌放在醒目及事故易发生地点。警示牌可用文雅和个性化用语引导游客对环境进行保护。

（5）植物、石头标牌。在村内的古树和名贵树木、特色石头旁可设立标识牌，注明各物种的名称（学名、俗名）、产地、特征。

（三）人员解说

根据各景点的特性和不同游客特征选择针对性的解说方式：家常式解说在短时间内能够抓住游客的注意力；具有逻辑性的常规式解说更能够激发游客的思考力；儿童式解说可以活跃气氛。聘请专人编写导游词，语言要简洁、准确、生动。导游员要服饰规范、礼貌周到，微笑服务、应答耐心。导游人员应熟悉景点，规范讲解，鼓励游客进行提问或设计互答问题，引导游客思考，与游客产生互动，吸引游客深入探讨，提高解说质量。

二、环卫设施规划

（一）环卫设施建设现状

实行环卫一体化管理，配有专职保洁人员和垃圾桶，实现了生活垃圾统一收集、集中清运，保持卫生状况良好。

（二）环卫设施规划

为更好地服务坡里庄旅游区客群，应完善环卫设施，合理布局公共厕所、垃圾箱等，满足项目地环境卫生诉求。

环卫设施主要有垃圾箱和旅游公厕两大类。在游线沿线及入口处，均匀布置垃圾收集箱，以方便游客对垃圾的放置和环卫人员的收集，从而保持游线与游览区的清洁（见图5-11）。

垃圾箱的设置标准要求为：沿游览步道每间隔100米设置一处垃圾箱，在重要景点沿主要道路每间隔50米设置一处垃圾箱。

旅游公厕是旅游区必备的环卫设施，在现代旅游服务中，对旅游公厕的要求越来越高，要具有先进的使用功能和很高的环保卫生标准，还要造型美观。旅游公厕分布在各功能区中，厕所外观可采用石头屋外观。

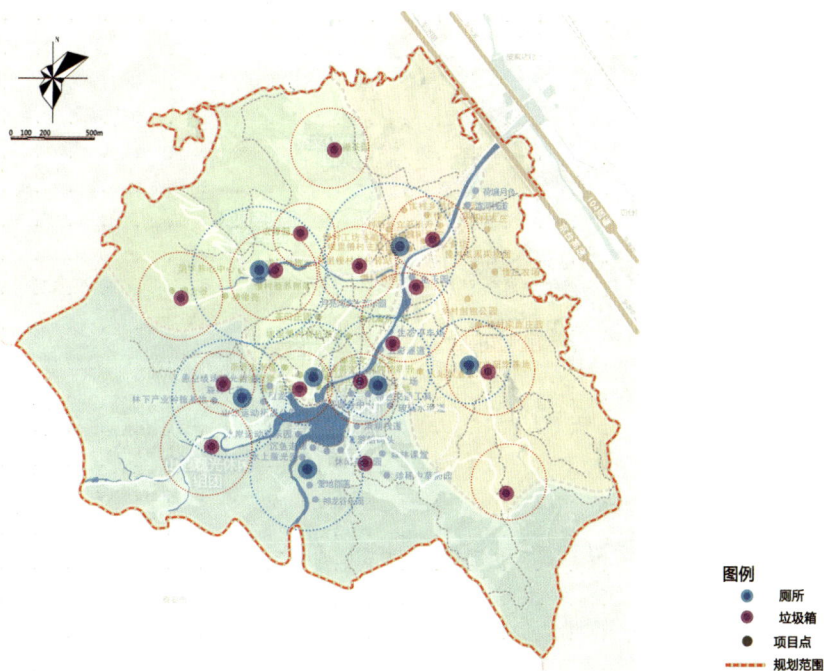

图5-11 环卫设施规划

三、配套服务设施规划

（一）公共服务设施建设现状

坡里庄村委加强乡村文明建设，不断提升村内公共服务设施。村内建设了高标准"幸福院"棋牌室、活动室、乐器室、餐厅等公共服务设施，并安排专人负责。

为村内卫生室完善医疗设施，全部村民均已参加新农合，60岁以上的老人享受免费体验，为村民提供了良好的医疗服务。

实施《坡里庄村子女养老金补贴办法》，每月按时发放慈孝资金；同时建设了文体广场，实现了坡里庄村村民少有所学、老有所养、住有安居、自得其乐。

（二）配套服务设施规划

为更好地服务坡里庄旅游区客群，完善餐饮、住宿、娱乐、购物、交通、医务等配套服务功能，规划相匹配的餐饮设施、游客中心、购物设施、住宿设施等（见图5-12）。

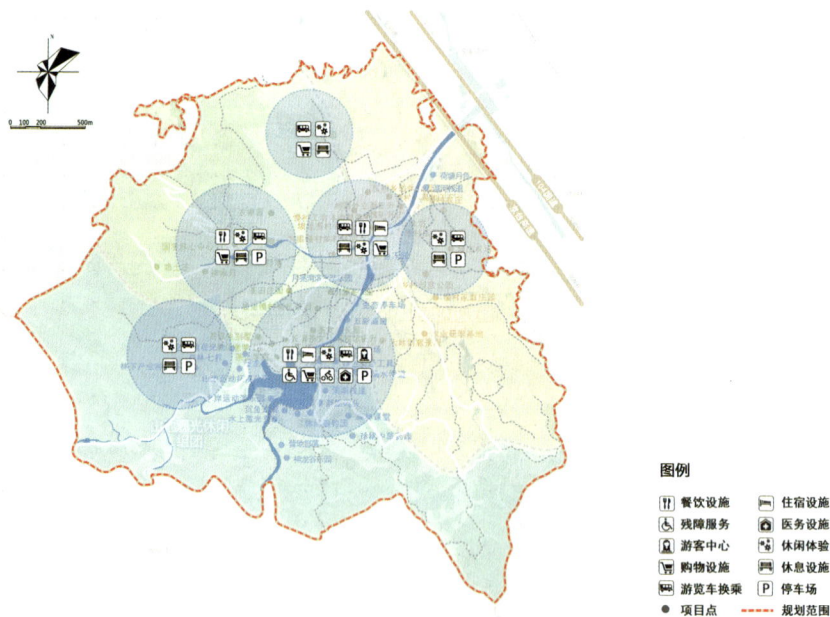

图5-12　配套服务设施规划

图例
餐饮设施　住宿设施
残障服务　医务设施
游客中心　休闲体验
购物设施　休息设施
游览车换乘　停车场
项目点　规划范围

第九节 环境保护与安全系统规划

一、生态环境保护规划

（一）规划原则

按照旅游环境生态化的要求，在开发建设的全过程中，都要始终坚持"保护性开发"的原则，正确处理好旅游发展和环境保护的关系，重点保护好坡里庄水库。

（1）保持和维护旅游资源富集区内地质地貌、水系河流等自然生态系统的完整性，维护生态平衡。对生态脆弱的地区，实施封山育林等生态重建工程。

（2）保护区域内的动植物资源，严格保护其生存环境，使其在旅游资源开发过程中不受影响和干扰。

（3）平衡保护与开发、生产与旅游的关系，以保护为主，适度开发，保证生态资源的可持续利用。

（二）空气环境保护措施

（1）调整燃料结构，生活燃料尽量采用液化气、太阳能和沼气等，燃具安装脱硫装置，达到排放标准才能排放。

（2）停车场、公路两边栽植对汽车尾气吸附性强、具有空气净化功能的树种，如梧桐、悬铃木、夹竹桃等，扩大绿化面积、提高环境质量。

（3）认真做好区域内空气环境监测工作和定期动态评估，一旦发现有指数超标，要及时采取措施进行整治。

（4）合理布局建筑设施，加强环境卫生管理。在污染源附近栽种吸附能力大和净化能力强的植物。

（三）水环境保护措施

（1）坡里庄水库是重要的水体景观资源，也是产生空气负氧离子的重要来源，泉城茶博园的生活污水要集中处理，严禁排入坡里庄水库。

（2）严禁在旅游区内采矿、取石，新辟的公路、步道应及时栽种花草树木，恢复植被，防止水土冲刷引起水质污染和环境破坏。

（3）溪流两岸禁止堆放易被雨水冲刷、淋溶的物体，处理好各种废弃物，禁止将果皮、纸屑等垃圾丢入小溪，以免污染水质。

（4）一切公共场所根据需要在适当位置设立分类垃圾箱，垃圾箱要与周边环境相协调。

（5）组织清洁队清理垃圾，并将垃圾按环保部门指定的地点进行分类处理。

（四）地貌、土壤环境保护措施

（1）旅游区内的土壤环境质量必须符合《土壤环境质量标准》（GB 15618—1995）中的一级标准，固体废弃物要集中处理，严禁任意丢弃，禁止直接埋入土壤。

（2）保护旅游区内的自然地貌不受破坏，严禁在旅游区内开山取石、采砂取土，禁止在旅游区周边大兴土木，建设大型构筑物。

（3）要控制旅游区周边农田的农药化肥用量，用作灌溉的水质要符合标准，禁止超标灌溉，以免造成土壤污染。

二、绿化景观系统规划

（一）植被与绿化现状

坡里庄周边的山地植被较好，主要树种为茶树、柏树、核桃树、板栗树等林木。该区森林植被覆盖率较高，但灌木林多而乔木林少，森林植被的景观美学度较低。旅游区以休闲、观光为主要功能，良好的森林覆盖率是旅游区发展的基础，因此，需要加强旅游区森林植被的保护和抚育。应统一规划、合理布局，加强旅游区整体环境的美化和绿化，改善旅游区的生态环境，提高旅游区的景观美学度。

（二）绿化规划原则

以乡土树种为主，乡土树种与适应性强、观赏价值高的外来树种相结合；以乔木树种为主，乔木与灌木相结合；以落叶树种为主，落叶树种与常绿树种相结合；风景林观赏树种与经济林树种相结合。

（三）森林植被的保护与改造

1. 严格保护森林植被

旅游区内的森林既是水土保持林、生态林，又是旅游景观的风景林，必须严加保护，禁止乱砍滥伐。实行封山育林，禁止毁林造田，挖山取石。加强森林病虫害和火灾的防治，杜绝森林火灾的发生。

2. 保护村内树木，形成古村绿树生态景观

对村内树木的保护要留足生长的空间范围，防止病虫害及人为破坏，形成古村绿树生态景观。古树应挂牌建档，介绍古树的历史渊源、文化内涵，宣传古树

的保护知识，凸显古树研学价值。

3.增加树种的多样化和多彩化，提高森林植被的景观美学度

为使游客身处绿色生态的自然环境，观赏到自然林木的姿态美和色彩美，可在游览线路两侧及游路山坡上，补植一些观花或观叶的乔灌木，如黄栌、栾树、五角枫、火炬树等。选择林中空地进行丛植、孤植或块状栽植，使之逐渐形成不同树种搭配的混交树群，以表现林层高低错落、林相色彩变化的山地森林景观。

（四）旅游区的绿化

1.村庄的绿化

坡里庄要尽可能吸引游客停留，必须加强绿化，整治生态环境。绿化的重点宜放在农家院和"四旁"（村旁、宅旁、路旁、水旁）绿化方面。路边尽可能通过种植乡土树和经济果木来绿化美化乡村环境，给游人以环境清新、舒适之感。同时，适当保留一定面积的农田，生态绿化与田园风光相结合。

2.山地绿化

山地绿化以原有植被保护为主，在游步道建设中尽量减少对生态景观的影响与破坏。加大绿化力度，山顶以松柏等常绿树种为主，四周以果树等经济林为主。

在梯田上，除了现有核桃等果树，可适当补植具有观赏特色的苹果、油桃、樱桃、杏、山楂等适宜旅游区生长的优良果木品种，打造以采果为主、又具有较高观赏性的果木种植区域。沿游步道种植以观花、观叶为主的乔木、灌木，使游客在观赏山林美景的同时，也能享受山林采摘的乐趣。

（五）景观规划与环境整治

旅游区良好的环境状况是旅游赖以存在和发展的基础，在旅游开发中，应集合政府、居民、游客的力量，共同加强对旅游区环境的保护和管理。针对坡里庄的现状，治理的重点如下：

（1）在村子入口处、现有的村口标志处密植高大的乔木，一直到停车场。

（2）为减少电力线路对景观视觉的影响，村内可安装太阳能LED路灯，这样可以改善旅游区环境，建设生态环保旅游区。

（3）农庄等住宿接待地要接入有线电视系统，并开通宽带互联网，电信线路均采用通信电缆穿管沿道路埋地铺设。

（4）对现代建筑外立面进行改造，通过墙面展示具有乡村意境和画面感的田园素材油画，展现社会主义新农村崭新风貌。

三、旅游安全系统规划

旅游业对安全的敏感程度远高于一般的行业。严重事故、不良治安、自然灾害等会对游客造成心理影响，从而造成旅游业经济的波动。为广大游客营造一个舒适、安全的旅游环境是旅游者进行旅游活动的前提和保证。

对旅游区的安全规划主要包括以下几个方面：

（1）完善安全预案与制度。根据各景点的特点和实际，围绕防火、防盗、防抢、防食物中毒等方面，加强日常检查与季节性安全检查，发现隐患及时整改，确保将各类安全隐患消除在萌芽状态。必须建立相关制度或标准，制定各种安全预案，全面提高安全综合监督管理水平。结合可预见的各类突发情况，从信息—预警—组织—实施等环节制定详细、科学、有效的应急处置预案，定期组织进行演练，完善旅游区的安全应急救援体系。

（2）旅游安全急救系统。结合坡里庄旅游区的实际情况，建立旅游安全急救组织，设立救援指挥中心、安全救援的间接外围机构等，形成完善的旅游安全急救系统，增强抵御风险和应对突发事件的能力。

（3）旅游安全保险体系。旅游保险市场的发展需要包括旅游者、旅游企业、保险公司共同的努力，通过构建旅游安全保险体系来培育旅游保险体系，减少自身风险，最终实现平安旅行、和谐旅游、诚信发展的总目标。由保险公司为进入坡里庄旅游区的游客及旅游从业人员量身定做各类综合保险保障产品。

（4）为了避开行走时汽车带来的危险及自然灾害带来的危险，设置保护游人的设施，如各种材料制成的形式多样的安全路障、紧急呼救设施、消防设施、交通标志等。安全设施的设计以简单实用为准则，建议以当地材料为主，以体现文化内涵。

（5）建立防灾和报案通信系统，加强各景点与保安处的联系，提高事发后的反应速度。

（6）在村内设立明显的路标和警示牌，在有危及游客安全的地方应有警示标识；在危险游路段应设立护栏，以保证游客的安全。

第十节　保障体系规划

一、服务配套保障

（一）旅游安全保障体系

按照"以人为本"的原则，形成完善的旅游公共卫生防疫系统、紧急救援系统、旅游服务设施和服务场所应急系统、旅游保险系统，为游客营造安全的旅游环境。将旅游安全保障纳入坡里庄片区安全保障体系，建设旅游应急救助安全保障体系及预警系统。加强急救信息系统建设，构建交通救援体系，加强景点的食品、饮水等监督管理。对险段、险点，尽可能开辟循环道路，以方便旅游者进出和疏散。

按照"谁主管、谁负责"的原则，健全旅游安全管理体系，落实责任制，加强旅游区（点）的社会治安、交通安全、水上安全、消防安全、设施安全、森林防火、疾病控制和紧急救援等工作，抓好住宿行业设备设施维护及食品卫生安全管理，坚决杜绝各类安全事故特别是重特大事故的发生。同时加强宣传教育工作，使游客树立安全意识与自我保护意识。

对具有危险性的路段、水域、设施（如变压器），除设护栏（网）外，应立警示牌提醒游客注意安全。

加强旅游区治安管理，制定相关的治安管理措施，安排专职人员具体负责。

加强防洪措施，要派人巡逻河渠、水库，发生险情及时报告处理。

建立行之有效的组织领导和指挥体系，一旦发生重大事故，迅速反应，及时启动应急预案，果断处置，有效开展应急救援工作，尽最大努力严格控制事故危害范围，消除事故造成的影响，并做好事故的善后处理和整改督查工作。

（二）旅游医疗保障体系

建立医疗室，配备必要的医疗器材和药品，医疗人员根据需要及时赶赴现场开展医疗救治，必要时，应急指挥组协调、请求乡政府或乡卫生院医疗机构参与求助。

制定节假日期间的"医疗保障应急预案"并按照方案部署，定期组织应急医疗救护实施演练，设置专项医疗小组，负责节假日期间的旅游医疗保障。

二、政策支持保障

针对坡里庄旅游业发展，围绕土地、水电价格、税收、信贷、政府补贴等方面，政府应制定一系列适合发展当地旅游业的各项优惠政策。

（一）土地使用优惠政策

旅游项目建设用地纳入村庄土地利用规划和年度计划管理。在符合村庄土地利用规划的前提下，优先安排年度计划用地指标。对以出让方式取得土地使用权用于旅游基础设施建设或旅游资源开发项目的，土地使用期限为 40 年，使用期满后可以申请续期。对旅游项目用地实行招标、拍卖、挂牌、协议等方式出让供地。以租赁方式取得土地使用权的土地租金可以按年度缴纳。

（二）税费优惠政策

建设坡里庄片区旅游区（点）和旅游基础设施的企业，建议执行相应的优惠政策，在办理相关手续时，涉及的行政事业性收费按最低标准收取。

（三）信贷扶持政策

进一步改进和完善金融服务，创新金融产品，完善信贷管理制度，对符合信贷条件的旅游企业或项目提供信贷支持，引导和鼓励民间资本加大对坡里庄片区旅游业的投入。

（四）水电价格扶持政策

对旅游企业实行优惠的水电价格政策，减少旅游企业的经营成本，从而促进坡里庄片区旅游业的快速发展。

（五）大项目优惠政策

对投资千万元以上且对财政建设和经济发展有较强拉动作用的项目，在享受上述优惠政策的基础上，采取一事一议的方式，由政府研究再给予一定的优惠政策。

三、资金投入保障

强有力的资金保障是旅游成功开发的重要决定因素之一。因此，要多元化筹集旅游发展资金，形成政府资本、企业资本、社会资本齐头并进的投资格局，政府主要投资改善基础设施，企业资本和社会资本主要投资坡里庄片区建设和服务体系建设。

（一）积极争取上级政府的投资

做好项目前期工作，积极策划和筹备一批符合国家、济南市的投资重点项目，打好政策组合拳，充分利用各种配套优惠政策和资金渠道，以及农业、林业、环保、乡村振兴项目等优惠政策；全面整合各方面投资渠道，形成规模投资，大力改善资源保护与旅游发展的总体环境。

（二）创造良好环境，加大招商引资力度

旅游开发项目备受资本关注，大量资金正投向旅游领域。坡里庄片区应加大招商引资力度，根据项目和开发商的情况，制定招商引资优惠政策，进行针对性的招商引资。

（三）创新多元资金投入机制

创新资金投入方式，有效发挥财政资金杠杆作用，综合运用财政补助、贴息、投资资金、担保基金等多种方式，撬动金融和社会资本投向坡里庄片区乡村振兴项目建设。

积极争取与国企、央企深度合作，着力引入民企资本和社会资本，共同投资建设坡里庄片区旅游发展项目。实现企业主体、政府配套、社会众筹、多方共建的项目投资开发模式，真正做到资金投入多元化。

（四）拓宽资金筹集渠道

充分发挥财政资金的引导作用，通过政府购买服务、提供担保、贴息贷款、以奖代补等措施，撬动更多社会金融资本投入农业农村，形成多元化投入新格局。探索将财政支农资金市场化运作，实行滚动投入、有偿使用。

（五）加大金融服务创新

加强与金融机构合作，鼓励农村金融产品创新，健全适合农业农村特点的农村金融体系，把更多金融资源配置到农村经济社会发展的重点领域和薄弱环节，更好满足乡村项目多样化金融需求[160]。完善财政与金融支农协作模式，加大惠农信贷通实施力度，支持重点农业龙头企业扩大规模、提升效益。有序推进农村承包土地的经营权、农民住房财产权抵押贷款试点。进一步提高金融机构对"三农"的服务效率，强化农业政策性银行金融服务方式创新，加大对乡村振兴中长期信贷支持，引导涉农银行及相关金融机构进一步向基层延伸机构和服务，稳步扩大新型农村信用体系建设，严格管控金融风险。

四、信息系统保障

信息服务体系主要包括电子商务平台建设、网络基础设施建设及标识指示系统建设。

（一）电子商务平台建设

创建一个时尚新颖、功能完善、个性化的电子商务网站，提供旅游在线服务、网络营销、网络预订和网上支付等服务。充分利用电子信息、电子金融和电子票务等服务，为旅游消费提供便利。

（二）网络基础设施建设

度假民宿要严格按照星级酒店标准进行网络设施的配置；其他住宿设施，如星空营地、农庄等，应建立一套网络设施配备标准，按规定标准配备网络设施。方便游客在各档次的旅游住宿设施内都能够免费使用网络查询旅游信息、订购旅游区门票或机票车票，提高旅游收入。

（三）标识指示系统建设

在主要道路按标准设置道路指示系统；在旅游区景点及各旅游接待点设置指示标识系统。引导标识（导游全景图、导览图、标识牌、景物介绍牌等）造型特色突出，与周围环境相协调；标识牌和景物介绍牌设置合理；公共信息图形符号按标准化设置，符合 GB/T 10001.1—2000 的规定。

五、旅游人才发展保障

（一）寻求高端智力支持

一是与省内实力雄厚的旅游策划机构开展长期合作，对坡里庄片区旅游业发展实行定期诊断谋划，为有关旅游的重大战略决策提供参考。二是聘请省内一流旅游专家开展旅游专业知识讲座，每半年举办 1~2 期旅游专业培训。

（二）引进专业旅游人才

应加大对管理人才的引进和培养工作，包括旅游规划、民宿管理等专业人才。通过放活用人机制，多渠道引进旅游区管理人才。

（三）培训旅游从业人员

一是积极组织坡里庄片区旅游从业人员参与上级旅游主管部门的行业培训，完善从业人员持证上岗和岗位培训制度。二是注重对坡里庄片区周边村民的思想教育和服务技能培训，实现"村民"向"景民"的过渡，防止出现旅游服务培训的盲点。三是适时开展升级培训，及时更新旅游从业人员的专业知识和服务技能，提升从业人员的综合素质、职业素养和岗位技能。

第十一节　规划分期与综合效益

一、运营模式

运营模式选择：G+1+X+Z。

基于本项目的运营模式，为保证坡里庄片区旅游产业能够成功打造，必须"全民总动员"。在运营模式上，采取"村委会 + 大投资运营管理公司 + 次级开发商 + 农民"即（G+1+X+Z）的开发模式，走"政府支持、市场运作、农民参与"的科学发展道路。

其中，地方政府的引导，主要是政府从行政管理职能与社会公共服务等方面予以支持，包括基础设施建设、城乡统筹建设。大投资运营管理公司是开发运营的操作主体，上承政府意志、下与市场对接，负责次级招商引资、运营管理服务等内容，整体运营整个旅游区。

二、规划分期

综合考虑坡里庄旅游区开发建设成本及运营周期、项目核心吸引力的塑造、市场知名度及形象宣传力的打造，同时根据地块面积、功能分区等因素，规划建议本旅游区分两期开发：

近期开发（2021—2025 年）：塑造品牌形象，引爆市场需求。充分对接市场需求，以亲水休闲游乐、茶文化体验、村落休闲度假为重点，来支撑坡里庄旅游区的打造，引爆市场需求；完善公共服务配套，打造生态停车场、游客服务中心、3D 文化广场等。

中远期开发（2026—2035 年）：强化坡里庄旅游特质，提升品牌形象，提高综合价值。在近期成功开发的基础上，打造山地观光休闲区、龙居寺祈福养生区、田园休闲度假区，从而强化坡里庄旅游特质，提升品牌形象（见表 5-13）。

表5-13　旅游项目分期开发一览

开发分期	开发板块	开发产品
近期开发（2021—2025年）	龙戏——亲水休闲娱乐组团	玻璃水滑道、休闲垂钓园、游船码头、滨湖栈道、南湖船坊、沉鱼走廊、水上激光秀、水岸运动游乐园、鱼乐园、月亮湾滨水游乐园、滨河栈道、荷塘月色、营地部落、神龙谷乐园
	龙卧——游客综合服务组团	3D文化广场、游客服务中心、生态停车场、特色交通工具、五彩隧道
	龙潜——茶文化体验组团	茶创意梦工厂、长清茶文化博物馆提升、禅茶园、坡里慢村有机茶园、茶工厂研学体验基地、茶养生别墅、茶田庄园、茶文化长廊、禅茶大典、儿童茶乐园
	龙盘——坡里庄民俗文化体验组团	坡里慢村乡村驿站、坡里慢村主题民宿、农家食坊、慢村酒吧、村落外立面提升、槐树怀古、慢村工坊体验部落、慢村林果加工厂、慢村乡愁体验园
中远期开发（2026—2035年）	龙腾——山地观光休闲组团	林下产业种植基地、珍稀中草药园、悬空玻璃观光台、望龙亭、山地运动拓展公园、森林七养、森林课堂
	龙隐——龙居寺祈福养生组团	龙居寺提升、隐士谷、禅修苑、国学养心中心、慢村颐养部落、农禅园
	龙憩——田园休闲度假组团	农业研学基地、大地创意景观、乡村创意公园、慢庄农场、慢村农庄、慢村瓜果采摘园

三、综合效益

随着坡里庄片区旅游项目的有序开发与建设发展，必将创造预期的经济效益、社会效益和生态效益。

（一）经济效益

坡里庄片区旅游发展项目的经济效益主要体现在以下方面：

（1）能推动产业优化升级。通过坡里庄片区旅游项目的建设发展，能够优化产业结构，拉长产业链条，推动一、二、三产融合发展，促进区域产业转型升级。

（2）能拉动经济持续发展。通过坡里庄片区旅游项目的建设发展，能够拉动区域经济可持续发展。

（二）社会效益

坡里庄片区通过旅游项目的开发建设，将打破当地农业长期以来所形成的单一结构，大幅提升三产的结构比例，促进一、二、三产融合发展，形成当地完整的产业生态闭环。同时在市场需求的驱动下，围绕一产、三产之间，形成科学合理的产业关联和比例结构。为当地的社会结构、经济结构、投资结构和产业结构调整升级做出基础性贡献，为长清区一、二、三产融合发展提供示范样板。

通过培养新型现代农业技术工人、新型职业农人，使之实现"从传统农民到新型职业农民再向新农人"的转型升级，为实现农业现代化、促进农村可持续发展、大幅度增加城乡居民收入发挥巨大作用，提供关联人才保障。坡里庄片区旅游项目的开发建设，将极大改善区域的经济结构，为当地居民提供就业机会，促进中青年村民返乡创业，促进当地经济发展，提高人民生活水平，有利于缓解乡村养老、留守儿童等社会问题。

（三）生态效益

坡里庄片区旅游项目开发建设的前提条件是，立足生态优势，优化资源组合，采取生态化、绿色化、标准化的要求，以进行一、二、三产的融合发展。一方面，通过减少化肥和农药的使用量，实现农业清洁生产和农业废弃物的资源化利用，最大限度地控制农业面源污染，提供生态、绿色、优质农产品；另一方面，通过整体绿化、美化、净化项目所在地的自然环境，采取相应措施优化水道、水源，有利于维护和提升当地的生态环境质量，真正实现经济发展与环境保护高度统一，带来预期的生态环境效益。为长清区践行"绿水青山就是金山银山"的发展理念，打造中国美丽乡村升级版提供样板和经验。

第六章 06

游乐型乡村旅游规划实践研究
——《山东泰安化马湾贾家庄—河两岸旅游发展概念性规划》

第一节　综合分析

一、项目概况

一河两岸，场地资源丰富多样，淘河、树林、农田等资源交相呼应。淘河风光优美，堪称十里画廊；东岸100亩的平地，具备打造乡村观光休闲娱乐产品的延展空间；西岸80亩微地形也可为旅游开发提供预留空间；场地里的遗存建筑，未来可以打造成为场地标志物（见图6-1）。

二、区位交通分析

项目地地理位置优越，周边三个高速公路出口，1小时车程范围内可达省会济南；到北京的高铁车程为2小时，到青岛的高铁车程为2小时20分钟，多层次、高密度的交通网络使

图6-1　规划范围

得项目地的区位交通优势突出（见图6-2）。

图6-2　区位交通分析

三、市场分析

（一）中国进入休闲度假新时代

2018年，我国人均GDP达到了1万美元，步入了成熟的度假旅游经济时代，休闲旅游成为民众主要的旅游形式和新的生活方式。随着休闲时代的到来，旅游业已进入了休闲度假战略转型时期。要适应市场的需求，必须从单一观光旅游向复合型休闲度假旅游转型，构建观光、休闲、度假、康体等功能复合的旅游目的地。

（二）节假日短途休闲度假需求持续增长

城镇居民旅游消费能力的不断提升，以及居民闲暇时间的充裕、小长假的实施，使人们拥有了越来越多可自由支配的短假期，近郊游逐步发展起来。节假日带着家人到郊区小住两日，远离城市的喧嚣，在田园环境中放松身心，感悟生活，成为一种时尚。

随着自驾车保有量的日益增加，近郊游蓬勃发展，呈现出繁荣发展景象。与此同时，游客的消费诉求也呈现多元化，个性化的度假旅游产品将成为市场需求的方向。乡村旅游、滨水休闲、运动康体等主题休闲产品成为城市周边休闲度假的热点。

（三）城市居民"5+2"生活方式兴起

随着城市居民生活水平的提高以及交通的便利和自驾车的普及，城市居民越来越多地选择 5 天在城市工作和生活，2 天在城郊地区休闲度假的新的"5+2"生活方式。市场调查显示，城市休闲度假游具有以下特征：时间选择在周末、节假日，出游距离较近，以一日游为主；出游地点以城市周边景点、特色乡村、农家乐为主；出游方式以家庭、朋友结伴自驾车为主；活动内容有主题公园休闲、水库垂钓、体验农家乐等；出游规律呈现折返型的钟摆式特征，以重复消费为主。

（四）济南省会城市群经济圈客源充足，市民出游率高，城市近郊游旺盛

济南省会城市群市民是项目重要的目标市场，因此，济南市的城市化发展水平、市民的经济收入水平等将直接影响城郊乡村旅游的发展程度与规模。2020 年省会城市群地区生产总值超过 3.5 万亿元，年均增长 9% 左右；城市功能明显强化，区域"一小时生活圈"更趋完善；这些都为项目的开发提供了充足的客源和良好的市场保障。

（五）亲子家庭市场潜力巨大

《中国在线亲子游市场专题研究报告 2019》数据显示，亲子游在用户覆盖率、出游频率、市场增长的三维评测中均表现突出，最有潜力发展成为高频大众主流旅游产品类型。22.04% 的家庭每年用于亲子游的支出达 3000~5000 元，41.11% 的家庭亲子游支出占家庭全年生活消费比重为 5% 以内。

（六）主要客源地消费能力巨大

2020 年，泰安居民人均可支配收入 30937 元，首次突破"3 万元大关"，比上年同期增加 1247 元。2020 年，泰安市全体居民人均消费支出 18601 元，同比增加 499 元。济南全市居民人均可支配收入 43056 元，其中，城镇居民人均可支配收入 53329 元；农村居民人均可支配收入 20432 元。泰安市和济南市居民人均可支配收入超 3 万元，强大的休闲支出能力意味着拥有巨大的潜在消费群体。

第二节　规划思路与项目定位

一、规划思路

总体的规划思路为营造环境、提升观光、增加游乐、完善配套、产业复合。第一步，营造环境，通过种树形成旅游发展的良好生态环境；第二步，提升观光，形成植物花海等景观，增强观光功能；第三步，增加游乐，增加家庭亲子项目，增加游乐功能，增强参与性、互动性和体验性；第四步，完善配套，配套餐饮、住宿、购物项目，承载综合服务功能；第五步，产业复合，泛旅游产业聚集，实现消费聚集。

二、总体定位

山东省著名的乡村旅游亲子娱乐微目的地。在乡村振兴战略指导下，依托项目地等优越的基底条件，针对泰安、济南亲子微度假市场，构建以家庭亲子体验、休闲微度假、科普研学等功能于一体的亲子娱乐微目的地，最终形成旅游引导下的乡村振兴融合示范区、实践区。

三、形象定位

徂汶景区有个乡村童乐园——化马湾乡村童乐园欢迎您！
悠游童乐园　欢乐慢时光。

四、功能定位

核心功能：观光休闲、乡土休闲娱乐、农耕文化体验、科普研学。
重点功能：拓展运动、田园游乐、美食体验。

五、市场定位

立足中短距离的近郊游客群，如济南、泰安、淄博、聊城等地游客，拓展山东省其他区域和来泰安的国际分流客群。

基础客源市场：项目地的一级客源市场主要定位于济南市、泰安市、淄博市、济宁市、聊城及周边2小时城市圈。

核心客源市场：项目地的二级客源市场主要定位于山东省其他区域。

拓展客源市场：项目地的三级客源市场主要定位于国内其他省份及来泰安的国际分流游客。

第三节　产品体系与项目规划

一、产品体系

旅游产品要考虑资源禀赋、市场需求、投资收益等多种因素，开发具有观赏性、休闲性、参与性、体验性的旅游产品，建设集研学科普、观光、休闲、娱乐于一体的综合休闲旅游地，形成具有竞争力的旅游产品体系（见表6-1）。

表6-1　旅游项目体系

淘河区域重点项目	淘河东岸区域重点项目	淘河西岸区域重点项目
1. 淘河滨水乐园 2. 淘河垂钓园 3. 网红吊桥 4. 淘河缆桥	1. 综合服务中心 2. 五彩隧道 3. 乡村儿童拓展乐园 4. 儿童游乐园 5. 五谷八卦迷宫 6. 温室观光采摘园 7. 百果观光采摘园 8. 百花观赏园 9. 创意水稻园 10. 乡村动物园 11. 市民农园 12. 中医百草园 13. 农事体验园 14. 农具体验园 15. 水车体验园 16. 帐篷露营地 17. 星海银河夜游道 18. 夜间幻影森林	1. 荷塘月色 2. 鱼乐园 3. 沙滩乐园 4. 水上拓展园 5. 树上猩猩 6. CS拓展 7. 户外烧烤 8. 乡村民宿

二、项目布局

根据场地现状、交通条件、资源禀赋、市场需求，形成了规划布局和空间落位（见图6-3）。

图6-3　项目布局规划

三、项目规划

（一）淘河区域

1.淘河滨水乐园

利用淘河面积较大的水面开展滨水游乐项目；寻找游船设备商合作开发淘河滨水乐园。

2.淘河垂钓园

为满足不同游客的需求，设休闲垂钓区、竞技垂钓区等不同的垂钓区域。竞技垂钓区可举行各类垂钓竞赛，提升知名度（见表6-2）。

表6-2　淘河垂钓园规划思路及内容

活动场地	淘河垂钓园
规划思路	以鱼会友、以友增技，通过赛事等渠道，为受众群体提供一种生活方式，在赛事中体现与垂钓结合的各种先进技术，宣传尖端技术
活动内容	赛程为90分钟，对获胜者给予奖励，并设置渔技切磋等活动

3. 网红吊桥

淘河两岸打造泰安的网红吊桥，贯通淘河东西两岸，也是游客打卡的必备网红点。

4. 淘河缆桥

针对年轻人的收费体验项目——淘河缆桥，也是游客打卡的必备网红点。

（二）淘河东岸区域

1. 综合服务中心

入口处主要有游客中心、广场、生态停车场、星级厕所，形成综合服务接待中心，承担功能为游客集散、票务、咨询、车辆停放、购物餐饮、投诉管理等。

同时设置特色商品售卖点等，以满足游客的旅游购物需求。出售和免费发放有关宣传材料等，配套小型休息室，用于游客短暂的休息和旅游团体的接待洽谈。

2. 五彩隧道

主要道路和支路架设廊架结构，搭建跨度 4 米、高度 3 米的弧状隧道，装饰藤类花卉，如凌霄、紫藤、蔷薇，游客穿过鲜花垂坠的隧道，产生梦幻感觉。

3. 乡村儿童拓展乐园

空地种植高大的乡土树种，形成树林，林中设置相应的儿童拓展游乐项目，因陋就简，提供乡村味道十足的游乐项目，以及本地农村中曾经盛行过的各种娱乐活动，让儿童体验父母曾经玩耍过的传统娱乐项目，让父母找回儿时欢乐的美好童年记忆。播放经典歌曲，如《小燕子》《让我们荡起双桨》《读书郎》《春天在哪里》《采蘑菇的小姑娘》等。

场地内草坪绿化选用耐踩踏的乡土草种，为儿童提供舒适的活动场地，主要培养孩子的社会交往、沟通协调能力，达到寓教于乐的目的。有些传统游戏成年人也可以参加，能使人回忆起过去的时光，并对传统游戏传承发展起到宣传作用。

设置跷跷板、旋空转移、秋千、滚筒、沙堆游戏、转椅、滑梯、钻网、障碍长廊、走钢丝、走晃桥、臂力通道、高架攀绳、荡麻绳等，所有的项目设备以木质为主，尽量避免采用钢设备。

4. 儿童游乐园

儿童游乐园包括摇摇车、套圈、打靶、抓奖、卡丁车等消费项目。面向儿童和家庭市场，打造草地卡丁车乐园。草地在夜间还可以作为露天电影的播放场所，也可以举办亲子运动等。

5.五谷八卦迷宫

打造五谷八卦迷宫，将向日葵与高粱等按照八卦迷宫的方式进行种植，一方面可以增加儿童对五谷知识的了解，同时通过走迷宫体验农业项目乐趣。

在植物种植方面，适当种植果蔬类植物，并通过景观化的打造手法，使其与迷宫景观融为一体，让游客在走迷宫的同时也可体验时蔬采摘。实现探险与采摘的双重乐趣。可以设置通关、寻宝等项目，以增强孩子参与的兴趣。

6.温室观光采摘园

利用十个大棚开展温室观光采摘，种植草莓、葡萄、西红柿、萝卜等，供游客观光和家庭亲子采摘。

7.百果观光采摘园

种植桃树、苹果树、梨树、杏树、樱桃树、石榴树，形成春天观花、秋天采摘。

8.百花观赏园

种植薰衣草、油菜花、菊花、郁金香、樱花、海棠等，形成百花观赏区。百花观赏园可以赏花，还可以拍婚纱照。

9.创意水稻园

第一，做好休闲农业及创意水稻，形成核心吸引力。

第二，针对都市家庭人群进行认养，让家庭客群参与水稻的种植和收割，增加家庭的参与感和互动感，增加游客的黏性。

第三，种植水稻，将水稻培育成有机无公害的品牌，形成高端的礼品，增加产品的附加值。

第四，在水稻田中养鱼，让游客进行参与，形成有机循环农业。水稻中放入萤火虫，夏季傍晚每个家庭发放一个手电筒，方便儿童捕捉萤火虫，增加趣味性。

第五，依托水稻开展水稻的认养、科普、体验等相关农业研学活动，成为泰安市农业的科普研学基地，吸引青少年进行体验和实践。

第六，打造七彩稻田广告——通过招商，吸引企业投资，扩大企业的知名度，以企业 Logo 为原型种植稻田大地景观，对外出租稻田艺术广告位。采用七彩稻田种植技术，经过彩稻选育、图案设计、秧苗栽植、田间管理等环节，形成精美的稻田广告。同时，在最佳观景点设置木质观景平台，以俯视七彩稻田广告。

10. 乡村动物园

面向家庭亲子市场，建设乡村动物园，饲养兔子、小牛、小羊、小鹅、小鸡、小鸭、荷兰猪和羊驼等，观赏之余，提供动物喂养功能。游客可以通过喂养、拍照、做游戏等途径增加与动物的互动，进一步加深对小动物的情感。游客在此可以体验田间赶鸭子、赶猪等活动，尽情享受乡野休闲的乐趣。

11. 市民农园

本片区以定制菜地为主，将土地集中管理，分割成片，面向游客进行租种，聘请周边村民作为田间管理人员，加强田地及农作物管理，配套田园托管、代管、果蔬直邮等服务。

市民选择一块由自己支配的土地进行种植，通过手机随时了解农作物的生长情况，实现远程把控。通过"互联网+"发展众筹模式，通过线下代收代销获得盈利。

操作步骤：（1）线上以微信公众号为依托，方便游客随时了解农园近况。（2）线下由当地农户为城市居民提供定制化农产品种植。

12. 中医百草园

以中医药材种植为依托，打造中医百草园，选择三七、板蓝根、金银花等中医药植物，开展科普研学活动。

13. 农事体验园

主要为孩子提供与农事体验有关的教育，为孩子们创造一种真正在乡村生活和学习的经验，也成为一个生动的农耕教育基地，带领孩子们耕种、收割，教会学生们做饭，使学生们深刻体会"谁知盘中餐，粒粒皆辛苦"。

带领孩子体验挖花生、挖红薯、种菜等农事活动，培养孩子的劳动精神，在体验中了解生活、热爱生活。

14. 农具体验园

开展劳动性与趣味性相结合的农事体验活动，通过体验活动学习农事知识，增强游客互动体验，成为农耕体验基地，使游客在此收获农事乐趣。

15. 水车体验园

展示农耕文化，包罗所有水车样式，提供全新互动竞赛体验式水车。

16. 帐篷露营地

规划建造帐篷露营地，选取干燥而平坦的地面，设置帐篷营位，营位分区块集中提供供电设施，配套良好的给排水系统。

17. 星海银河夜游道

打造天上的星光、地下的荧光，在游步道的铺设上，选用夜光石材料，绘制出一道绚丽的星海银河画卷，形成"星海银河"夜游道。

18. 夜间幻影森林

开展夜间旅游，夜晚依托树林，采用灯光效果，打造梦幻的夜间幻影森林，游客可以感受童话般的夜间世界。

（三）淘河西岸区域

1. 荷塘月色

种植荷花，打造集莲藕种植、莲藕采挖、荷花观赏于一体的荷园，夏天呈现荷塘月色的唯美意境，也是举办赏荷节的主要区域。

2. 鱼乐园

在小河、小溪里捉鱼、捉螃蟹是很多人的童年乐趣，以鱼趣为目的，为游客打造一个可以进行亲子陪伴、回味童年的休闲体验空间。

规划多段鱼乐园，同时配套洗手、换湿衣服的场所以及临时厕所、渔具售卖亭等服务设施。

3. 沙滩乐园

规划沙滩乐园，进行亲子游乐。同时采用艺术手法赋予沙滩以生命力和故事情节，构成湖岸亮丽的沙滩景观线，实现沿湖岸休闲聚集区域。

4. 水上拓展园

主要针对儿童和青少年客群，主要设置趣桥乐园（网红荡桥）、水上拓展园、滨水游乐园（水上步行球、水上滚筒、水上跳床）等，同时配套相应的服务设施。

5. 树上猩猩

以项目地丰富的树林资源为依托，以原生树林环境体验为设计理念。在树林中设置各式各样的绳网，由线状、鸟笼状、桶状等形态各异的绳网构成，使小朋友置身于原生态的树林环境中，尽享挑战迷宫带来的乐趣。

6.CS 拓展

针对周边城市的企业会议市场，利用项目地山林环境，充分尊重现有地形和地势，打造备受年轻人追捧的真人 CS 野战基地，通过寓教于乐的方式，让游客在游戏中体验到激情的同时，培养团队精神和合作意识。

7. 户外烧烤

许多公司将年度的烧烤聚会当成促进员工凝聚力的有效途径。在户外区域设置烧烤营地，在周末时分，约上亲朋好友在野外支起烧烤架，体验美好的户外烧烤美食。

8. 乡村民宿

民居改造以风貌整治为主，除清洁能源的利用之外，应加强庭院和景观环境的整治力度，为游客提供良好的接待空间。客房内部采用乡土元素处理，游客居住在此，感受浓浓的乡土气息。

四、树木绿化种植规划

树木植被绿化是项目地的重要工程，也是开展旅游的环境基础，近期重点对淘河东岸区域进行环境美化、植被绿化种植。首先对淘河东岸区域的东部、北部、南部边界进行植被绿化，形成景观围合（见图6-4）。

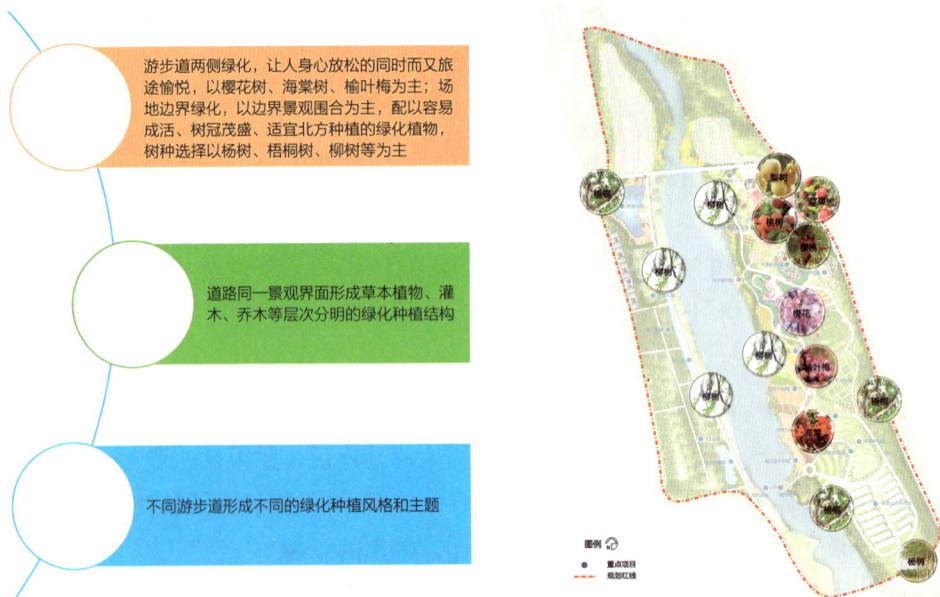

游步道两侧绿化，让人身心放松的同时而又旅途愉悦，以樱花树、海棠树、榆叶梅为主；场地边界绿化，以边界景观围合为主，配以容易成活、树冠茂盛、适宜北方种植的绿化植物，树种选择以杨树、梧桐树、柳树等为主

道路同一景观界面形成草本植物、灌木、乔木等层次分明的绿化种植结构

不同游步道形成不同的绿化种植风格和主题

图6-4　植物种植规划内容及范围

第四节　运营模式与规划分期

一、运营模式

基于本项目的运营模式，为保证旅游产业能够成功打造，必须"全民总动员"，在运营模式上，采取"政府引导＋村委会＋次级开发商＋农民"（G+1+X+Z）的开发模式，走"政府支持、市场运作、农民参与"的科学发展道路。

其中，G 指地方政府；1 指村委会；X 指次级旅游项目商；Z 指广大农民。地方政府的引导主要是政府从行政管理职能与社会公共服务等方面予以支持，包括基础设施建设、城乡统筹建设。村委会是开发运营的操作主体，上承政府意志、下与市场对接，主要负责次级招商引资、运营管理服务等内容。要充分让农民参与到项目旅游的发展中来，重点旅游项目从前期的项目建设到后期的运营，都要优先考虑让当地农民参与，拓宽其就业渠道、切实增加其收入。

二、规划分期

本规划期限为 2022—2030 年，共 9 年。规划分为 3 期：规划近期（2022—2024 年）为项目旅游"培育成长期"；规划中期（2025—2027 年）为项目旅游"整合成熟期"；规划远期（2028—2030 年）为项目旅游"产业壮大期"（见表 6-3）。

（一）近期：2022—2024 年为项目旅游"培育成长期"

加强环境景观营造，种植树木、果木、花海，植入鱼乐园等乡村休闲游乐产品，开展宣传促销，开拓客源市场；完善服务设施，引导项目旅游"起好步、走好路"，取得良好的经济和社会效益。

（二）中期：2025—2027 年为项目旅游"整合成熟期"

优化整合旅游产品，培育重点项目星海银河夜游道、夜间幻影森林；围绕着山东省乡村振兴建设，打造旅游重点项目和产品，提升经济效益。

（三）远期：2028—2030 年为项目旅游"产业壮大期"

推进旅游品牌化、品质化和区域一体化发展，实现项目旅游的协调发展；项目旅游与贾家庄社会主义新农村建设相结合，实现城乡统筹发展。

表6-3 项目开发分期

开发分期	开发区域	开发产品
近期开发 （2022—2024年）	淘河区域	淘河滨水乐园、淘河垂钓园
	淘河东岸区域	综合服务中心、五彩隧道、乡村儿童拓展乐园、儿童游乐园、五谷八卦迷宫、温室观光采摘园、百果观光采摘园、百花观赏园、创意水稻园、乡村动物园、农事体验园、农具体验园、水车体验园
	淘河西岸区域	荷塘月色、鱼乐园、沙滩乐园、水上拓展园、CS拓展、户外烧烤
中远期开发 （2025—2030年）	淘河区域	网红吊桥、淘河缆桥
	淘河东岸区域	市民农园、中医百草园、帐篷露营地、星海银河夜游道、夜间幻影森林
	淘河西岸区域	树上猩猩、乡村民宿

康养型乡村旅游规划实践研究

——《山东省泰安市岱岳区金泉山庄概念性规划》

第一节　综合研判

一、项目概况

金泉山庄生态环境良好，由九鼎山（金泉雨岛）、湖泊（小安门水库）、商务会议中心（已建成）组成，应通盘规划考虑，构建金泉山庄综合旅游休闲度假区（见图7-1）。

图7-1　规划范围

二、区位交通解读

（一）区位解读

金泉雨岛位于泰安市岱岳区祝阳镇，依山傍水，风景秀丽，北依岱岳区第二大水库小安门水库，地处九鼎山上，与已建的商务会议中心一路之隔。

（二）交通解读

金泉雨岛位于泰山脚下，西行 30 公里可至泰安，东行 30 公里可至莱芜大峡谷，北行 35 公里可至雪野水库，位于济南市、泰安市交会处，位置优越，可进入性良好。

三、景区名称定位蕴含休闲养生发展方向

项目地金泉山庄所在的村落名为"金井村"，金井之中出金泉，村落周边有山、有水、有农田、有庄园，构成了一幅唯美山水田园画卷。金代表金子，寓意稀有、珍贵；泉代表水，也蕴含清凉、清爽、清净之意；山代表九鼎山；庄代表庄园，有庄有园，有农业、有园子、有房子。金泉山庄欲通过山、水、农业元素来承载休闲功能，发展休闲养生产业。

四、大环境契合发展定位

（一）山水格局形成仙岛势态承载休闲

山（九鼎山）水（小安门水库）发展格局，有山有水，九鼎山和小安门水库山水互动、相得益彰，这是金泉山庄最大的优势。九鼎山就如同一个仙岛被水环绕，是休闲绝佳之地。

水的知名度优势明显，因此要借水发展。小安门水库作为岱岳区第二大水库，知名度明显比九鼎山高。每年来小安门水库的人络绎不绝，因此项目地需要借水发展。小安门水库水面宽阔，水面资源丰富，水库作为重要的"区域之肺"，呈现给人清凉意境的同时，也可以释放大量负氧离子，对人体健康很有益处。

（二）生态自然环境作为休闲资源承载休闲功能

金泉雨岛掩映在绿树青山之中，宛如世外桃源，自然环境优越，山清水秀，空气清新，绿树成荫，森林覆盖率极高，山林植被良好，为休闲养生度假提供了环境基础。

五、规划范围内支撑休闲养生功能的水元素不足

现状场地条件：自然生态环境良好，森林覆盖率高，项目地植被主要由槐树、山楂、板栗、桑椹、葡萄、蓝莓、磨盘桃、松树、杨树等构成。已建两个有机无公害蔬菜大棚，可供游客采摘新鲜蔬菜。已建有管理用房、熙和苑等（见图7-2）。

项目地处于九鼎山，有农业采摘支撑休闲功能，但水元素支撑不足，金泉山庄中的水是从小安门水库借的，项目地需要从借水向自我补水不断完善，以提升休闲功能。

图7-2 场地现状

六、市场需求角度决定项目地需突出水文章

水一直在人类社会中扮演着重要的角色，水的形式多种多样，包含泉眼、溪流、激浪、瀑布、河湖等。人对于水的依赖和向往充分体现了人与自然的紧密联系。水景具备休闲娱乐功能，也是人们体验自然、接近自然的重要载体。

七、产品角度审视项目地需要突出水文章

场地面积比较小，游览方式单一，需增加更丰富的游览元素，吸引并留住更多的游客，增加游览趣味性。项目地旁边有小安门水库，因此，可依托小安门水水库来借势发展。

水有灌溉功能、避暑功能、养生休闲功能等，同时可以丰富游览元素，增加游览趣味性。同时水具有深厚的文化内涵和哲学思考，通过借水，一方面可以增加场地灵性，另一方面水文化的注入，可提升项目地的文化品位和文化内涵，因此需要重点做好有关水的文章。场地面积、地形地势等限制条件决定了项目地不可能做南方大水面景观，只能通过虽然不见大水面，但处处有水、处处有水文化和水哲学的方式赋予项目地灵性。

八、周边项目解读

金泉山庄周边形成了大云寺、总司庙宗教文化游，抗日烈士陵园红色游，徐家楼古建民宅特色游，黄前水库湖泊旅游的旅游格局（见表7-1）。

表7-1　周边景区分析

旅游区名称	位置	类型	基本概况	特色卖点
总司庙	祝阳村东部	宗教文化	总司庙供奉象征阴间最高权威的"总司大帝"，据说总司大帝主生录死、惩恶扬善，威灵显赫，是权力与正义的化身	山东境内唯此一座总司庙
徐家楼	祝阳镇徐家楼村	古建民宅	近300年历史的清代古楼	保存完整的古建民宅
大云寺	姚庄村南（今姚庄粮站）	宗教朝拜	始建于东汉，扩建于北魏，金、明两代曾重修，清顺治八年（1651年）复修	旧时大云寺为城东四大景点之一
忘忧谷	祝阳镇陡沟村村北	自然风光	林木葱茏，翠柏掩映，众多名贵中草药，清凉的山泉缓缓流淌	以自然山水、奇石为主要风光
中青葡萄酒庄	金泉山庄西南方	葡萄酒庄休闲度假	占地500余亩，集葡萄种植、葡萄酒酿造、休闲旅游于一体的特色中青葡萄酒庄	泰安四大酒庄之一

（续表）

旅游区名称	位置	类型	基本概况	特色卖点
黄前水库	泰山东麓	湖泊观光	位于大汶河支流石汶河上游，流域面积为292平方公里，泰安市重要水源地	岱岳区重要的湖泊观光休闲区
岱岳区革命烈士公墓	祝阳村以北2公里，祝下公路西侧	红色旅游	公墓建于1946年7月。始建时，竖烈士坊一座、石碑两方，有烈士墓348座，占地9000平方米	1988年10月4日，泰安市政府批准祝阳抗日烈士公墓为市烈士纪念重点保护单位

结论：第一，周边旅游景区以观光功能为主，缺少休闲养生度假等综合功能旅游区，差异化功能打造是项目地的突破方向。第二，包装推出强有力的概念，以体验性、创意性旅游项目支撑概念，是项目地核心吸引力打造和破局的关键所在！

九、项目综合研判

（一）项目优势

山（九鼎山）水（小安门水库）发展格局；山（九鼎山）水（小安门水库）组合优势形成的金泉雨岛；和周边的中青葡萄酒庄、千亩茶园、泰和苹果采摘园、樱桃采摘园形成联动发展。

（二）项目劣势

建设用地紧缺，缺少建设用地指标；占地面积260亩，体量相对较小。

（三）项目机遇

未来人们收入增加、闲暇时间增多，将有更多的家庭选择周末近郊旅游，金泉山庄将面临更多的机会。

（四）项目挑战

发展旅游将对作为战略储备水源地的小安门水库造成水体污染。

结论：如何面向家庭周末近郊旅游市场，在避免造成小安门水库水体污染的前提下，依托山水发展格局，通过概念主题赋予、核心支撑项目，形成有竞争力的小而精的特色景区，是项目地面临的重要命题。

第二节　发展定位

一、项目概念名称

金泉雨岛：金代表珍贵，也寓意客群主要面向中高端的小众客群；泉代表水，也寓意清凉、清爽、清净；雨代表烟雨朦胧、雾雨蒙蒙，展示的是一个如醉如梦如画的世外桃源景象，是充满仙气、灵气的唯美画面；岛代表项目地此处山水格局，被水环绕的仙岛给人一种与世无争、远离尘世的世外桃源意境；金泉雨岛是金泉品牌下面的重要组成部分，集合了山、水、岛的优势核心资源，也是未来对外宣的主推概念（见图7-3）。

图7-3　金泉雨岛Logo

二、开发思路

（一）做活水休闲文章，水文化主题统领项目地

人们具有亲水性，通过水文化主题来统领项目地，构建水休闲产品支撑体系。

（二）醉润金泉雨岛，三维、四季、五感、六觉全方位打造金泉雨岛

场地面积、地形地势决定了项目地不能做南方大水面，只能通过润物细无声的方式赋予项目灵性，承载休闲功能。

（三）完善旅游要素配套，形成人气聚集和消费聚集

完善项目地餐饮、住宿、购物、娱乐、交通等旅游要素配套，形成人气聚集和消费聚集，留住游客进而产生消费，实现项目地整体良性运作。

三、定位构想

（一）主题定位：水润

1. 水作为项目地主题的原因

第一，从水的属性来讲，水的三重属性和属性延伸很好地契合了项目地的发展方向。

第二，从文化方面讲，水文化是中华文化母体文化，上善若水、智者乐水等都是具体体现。

第三，从市场需求来讲，"亲水"是人类的基本需求，市场需求庞大。

第四，从项目地来讲，水能灌溉、避暑、释放负氧离子、养生，承载休闲功能，水具有延展性、灵动性和休闲性，可以盘活整个项目地。

第五，从其带动效应来讲，用水作为金泉雨岛主题，可以充分发挥其波动效应，利用水休闲产品带动周边地区发展。

第六，从其环境效应来看，以循环经济作为发展理念，实现水循环，这和美丽中国、生态文明的建设保持高度一致。

2. "以水为魂""以水为脉"构建重要旅游休闲节点

水文化旅游休闲节点如表 7-2 所示。

表7-2　水文化旅游休闲节点

	属性脉络	属性延伸	水主题文化演绎，构建旅游休闲节点
水文化	基础属性脉络	湖面、水塔、水雾、水池、水景、烟雨蒙蒙	滨湖休闲公园、烟雨花园、林泉休闲公园、水之源——水塔提升、水景观、农业采摘园
	延伸属性脉络	灵动、灵性、清新、清爽、清净	九鼎清凉阁、清凉隧道、清凉亭
	升华属性脉络	智者乐水、善心如水、上善若水、水善利万物而不争、无为不争，灵动，净养，慢生活方式	清凉居（管理用房）、若水居（熙和苑）、上善居（度假别墅群）

（二）总体定位

针对中高端客群，依托金泉山庄山水互动发展格局，以良好的生态资源为基底，以金泉雨岛为主题概念，以水为魂，以水为脉，以养生休闲度假为核心，打造无为不争、清新灵动的慢生活方式。

（三）形象定位及诠释

形象定位：水润金泉岛　灵动慢生活。

形象诠释：水润金泉岛——水润代表金泉水犹如随风潜入夜、润物细无声般悄无声息地滋润着金泉岛；金代表珍贵；泉给人清凉、凉爽之感；岛给人一种与世无争、远离尘世的世外桃源之感。因此，水润金泉岛与主题、场地完美契合。

灵动慢生活——水具有灵性，将灵动水元素应用到项目地中，具有强烈休闲意境。慢生活，是现代都市人所向往的一种优质的生活方式。

第三节　规划方案

一、功能分区

（一）金泉山庄总体功能分区

动静分离；动区：商务休闲区；静区：养生度假区（金泉雨岛）。

项目地与旁边商务休闲区形成差异化发展；商务休闲区主要面向大众会议休闲市场，是商务旅游动区；金泉雨岛面向小众养生度假客群，是休闲养生度假静区，动静分区，相得益彰（见图7-4）。

（二）金泉雨岛养生度假区功能分区

包括养生度假核心区、林泉休闲公园，如图7-5所示。

（三）养生度假核心区功能分区

润养心田——养生度假休闲区，润泽万物——采摘体验休闲区，如图7-6所示。

图7-4　旅游功能分区规划

图7-5　养生度假区功能分区规划

图7-6　养生度假核心区功能分区规划

二、产品体系

旅游产品要考虑资源禀赋、市场需求、投资收益等多种因素。开发具有观赏性、休闲性、参与性、体验性的旅游产品，建设集观光、休闲、度假、康养于一体的综合休闲旅游地，形成具有竞争力的旅游产品体系（见表7-3）。

表7-3　金泉山庄旅游产品体系

养生度假区（金泉雨岛）			商务休闲区	休闲度假配套
养生度假核心区		林泉休闲公园	1. 商务会议中心 2. 滨湖休闲公园 3. 烟雨花园 4. 宴会大厅	1. 水系景观提升 2. 道路系统规划 3. 公共设施规划
润养心田—— 养生度假休闲区	润泽万物—— 采摘体验休闲区	1. 清风亭 2. 林下漫步道 3. 观栗园 4. 林间小住 5. 森林氧吧		
1. 水之源——水塔提升 2. 水之阁——九鼎清凉阁 3. 水之廊——清凉隧道 4. 水之亭——清凉亭 5. 水之纯——裸心居 6. 水之善——上善居 7. 水之德——若水居（熙和苑） 8. 水之美——清凉居（管理用房）	1. 润泽园——农业采摘园 2. 润泽园——有机蔬菜种植基地 3. 润泽园——家禽养殖园			

三、项目布局与规划总平面图

根据场地现状、交通条件、资源禀赋、市场需求，形成了规划布局和空间落位（见图7-7、图7-8）。

图7-7 项目布局规划

图7-8 项目规划总平面

第四节　分区规划

一、润养心田——养生度假休闲区

养生度假休闲区平面规划如图 7-9 所示。

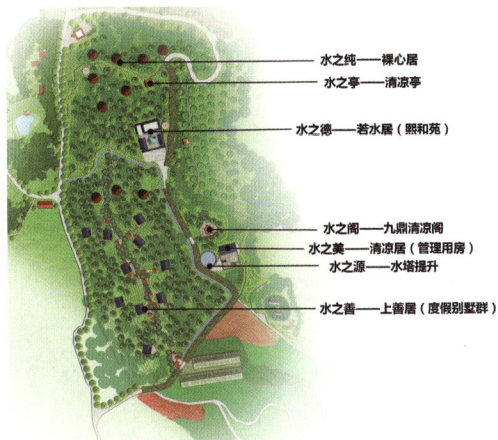

水之纯——裸心居
水之亭——清凉亭

水之德——若水居（熙和苑）

水之阁——九鼎清凉阁
水之美——清凉居（管理用房）
水之源——水塔提升

水之善——上善居（度假别墅群）

图7-9　养生度假休闲区平面规划

（一）水之源——水塔提升

提升思路：第一，赋予水塔文化元素，实现功能提升。将泰山文化通过物化图画形式置于水塔外立面，赋予水塔文化氛围和文化灵魂，承载泰山信仰文化和泰山文化民俗，使水塔功能由原来的供水提升为文化载体，同时也成为一道亮丽的风景。第二，对水塔周边环境进行修整，砂石清理干净，形成良好的景观氛围（见图 7-10）。

图7-10　水塔提升效果图

（二）水之阁——九鼎清凉阁

1. 文化渊源

九鼎鸡鸣山，坐西朝北，东西方向共有九个高低不平的山顶，一字摆开。山不高，却透着灵气。"山不在高有仙则灵"，传说很久以前在山上有一个金鸡仙，每到三更他就在山顶长鸣报晓，声闻数里，一切的妖魔鬼怪、魑魅魍魉听到叫声就落荒而逃，金井及周边各村一片安详。为纪念金鸡仙保一方平安，故建设九鼎阁，游客可在凌晨静静聆听金鸡报晓。

2. 规划思路

第一，依托九鼎山的金鸡仙传说，在九顶山建设一阁——九鼎清凉阁，形成制高点。打造成为项目地的一个"眼"，将周边元素进行整合。

第二，以防雷的名义修建九鼎清凉阁，清凉阁名称与场地和主题相契合，取清净、清凉之意。清凉阁采用重檐十字脊式楼阁形式，共3层，每层6米，投资200万元。

第三，之所以设计为三层，是因为此阁所在位置是金泉山庄最高点，打造地标性建筑，与西南方的中青葡萄酒庄遥相呼应，形成对景。主要是让游客休闲之余能远眺观景，二层容易被周围的植被遮挡，过高会造成成本浪费。三层符合中国传统以奇数建设较高建筑的思想，从体量上三层较为适宜。

第四，九鼎清凉阁承载观光、餐饮休闲功能，登塔远眺，西面泰山、南面徂徕山、北面响山、东面东祝山、西北小安门水库等美好景观尽收眼底，感受"会当凌阁顶、一览众山小"的壮丽景观。一、二层设置参茶论道、餐饮休闲场所，供游客休闲休憩，将九鼎阁打造成为功能复合载体（见图7-11）。

3. 建设模式

第一，独自建设、自主运营。

第二，招商引资，对外提供场地和规划设想，以土地入股与战略合作者联合修建。

（三）水之廊——清凉隧道

金泉山庄未来将吸引大量的休闲养生度假人群及暑度假客群。

主要道路和两条支路架设廊架结构，种植喜潮湿气候的葫芦，待

图7-11 九鼎清凉阁效果图

夏秋季节葫芦藤蔓覆盖廊架结构，形成绿色隧道意境，也解决了夏季暴晒问题。

引入水雾冷却设备雾森系统，夏季释放大量的水雾，实现小区域环境降温，成为人们休闲避暑空间，构建清凉之岛、烟雨之岛。

突出"农"主题，收集大量精致的农具、碾子磨、车辕等能体现乡村民俗文化的物品摆放道路两边，再现乡村记忆和乡愁记忆。

（四）水之亭——清凉亭

根据休闲度假游客活动行为规律在人流聚集区域设置木质休闲亭，取名"清凉亭"。清凉亭由四柱构成，亭内有可供游客休憩的木椅，形成遮阳遮雨的休憩空间，也解决夏天暴晒问题。

（五）水之善——上善居（度假别墅群）

金泉山庄未来将吸引较多的休闲养生度假客群，现有的接待设施不足以满足需求，因此需要增加接待住宿设施来承载住宿功能，留住游客，扩大消费。

根据地形地势，避开高压线，充分考虑景观视线、风水朝向、采光条件以及施工难易、给水排水等因素，学习安缦法云和裸心谷的经验进行环境打造，规划上善居度假别墅群，为休闲养生度假游客提供住宿服务，提升金泉山庄接待能力。

第一，完善公共配套，完善路网结构，形成合理科学的路网支撑结构，度假别墅路网禁止机动车行驶，宽度不超过2米。施工期间开辟一条土路供施工之用，施工建成后采用鹅卵石乡野小路路网形式。

第二，注重环境氛围打造，丰富现有景观种植结构，增加绿竹、石榴等景观树种，形成多样化的林相景观和植物配置。

第三，注重水环境营造，完善水网结构，利用高差，引入叠水景观，形成水绕屋舍。引入水雾冷却设备，夏季释放大量水雾，实现小区域环境降温，营造度假避暑氛围。

第四，配套休闲亭、休闲椅，完善休闲功能，为度假游客提供休闲氛围和休闲配套设施。

第五，注重文化注入，每栋别墅注入不同的文化主题，如茶道、儒道、禅道、医道等文化，带给游客不同的文化感受和文化氛围，构建回归、静养慢生活方式。

（六）水之纯——裸心居（度假别墅群）

借鉴莫干山裸心谷经验，采用钢架结构，依托树林形成丛林木屋打造林居生活，形成"林居生活、度假天堂"的意境。以私人管家为特色服务模式，整体凸显低调、私密，彰显尊贵品质！

（七）水之德——若水居（熙和苑）

第一，增加绿竹、石榴等禅意景观植物，增加休闲禅境。

第二，架设廊架，增加葡萄与紫藤种植，形成夏季遮阳效果。

第三，做足水文章，增加喷泉水景观，引入水雾冷却设备，夏季释放大量水雾，实现小区域环境降温，营造休闲避暑空间。

第四，配套休闲亭、休闲椅，完善休闲配套。充分利用房顶平台，搭建太阳伞等休憩平台，游客可在此观赏区域美景，又可喝茶论道，"得半日之闲，抵十年尘梦"。

第五，注重文化注入，改"熙和苑"名字为"若水居"，取"上善若水"之意。通过道家养生文化的注入，构建清净无为、与世无争的闲暇慢生活方式。

第六，打造"金泉农礼"品牌，面向休闲养生度假客群，依托金泉雨岛板栗、核桃等，打造有机无公害绿色"金泉农礼"品牌，作为孝敬老人、馈送亲朋好友的佳品，满足游客购物需求。

第七，春季、夏季、秋季定时人工降雨，每小时降雨一次，一次5分钟，形成一道亮丽的彩虹景观。

（八）水之美——清凉居（管理用房）

项目位置：现有管理用房。

提升改造方案：第一，增加植物景观配置，种植绿竹、石榴等富有禅意的景观植物，增加休闲禅境。第二，营造绿色清凉意境，架设廊架，增加葡萄与紫藤种植，形成夏季遮阳效果。第三，环境降温，营造避暑氛围；做足水文章，增加喷泉水景观，结合绿藤廊架引入水雾冷却设备，夏季释放大量水雾实现降温，打造局部小气候，营造休闲避暑空间。第四，依据游客休闲活动空间，配套休闲亭、休闲椅，完善休闲配套。第五，注重文化注入，取名为"清凉居"，寓意清凉之意。第六，主要面向养生养老客群，采用"养未老"核心理念，打造养生养老新居，构建养生养老慢生活方式。第七，以养生汤为主题，推出特色营养食疗养生汤品。第八，收集泰山奇石、药石，成为泰山奇石和药石的聚集地，以展为主，从而小中见大，体现石敢文化和泰山文化一脉相承。

二、润泽万物——采摘体验休闲区

采摘体验休闲区平面规划图如图 7-12 所示。

图7-12 采摘体验休闲区平面规划

（一）润泽园——农业采摘园

在原有水果种植和板栗等果林种植基础上，扩大蓝莓种植，同时新增家庭亲子喜爱的草莓、樱桃、核桃采摘以及挖红薯等活动，种植向日葵和油菜花，形成春季赏花、夏秋采摘的休闲乐园。

（二）润泽园——有机蔬菜种植基地

依托现有的蔬菜大棚，打造有机蔬菜种植基地。蔬菜采用天然肥料，禁打农药，保证有机无公害，金泉山庄蔬菜供应全部来自有机蔬菜种植基地，保障餐饮安全。

针对来此度假的客群，为其提供厨房以及免费的新鲜蔬菜，让游客吃得放心、玩得舒心、住得安心。游客可自己动手采摘新鲜蔬菜制作菜肴，天然有机健康食品也为健康养生提供了物质基础。

（三）润泽园——家禽养殖园

在原有家禽养殖基础上，增加家禽养殖数量和品种，家禽采用散养形式，饲料使用玉米等粮食作物，确保食品质量和安全。

　　针对儿童及亲子市场，利用现有养殖场为基础，增加动物喂养区，儿童可进行喂鸡、喂鸭等体验活动，增加亲子娱乐性。

三、林泉休闲公园

　　林泉休闲公园平面规划如图 7-13 所示。

图7-13　林泉休闲公园平面规划

（一）清风亭

　　林泉休闲公园内规划一处木质休闲亭，取名"清风亭"，游客在此可停留休憩，又可感受凉风习习。

　　清风亭是由四柱构成的景观亭，亭内有可供游客休憩的木椅，形成遮雨休憩空间，也可解决夏天暴晒问题。

（二）林下漫步道

在主干路基础上，完善游步道体系结构，形成完善的步行游憩网络空间。林下漫步道宽度 1.2~1.5 米，采用鹅卵石类型的自然游步道，避免水泥路类型的城市化道路。

（三）观栗园

林泉休闲公园内有大量板栗树，规划观栗园，游客可观赏板栗的开花、成熟、破壳而出的过程，感受板栗从刺球中破壳而出的奇特生命历程。

（四）林间小住

抛开繁华都市，在清新自然中寻找一次与大自然的完美结合。借鉴莫干山裸心谷形式，设置钢结构度假别墅，体验与大自然的亲密接触。

（五）森林氧吧

以对人体健康极为有益的森林负氧离子和植物精气为基础，与各类简约、朴素的游憩设施相组合，规划设置森林氧吧。

四、商务休闲区

商务休闲区平面规划如图 7-14 所示。

图7-14　商务休闲区平面规划

（一）商务会议中心

现有商务会议中心有 20 个房间，可供 40 人住宿，最多能容纳 200 人同时就餐。商务会议中心区域进行提升改造思路：第一，自驾车已成为大趋势，新建停车场，增加停车位，完善停车配套。第二，增加水景观和花园配套，为会议休闲客群提供休闲空间和休闲氛围。第三，完善会议设施，满足会议客群需求。配备齐全会议设施设备，为举办会议提供便利条件和一站式服务。第四，配备完善的健身娱乐设备、棋牌室、乒乓球馆、台球馆等，完善客群休闲娱乐配套服务。第五，挖掘本地特色名吃，形成特色餐饮系列，为会议游客提供特色餐饮服务，承接宴会和宴请等。第六，在商务会议中心顶部平台的西北角和东北角各放置一处休闲木亭，游客在亭内喝茶论道，将近处的小安门水库湖光一色、远处的群峰竞秀的山湖相依秀丽景象尽收眼底。第七，针对庞大的婚宴市场，金泉山庄商务中心西部规划婚宴大厅，承接婚宴，提升金泉山庄整体的接待能力。第八，商务会议中心与外围的数间养蚕屋舍进行互动，游客可以近距离观看蚕宝宝吃蚕吐丝的奇特生命历程。

（二）滨湖休闲公园

（1）帐篷露营地。依托小安门水库良好的生态环境，以低碳、生态、健康、环保为理念，配套多样化的活动设施、休憩平台等，完善服务设施，打造露营地聚集营地，满足游客休憩、露营需求。

（2）滨湖休闲亭。将原来的小安门水库旁边的三个亭子分别赋予"湖光亭""清风亭""风雨亭"的名称，三个亭子是人们休憩的场所，也是眺望远方、感受山水相依的壮观景象的地方。

（3）滨湖游船。充分利用小安门水库的宽阔水面，配备滨湖游船，让游客充分享受滨湖的休闲时光。

（三）烟雨花园

依托良好的生态环境，立足现状地形地貌，因地制宜打造烟雨花园，形成良好的休闲空间，配套商务会议中心，提升地块的价值。

从以下方面进行打造：第一，生态环境打造，进行林相改造，种植绿竹等植物，形成禅意休闲氛围。第二，完善相关配套，配套休闲游步道、休憩亭、休息椅等休憩设施，提升烟雨花园的配套价值。第三，注重水系注入，增加灵性，形成烟雨朦胧等景象。第四，花园打造尽量减少人工化痕迹，避免城市化打造方式，从而保持乡野、自然的花园休闲意境。

（四）宴会大厅

主要用于接待婚宴、各种宴会庆典和团体会议宾客，应根据不同的主题设计和布置成不同的风格，总体上应体现隆重的氛围。

五、休闲度假配套

（一）道路系统规划

目前金泉雨岛主干道路为 3.75~4 米，主干道系统沿用原来宽度，道路采用单向行驶。为提升金泉雨岛品位，参照裸心谷经验，金泉雨岛只允许电瓶车和步行两种通行方式，不允许机动车行驶，机动车在金泉雨岛外停车，从而避免金泉雨岛交通拥堵。必要路段设置交通标志，提醒行人与电瓶车注意。

1. 规划电瓶车道路系统

为满足山庄游客游览需求，设置电瓶车游览，既是旅游区重要的交通组织方式，又是重要的交通游览方式，利用电瓶车将项目地和商务会议中心进行交通连接（见图 7-15）。

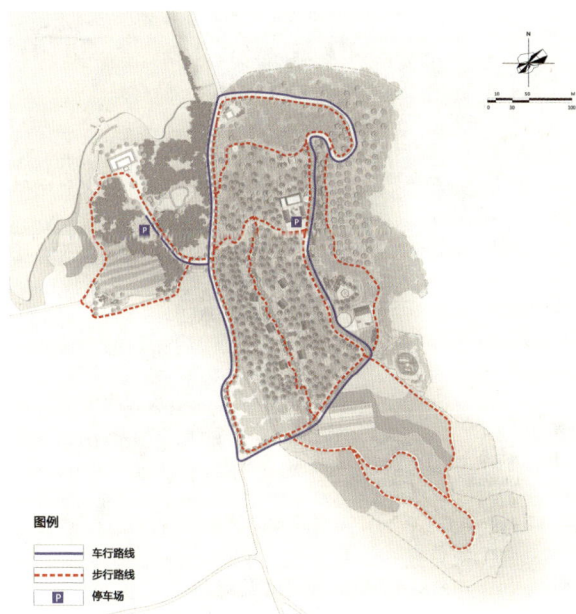

图7-15 道路系统规划

2. 规划两处停车场

规划项目地和商务会议中心 2 处停车场，其中商务会议中心处为新建停车场，满足客群停车需求。

3. 规划步行道路系统

步行道系统包含两个层面：第一层面，沿用原有主干道的步行道路；第二层面，项目地内部规划生态游步道系统，尽量使用卵石等生态材料，进行防滑处理。

（二）公共设施规划

1. 环卫设施规划

为保持山庄良好的卫生环境，应集中收集和处理休闲养生度假客群产生的垃圾，合理规划垃圾箱的位置和数量：商务会议中心规划 3 处，养生度假核心区规划 4 处，采摘体验休闲区规划 3 处，林泉休闲公园规划 1 处。垃圾箱材质尽量使用钢木、钢铁框架，外面再加木条进行装饰。同时规划商务会议中心、清凉居、若水居共 3 处公共厕所（见图 7-16）。

图7-16　环卫设施规划

垃圾箱给出两个方案设计：方案一以传统农具风车为原型，打造一个极具个性的垃圾箱，高 1.2 米，宽 1.1 米，材质使用钢木结构；方案二以果树年轮造型打造，高 0.7 米，宽 0.4 米，材质使用钢筋混凝土，外表使用仿木油漆铺面。

2. 标识导视系统规划

为给休闲养生度假客群提供便利，形成强识别性的标识系统，规划金泉雨岛标识导视系统（见图7-17）。

图7-17　标识导视系统规划

本规划将导视系统分为四种类型：全景导览图、介绍导览图、位置指示牌和文明提醒牌。规划一处全景导览图（见图7-18），在交通岔路口规划多处位置指示牌，在重要的景点规划多处介绍导览图，采摘体验休闲区规划多处文明解说牌。

图7-18　全景导览图

标识导视系统整体材质选用当地木材，表面做防腐、防紫外线处理，有文字和 Logo 丝印处使用不锈钢连接，部分表面也可使用 PVC 板；色彩多使用暗红色和灰色调，标识文字使用中文、英文和韩文三种语言。

3. 服务设施规划

为更好地服务休闲养生度假客群，完善餐饮、住宿、娱乐、购物、交通、医务等功能，规划餐饮设施 3 处、游客中心 1 处、购物设施 3 处、游览车换乘点 3 处、住宿设施 4 处、医务设施 1 处、休闲体验 3 处、休息设施 9 处、停车场 2 处（见图 7-19）。

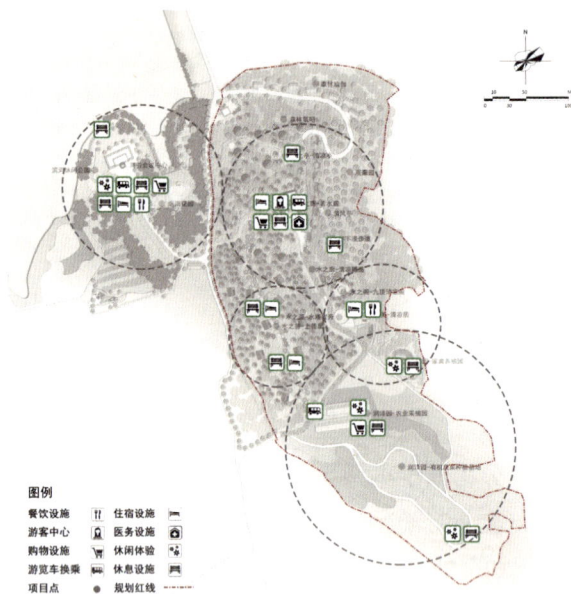

图7-19　服务设施规划

（三）水系景观提升

提升思路：第一，丰富完善现有水渠网络体系结构，达到水到渠成效果。第二，通过水塔注入，形成流水景观，水流串联和润泽金泉雨岛，增加金泉雨岛灵性和休闲性。第三，根据地势高差形成小叠瀑景观，增加水景观观赏性，形成水流禅意。第四，依托清凉隧道解决夏季暴晒问题，通过设置儿童亲水设施，增加小水渠的亲水性和休闲性，让儿童产生黏性。

第五节 规划分期

综合考虑金泉雨岛开发建设成本及运营周期、项目地现实情况，同时根据地块面积、功能分区等因素，本规划建议金泉雨岛分三期开发（见表7-4）。

近期开发（2017—2020年）：打造绿化休闲环境，完善休闲服务配套。主干道和次干道进行景观绿化，形成绿树成荫的生态旅游环境；规划设置垃圾箱、休闲亭、休闲步道、烟雨花园、滨湖休闲公园、林泉休闲公园、休闲椅、金泉农礼、水景观、标识导视系统，形成完善的休闲服务设施。

中期开发（2021—2025年）：规划采摘体验休闲，提升现有存量资源，形成休闲度假旅游小气候。规划农业采摘园、宴会大厅、有机蔬菜种植基地，提升熙和苑、商务会议中心、管理用房、水塔，形成休闲度假旅游氛围。

远期开发（2026—2030年）：形成一定旅游基础客群，建设度假别墅群、九鼎清凉阁，实现品质提升。

表7-4 项目开发分期

开发分期	开发内容	具体开发内容（产品）
近期开发（2017—2020年）	旅游环境打造	主干道和次干道进行景观绿化，形成绿树成荫的生态旅游环境
	完善休闲服务设施	规划设置垃圾箱、休闲亭、休闲步道、烟雨花园、滨湖休闲公园、林泉休闲公园、休闲椅、金泉农礼、水景观、标识导视系统，形成完善的休闲服务设施
中期开发（2021—2025年）	规划采摘体验休闲，提升现有存量资源，形成休闲度假旅游小气候	规划农业采摘园、宴会大厅、有机蔬菜种植基地，提升熙和苑、商务会议中心、管理用房、水塔，形成休闲度假旅游氛围
远期开发（2026—2030年）	形成一定旅游基础客群，建设度假别墅群、九鼎清凉阁，实现品质提升	度假别墅群、九鼎清凉阁

度假型乡村旅游规划实践研究

——《山东省胶州市凤凰岭乡村旅游度假区概念性规划》

第一节　综合研判

一、项目概况介绍

项目地北临青年湖，东靠温州路，南接胶州路，西接池子涯河。规划面积约1500亩，综合考虑范围约1800亩，其中核心区面积约1000亩（规划范围内500亩，规划范围外500亩），如图8-1所示。

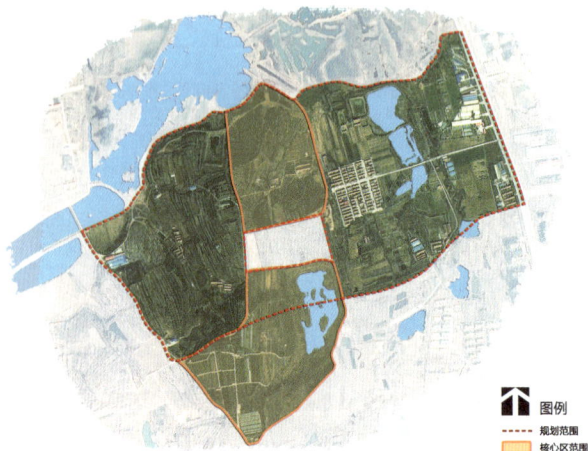

图8-1　规划范围

二、区位交通解读

（一）区位解读

凤凰岭乡村旅游度假区位于青岛胶州凤凰岭，距胶州中心城区 5 公里，距青岛市区 40 公里，距青岛国际机场 10 公里，距济青高铁站 10 公里，距青岛胶州湾跨海大桥连接口 5 公里。

胶州市与青岛主城区的行车距离 20 公里，2020 年胶州湾大桥的贯通有效串联起了青岛、黄岛、红岛和胶州，胶州与青岛市区未来属于同城发展。

（二）交通解读

红岛高铁枢纽站：作为山东半岛综合交通枢纽，依托济青高铁、青连铁路，将形成济青 1 小时可达、省内"2 小时"通达的交通圈，实现 1 小时到达连云港，3 小时通达北京、上海的大交通网络体系；作为未来的旅游集散中心，近期可集散 3000 万人次，远期可集散 4500 万人次。

胶东国际机场：4F 机场未来将是整个山东半岛地区连接世界的门户，年旅客吞吐量 5500 万人次，可起降空客 A380、波音 748 等大机型。

此外，以胶东国际机场为核心点，济青高铁、青连铁路、济青高速、机场高速、地铁 8 号线，以及动工启动的跨海大桥胶州连接段，已经纷纷开工建设。

2023 年胶州将结成蛛网式立体交通，胶州将成为青岛乃至整个半岛地区新口岸，便捷的立体旅游交通使得游客可进入性大幅提升（见图 8-2）。

图8-2　交通区位分析

三、历史文化解读

胶州历史悠久、文化灿烂，至今仍保留新石器时代集大汶口文化、龙山文化于一体的三里河文化遗址。

境内曾是春秋莒国、介国封地，唐朝设立板桥镇，北宋时期海运贸易繁荣，特设市舶司、胶西榷场，是长江以北唯一的对外通商口岸，"海上丝绸之路"的重要节点，素有"金胶州"之美誉。

胶州历史底蕴深厚，被授予中国民间文化艺术之乡、中国秧歌之乡、中国剪纸之乡。民间艺术源远流长，胶州秧歌和胶州茂腔同时入选国家第一批非物质文化遗产，剪纸、八角鼓入选山东省非物质文化遗产保护名录，成为中国秧歌节永久举办地。文化名人众多，以"扬州八怪"之一高凤翰为代表的历史名人就有100多位。

四、场地资源解读

生态环境良好，地处山岭之上，邻近青年湖。山水相依，山水互动。凤凰岭自然环境优越，山清水秀，空气清新，绿树成荫，森林覆盖率极高，宛如世外桃源，为休闲度假提供了环境基础。

湖水五光十色，丘陵起伏青黛环绕，绿浪蜿蜒，村舍农田点缀，一幅意境悠远的田园山水风景画浑然天成。传承百年的农耕乡愁记忆——胶东乡村缩影，丰富多样的地方民俗独具韵味的胶东乡村生活。

项目地范围涉及小景要村，特色民俗文化底蕴深厚，形成了其独具胶东地域特色的乡土文化。据实地考察，项目地田园精致优美、民风淳朴，至今仍保留着胶东传统乡村的生活氛围和特色民俗，承载着丰富而独特的乡愁记忆，这些将是本项目的重要文化依托和核心亮点支撑。

图8-3 场地现状

依托项目地的乡村基底，围绕乡愁记忆打造项目的核心吸引力，将是本项目的重要突破方向（见图8-3）。

五、周边项目解读

凤凰岭乡村旅游度假区周边形成了众多的采摘园、休闲庄园、旅游景点、农业示范点的旅游发展格局（见表 8-1、图 8-4）。

表8-1　凤凰岭乡村旅游度假区周边景区分析

景区名称	类型	基本概况	特色卖点
少海湿地公园	风景区	总面积 16 平方公里，其中水域面积 6.28 平方公里。国家 4A 级旅游景区，主要景点有湿地公园、爱琴海欧洲风情街、体育公园、观鸟厅、慈云寺等	景区以"两湖、一带、三岛、多片区"作为主体框架，再现"千年古埠、北国江南"的城市风采
艾山风景区		坐落在胶州市洋河镇内，控制面积约为 14 平方公里，由艾山、东石、西石、山洲水库四个景区组成	国家 3A 级旅游景区，省级地质遗迹自然保护区，省级文明风景区
大沽河生态旅游度假区		总面积 31.8 平方公里，包括大沽河胶州段流域，南北湖水域面积 6.28 平方公里	以正阳路·度假区段"客乐谷"为产业轴心，有序布局康体养生、游乐文化、高端商务、休闲度假、生态观光五大功能板块
罗莎小公主幸福源薰衣草花田		位于胶州市西南部三里河卜落林村，占地 300 余亩	七彩花田是景区的象征性景点。花田种植春、夏、秋三季花，并有向日葵、薰衣草等多种花卉，犹如七色彩虹，"彩虹花田"由此得名
大店		东邻大沽河，西邻胶莱河，全村共有 712 户，2200 人口	银杏树和寺庙
玉皇庙古村		因村东玉皇大帝庙而得名，该村结合庙宇文化特点，投入 80 万元对 200 户村民房屋进行统一整修	呈现出古胶州建筑风格，形成古朴典雅、生态优美、风格独特的乡村生态旅游特色村貌，已获评国家 3A 级旅游景区
纪家庄特色村	特色村	李哥庄镇政府北侧 3 公里，集农业观光生态旅游、垂钓休闲、学生休假体验、自行车休闲体验、农家小院体验等为一体的自然旅游景点	山东省生态文明村、山东省宜居村庄
冷家庄特色村		位于镇政府北侧 3 公里，大沽河东岸 2 公里，村区域面积 0.9 平方公里，耕地 400 亩，湾塘水面 100 亩，各种大棚种植 50 亩	唯一的大沽河旅游产品——黑陶产业基地，是一处集农业观光生态旅游、垂钓休闲、学生休假体验等综为一体的自然旅游景点
洋河生态游乐小镇		位于胶州市洋河镇，计划至 2020 年，投入资金 22 亿元	培育亲子游乐、养生养老、低空飞行和乡村慢生活等旅游业态，努力打造"青岛生态乐游小镇、通用航空小镇、国际乐活慢城"三大品牌

（续表）

景区名称	类型	基本概况	特色卖点
胶河源农产基地		位于胶州市铺集镇，毗邻澄月湖，占地面积 650 亩	倡导有机食品，乐享健康生活
大屯采摘园		位于胶州市铺集镇大屯村，大棚总数 2 个，占地 50 亩，日接待游客能力 200 人次	冬季大棚草莓采摘，夏季凉地甜瓜、蔬菜采摘
李哥庄锦绣采摘园		坐落在胶州湾北岸、青岛市大沽河旅游区中心地带	以培育生态、有机、富硒产品为目标的集果蔬采摘、休闲观光等于一体的景区
嘉禾园农业采摘园		位于胶州市张应镇龙王庙村，总用地面积 1000 多亩	青岛地区规模最大、品质最好的美国大樱桃采摘园，集休闲、采摘、示范、推广为一体的综合科技园区
青岛树林果蔬专业合作社	采摘园	位于胶州市胶北街道办事处李家河头村，大棚总数 16 个，占地 40 亩，日均每天接待游客 300 人次，高峰接待游客 1100 人次	4 月赏花，6 月摘葡萄，夏季摘杏等水果
日升黄金梨专业合作社		位于胶州市胶北街道办事处王家庄村，大棚总数 40 个，占地 90 亩，日均每天接待游客 600 人次，高峰接待游客 1100 人次	4 月赏花，8 月摘梨，夏季摘杏等水果
可花蔬菜专业合作社		位于胶州市胶北镇泉子崖村，基地面积 200 亩	注册了可花、泉子崖牌商标，配有自动化灌溉设施，基地种植有草莓、大葱、菠菜等无公害蔬菜
九顶莲花山		位于洋河镇东南部，沈海高速王台出口西北 2 公里处，规划面积 1 万亩，包括了采摘园等一系列休闲旅游项目	青岛市休闲农业和乡村旅游示范点，是本市唯一一家以滑雪运动为主题的旅游项目地，开辟了一处 3000 平方米的嬉雪区
金湍湾景区	农业示范点	位于胶州市区东部、大沽河东岸，李哥庄镇的文明模范村、青岛市旅游特色村，被列为胶州市新农村建设示范村	以休闲游乐、河滨度假为主题，规划有入口景观区、观光采摘区、休闲餐饮接待与服务区、垂钓区、游乐休憩区，种植有葡萄，已发展葡萄庄园
远东马术俱乐部		位于青岛胶州市胶东办事处纺织工业园北 500 米，东邻美丽的大沽河，占地 70 亩	拥有欧洲进口纯血马及良种教学马，30 间封闭式马厩和标准训练场地，马场跑道 400 米，并配有全套的马术教材、进口鞍具、马术护具等。在节假日和非培训日将其中的一个马术场区域改造成为以儿童骑马游乐为主的欢乐马驹园

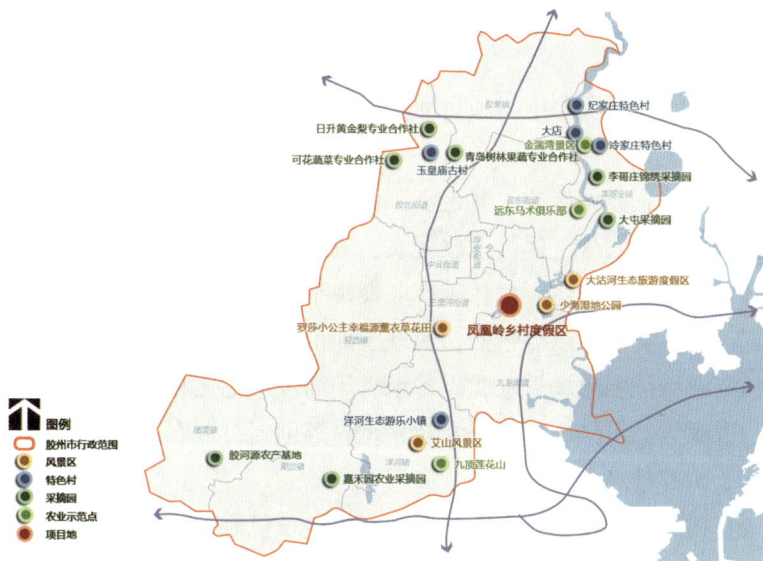

图8-4　周边景区分布

　　立足资源，避免同质化竞争，与周边不同类型景区差异化联动发展。

　　第一，周边项目多以初级的采摘园、特色村、农业示范点为主，参与性、体验性、互动性的项目较少。

　　第二，周边旅游景区以观光功能为主，休闲度假等综合功能旅游区较少，因此差异化功能打造是项目地的突破方向。

　　第三，包装推出强有力的概念，以体验性、创意性旅游项目支撑概念，是项目地核心吸引力打造和破局的关键所在。

第二节　发展定位

一、项目概念名称

　　一幅乡村田园画卷，一缕农耕乡愁记忆。

　　青岛凤凰岭乡村特色旅游度假区集合了山、湖、田、园、村的优势核心资源，形成了一幅世外桃源的画卷，也是未来对外宣的主推概念（见图8-5）。

图8-5　项目Logo

二、发展思路

在周边众多的同质资源中，项目地可通过以下路径放大优势、脱颖而出，打造"36°凤凰农谷"。

路径一：跳出农业做旅游，立足资源做消费。农业是凤凰岭的产业基础，但没有明显比较优势。农旅一体，以旅促农，跳出农业谋发展，以创意的思维、艺术的手法开发新业态，构建乡村休闲产业聚集平台，建设田园休闲度假综合体。

路径二：极点突破，以点带面，实现土地价值增值。与类似项目相比较，分析项目地的资源特征和市场需求，以传承百年的乡愁记忆和农耕文化为主线，依托场地内的资源点，可结合生态、农业、乡村等创新打造农业嘉年华、乡愁体验园、农耕体验园等精品项目。

路径三：构建乡村度假生态圈，培育有机生长机制。根据项目地状况，一产发展特色农产品生产、有机绿色农业、特色果品产销等；三产主要发展乡村民俗、旅游度假、酒店会议、农业创意、田园社区等项目，整体构建"生态·生产·生活"的乡村度假生态圈，引领胶州生态有机度假生活方式。

三、总体品牌：36°凤凰农谷

阳为山，阴为谷。36°代表凤凰岭位于北纬36°，独特的地理位置造就了胶州土地肥沃、风景秀美、植被茂密的生态环境，数字36具有吉祥如意的含义。

一方面，主要从项目地的农业基础出发，另一方面，从整个场地的基地环境出发，包括山（岭），湖、田、园、村等要素所构建的整体山谷生态环境，农谷给人以美好的画面想象空间。

四、定位构想

（一）总体定位

全国知名的休闲农业与乡村度假示范区。以"山（岭）、田、林、湖、村"所整体构建的田园山水环境为基底，以农业休闲为产业支撑，以胶东传承百年的乡愁记忆为文化主线，聚焦胶州、青岛、日照、威海、潍坊等周边客源市场周末两日游为主，农旅一体，以旅促农，跳出农业谋发展，以创意的思维、艺术的手法开发新业态，建设成为以乡居休闲度假、创意农业休闲、美丽乡愁体验、亲子家庭游乐、周末假日休闲为主要功能的田园休闲游乐度假综合体。

（二）形象定位及诠释

形象定位：悠游凤凰岭　慢享 36° 农谷。

形象诠释：在山水、乡村、森林、田园之间时隐时现，相互映衬，俨然一幅美丽的乡村田园山水画卷。胶州的后花园，是久居闹市的城市人得以走近自然、漫步田园的"天然氧吧"和"清凉胜地"，是找寻胶州乡愁记忆和回归田园生活的乡村休闲游乐度假地。

（三）36° 凤凰农谷开发模式

项目地拥有丰富的农业生产资源和优良的休闲游乐度假环境，同时位于胶州城区 20 分钟车程距离之内，应借鉴同类田园度假综合体项目，探索适合自身开发建设及后期发展的"凤凰岭模式"。

"生产·生态·生活"乡村度假生态圈：绿色有机农业 + 创意农业 + 田园度假 + 胶东乡居生活。该模式以农业生产为乡村度假圈良性循环的根本；以绝佳的乡村休闲游乐度假环境为开发的保障；以"乡村旅游 + 度假地产"的方式进行滚动开发。

主要涉及三大产业：农业、旅游和度假。其中，农业生产通过创意农业的植入，提高其附加值，带动土地增值；旅游依托乡村和田园基底，开发田园休闲游乐旅游项目，聚集人气，打造产业平台；度假地产项目一方面通过建筑形式、业态设置等营造浓郁的乡村生活气息，另一方面快速回笼资金。

第三节　规划方案

一、凤凰岭乡村旅游度假区总体功能分区

凤凰岭乡村旅游度假区分为凤凰农创谷、凤凰农乐谷、凤凰乡居谷三大板块；赋予了生活曲、田园诗、乡土情三大主题，最终形成了凤凰农创谷（生活曲）、凤凰农乐谷（田园诗）、凤凰乡居谷（乡土情）三大主题功能分区（见图 8-6）。

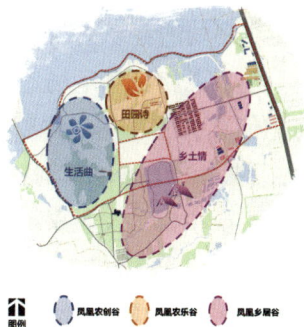

图8-6　旅游功能规划

二、凤凰岭乡村旅游度假区规划项目布局

根据交通条件、场地现状、资源禀赋、市场需求，形成了凤凰岭乡村旅游度假区项目的规划布局和空间落位（见图 8-7）。

图 8-7　项目布局规划

第四节　分区规划

一、凤凰农乐谷

主要功能：乡土游乐、青少年研学、乡愁体验。

规划思路：立足场地的农业基底及乡村环境，以农耕文化体验游乐为核心，强化创意农业和互动体验，通过农业游乐项目、乡村文化体验项目设置，突出"欢乐农谷"的整体基调。

主要项目：农业嘉年华、青少年农业研学基地、凤凰露营基地、乡愁体验园（见图 8-8）。

（一）农业嘉年华

功能定位：农业主题儿童乐园。

图8-8 凤凰农乐谷示意

项目构思：以乡村田园为背景，以亲子游乐为导向，突出创意景观和互动体验，围绕田、花、水、林、果等基底元素，通过农业游乐项目、农事体验项目、乡愁体验项目、特色餐饮购物项目、农业科普项目等的建设，为儿童和亲子家庭打造一个健康、绿色、乡野的全新游乐空间。

运营模式：借鉴类似案例的成功经验，结合本案实际情况，建议该项目采取封闭式管理，单独售票。盈利模式主要是餐饮＋门票＋租赁＋农事体验＋休闲游乐体验。

1.田园游乐场

面向周末的家庭亲子市场，通过田园休闲游乐项目，体验到田园休闲生活方式。感受儿时乡村田园生活的记忆，追寻乡村的印记。

2.儿童非动力乐园

根据儿童成长过程中的发展需求，结合农业元素、民俗文化，打造启智的非动力拓展乐园，让孩子"寓教于乐，寓乐于学，寓游于成长"。

3.动物竞技场

举行各种动物观赏性和参与性活动，如笨猪赛跑、赶牛车比赛、骑毛驴比赛、驯狗等活动。体现参与性与互动性，提高游客积极性，为游客提供一次难得的旅游经历。

（二）青少年农业研学基地

1. 农耕广场

结合二十四节气文化打造，挖掘农耕信仰和神话传说，体验感受农业的传统文明，增加景区的趣味性，同时宣扬传统农耕文化。

2. 农具游乐园

将教育理念融入农具的体验之中，让儿童在游乐体验中了解农具原理，并设置儿童协作比赛的活动项目。

3. 亲子果蔬园

设置农舍易货屋、开心农场、农作物生长科普馆等内容，寓教于乐的同时，为家长及儿童提供一起农作、一起售卖的体验经历，以及收获绿色有机食材的喜悦。

4. 中草药文化科普园

设置百草园、中草药展览、少数民族医药科普和亲子种植体验园，为青少年儿童提供野外中医药植物认知大课堂，学习中药的制作过程，了解传统中医药文化的魅力。

5. 儿童蔬菜园

开展蔬菜认养、蔬菜种植、蔬菜知识科普教育等活动，让儿童认知蔬果的同时，体验在农田种植、选购蔬果的乐趣。

6. 亲子美食工坊

设置亲子美食工坊，展示农作物制作食品（面包、巧克力、糖果、棉花糖等）的过程，家长与孩子可以一起参与食品制作。

（三）凤凰露营基地

项目构思：迎合自驾车旅游市场，利用相对平坦开阔的地势，打造户外露营休闲项目。主要设置三类营地：帐篷营地、木屋营地和集装箱营地；同时配套露营管理区、烧烤区、拓展区等，可作为烧烤派对、露营音乐节、团队素质拓展的活动场地。

建设内容：帐篷营地、木屋营地、集装箱营地、营地管理区、拓展训练基地、真人 CS。

1. 烧烤营地

周末时分，或带上家人，或约上三五好友，在野外支起烧烤架，袅袅青烟，浓浓香气。

2. 真人 CS

面向军事爱好者、都市白领、退伍军人、大学生等人群，通过寓教于乐的方式，让游客在游戏中体验到激情的同时，培养其团队精神和合作意识。

3. 拓展训练基地

企业拓展培训能够提升整个团队的士气，增强员工之间的凝聚力和团体协作精神。家庭拓展活动营由家长和孩子一起共同完成，共同参与的过程中家长与孩子坦诚相处、增进彼此之间的感情。

（四）乡愁体验园

在城市化进程发展越来越快的今天，儿时的农村风情风貌永远留在了许多人的记忆中。乡愁体验园是长辈回忆童年美好时光的地方，是将儿时回忆展现给下一辈的地方，是一处集休闲体验、住宿餐饮、民俗风情于一体的场所。园内以乡村特色民俗体验、农事体验、童年趣味游戏体验、美食体验为主，凸显中国传统的乡村文化。

二、凤凰农创谷

主要功能：农业创意、农耕体验、农业采摘、有机蔬菜种植等。

规划思路：依托优良生态基底，从市场需求出发，植入创意文化，打造集农业创意、休闲采摘、有机蔬菜种植、婚纱摄影等功能于一体的凤凰农业创意谷。

主要项目：艺术田园、创意农业馆、田园童话世界、七"采"乐园、有机蔬菜种植基地、农耕体验园等（见图 8-9）。

图8-9　凤凰农创谷平面规划

（一）艺术田

农业必须有无穷的创意：创意农业将文化艺术活动、农副产品和农耕活动以及市场需求有机结合，构筑多层次的全景产业链，形成互动的产业价值体系，实现农业产业价值的最大化。

（二）创意农业馆

创意农业馆要兼具生产功能与游赏功能，馆内种植要具有景观化、趣味性，主要包括奇异瓜果、农业创意产品。可进行创意农产品展示和销售，同时可举办"创意舞台"活动，吸引游客参与农业创意竞赛活动。

（三）田园童话世界

利用田园的农作物材料，制作田园动漫城，通过童话故事赋予田园农作物材料以生命和形象。

（四）七"采"乐园

开展农业采摘旅游活动，重点建设草莓采摘园、樱桃采摘园、瓜果采摘园，游客可入内采摘瓜果，享受田园乐趣。

（五）农耕体验园

规划一定范围的农地，通过认领形成农耕园，按照节气进行耕种。认领者可从事低强度的劳动，在劳作中体会农耕的乐趣、丰收的喜悦，借以养生。

（六）婚纱摄影基地

依托花海唯美浪漫的环境，打造胶东地区婚纱摄影基地，设置中西方摄影场景，满足不同婚纱摄影者的需求。

（七）有机蔬菜种植基地

打造"有机蔬菜种植基地"，面向休闲养生度假客群，打造有机无公害绿色"凤凰溪农礼"品牌，作为孝敬老人、馈送亲朋好友的佳品，满足游客购物需求。

（八）蝶舞萤飞谷

依托良好的生态环境，打造一个可以欣赏蝶舞萤飞的生态空间。引导孩子认知到保护环境的重要意义并积极加入保护生态环境的行列之中。与当地的农学院合作，每年的5月到8月期间培育蝴蝶与萤火虫，并策划相应的节庆活动，开展如蝴蝶标本制作、蝴蝶艺术品、萤火虫创意商品制作等体验活动。

三、凤凰乡居谷

项目位置：小景要村、四合院区域。

功能定位：民俗体验、休闲度假。

项目构思：依托片区内山林水体的整体生态优势，打造乡居福地。依托胶东民俗风情的代表和缩影小景要村，挖掘胶东民俗这一非遗文化底蕴，通过前店后坊形式打造工坊一条街，成为山东省胶东民俗非遗文化交流平台、展示平台、传承平台、体验平台（见图8-10）。

项目构成：景要民俗村、家庭庄园、凤凰溪湿地公园、帐篷客度假酒店。

图8-10　凤凰乡居谷示意

（一）景要民俗村

以展示胶东民俗非遗文化为特色，重点打造两条街，发展胶东民俗观光休闲、民俗体验等旅游产品，打造胶东半岛知名民俗休闲聚落，成为山东省著名的民俗接待村。

（二）家庭庄园

结合农耕文化打造具有胶东风情田园庄园。庄园内的特色木屋以独栋和联排为主，每栋木屋根据其面积，都配套有8~10亩风情田园。

经营模式：风情庄园实行"产品菜单式""小屋订制式""服务管家式"。配备电子巡更系统、电子导览系统、资源信息系统、监控系统、动态视频管理系统等，全方位、系统性、人性化地为业主服务。

（三）凤凰溪湿地公园

依托场地湿地区域打造一个凤凰溪湿地公园，通过设置滨水栈道、滨湖休闲亭等设施，为游客提供完美的赏水空间和多种滨水休闲活动。

（1）滨水公园漫步道。完善游步道体系，形成完善的步行游憩网络空间，漫步道宽度 1.2~1.5 米，采用鹅卵石类型的自然游步道。

（2）滨湖休闲亭。青年湖水库旁边建设的三个亭子分别赋予"湖光亭""清风亭""风雨亭"的名称，三个亭子是人们休憩的场所，也是眺望远方、感受山水相依的壮观景象的地方。亭是由四柱构成的景观亭，亭内有可供游客休憩的木椅，形成遮雨休憩空间，也可解决夏天暴晒问题。

（四）帐篷客度假酒店

项目位置：水库区域。

功能定位：帐篷酒店、野奢度假。

项目构思：帐篷客酒店定位高端野奢度假酒店，在滨水及林间设有约 10 顶帐篷房，帐篷房以木材和帆布为材料，采用白色色调，与周围景致浑然天成，并充分保证开放的空间和最开阔的风景视野。

酒店内部配备舒适的大床、田园风格的装饰、完善的浴室设备，同时还为客人提供品茶、垂钓、有机餐、山林 SPA 等，使客人尽享高端奢华酒店的舒适和野外露营度假的完美体验。

四、入口服务区

依托道路交通优势，设计大门、游客中心、生态停车场、星级厕所，形成综合接待中心，承担游客咨询、住宿调度和接待、投诉管理等功能。

（一）游客服务中心

在入口区建设游客集散服务中心，功能上满足游客集散、引导、服务、游憩、解说等功能。同时设置特色商品售卖点等，以满足游客的旅游购物需求。

（二）生态停车场

以"绿色生态，环保低碳"为主题，车位间以各种绿色植物、花卉隔离开，营造绿色、生态的环境氛围。近期规划 5000 平方米，中远期规划 20000 平方米的生态停车场。

（三）旅游区大门

在入口区建设入口大门，建筑特色上突出生态主题，承载检票验票功能的同时，成为一道亮丽的风景线。

（四）凤凰古街

凤凰古街是人们了解胶州历史文化、胶东民俗风情的窗口，是胶东民俗风情走向世界的一扇窗户，是胶州历史文化和胶东民俗风情的交流平台、传承平台、展示平台和发展平台。

凤凰古街以传统民间市井文化为线索，以胶东文化作为主要文脉，以传统集市文化模式汇集胶东民俗风情，打造集民俗表演、手工作坊、特色小吃、非物质文化遗产、手工业、民宿客栈等于一体的民俗风情商街。

五、公共服务配套

（一）道路系统规划

为满足未来凤凰岭园区内的交通通行要求，规划凤凰岭主干道路为7米，道路采用双向行驶，规划设置生态停车场（见图8-11），必要路段设置交通标志，提醒行人与电瓶车注意。

图8-11 道路系统规划

1.规划电瓶车道路系统

为满足凤凰岭游客游览需求，设置电瓶车游览，既是旅游区重要的交通组织方式，又是重要的交通游览方式，利用电瓶车将项目地各板块进行交通连接。

2.规划两处停车场

在项目地规划多处分散生态停车场，每个主要板块一个生态停车场，满足客群停车需求。

3.规划步行道路系统

步行道系统包含两个层面：第一层面，沿用原有主干道的步行道路；第二层面，项目地内部规划生态游步道系统，尽量使用卵石等生态材料，并进行防滑处理。

（二）公共设施规划

1.环卫设施规划

为保持凤凰岭良好的卫生环境，应集中收集和处理休闲游乐度假客群产生的垃圾，合理规划垃圾箱的位置：在凤凰农创谷、凤凰农乐谷、凤凰乡居谷三大板块人流集散区域、重要的项目节点区域设置垃圾箱（见图 8-12）。垃圾箱材质尽量使用钢木、钢铁框架，外面再加木条进行装饰。同时规划凤凰农创谷、凤凰农乐谷、凤凰乡居谷三大板块人流集散区域共3处公共厕所。

图8-12 环卫设施规划

2.标识导视系统规划

为增加游乐休闲度假客群便利，形成强识别性的标识系统，规划凤凰岭标识导视系统。

本规划将导视系统分为四种类型：全景导览图、介绍导览图、位置指示牌和文明提醒牌（见图8-13）。

规划两处全景导览图，在交通岔路口规划多处位置指示牌，在重要的景点规划多处介绍导览图，游

图8-13 标识系统规划

客参与采摘体验区域规划多处文明解说牌。标识导视系统整体材质选用当地木材，表面做防腐、防紫外线处理，有文字和 Logo 丝印处使用不锈钢连接，部分表面也可使用 PVC 板；色彩多使用暗红色和灰色调，标识文字使用中文、英文和韩文三种语言。

3. 服务设施规划

为更好地服务游乐休闲度假客

图8-14　服务设施规划

群，完善餐饮、住宿、游乐、购物、交通、医务等功能，规划餐饮设施 3 处、游客中心 1 处、购物场地 3 处、住宿设施 2 处、医务设施 1 处、休闲体验 3 处、休息设施 9 处、停车场 2 处（见图 8-14）。

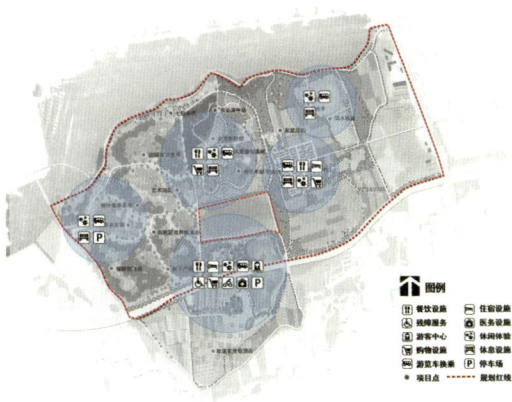

第五节　运营模式与规划分期

一、运营模式

（一）智慧景区建设系统

搭建景区智慧系统，对旅游者行为、凤凰农谷工作人员行动轨迹、凤凰农谷基础设施和服务设施进行全面、及时的感知，对游客、凤凰农谷工作人员实现可视化管理，优化和完善业务流程和智能化运营管理，提高旅游服务质量，实现景区环境、社会和经济的全面、协调和可持续发展。

（二）景区运营管理体系

建立完善的组织架构和管理体系，36°凤凰农谷的管理组织架构由总经理、运营副总、营销副总、财务总监等核心管理领导班子构成，并配合专业的运营管理团队。

（三）景区运营盈利模式

——打造旅游目的地，包含旅游 6 大业态：食、住、行、游、购、娱，形成完整产业链，拓宽产业链的宽度，延伸产业链的深度，打造特色的全产业链可持续盈利模式。

——区内的产业价值链核心为：休闲娱乐旅游项目、观光旅游项目、养生度假项目。

——价值链的横向延伸：立足旅游本身延伸的产业经济，包含亲子教育、餐饮、住宿、科技、度假、休闲娱乐、购物、文化体验八大产业经济相结合的盈利模式。

——价值链的纵向延伸：相关联的业务拓展，包含会议交流、节庆、会展、影视、广告等而达到盈利目的。

二、规划分期

综合考虑旅游区开发建设成本及运营周期、项目核心吸引力的构建、市场知名度及品牌宣传力的打造，同时根据地块面积、功能分区等因素，规划建议旅游区分两期开发（见图8-15）。

图8-15　分期规划

一期开发（2018—2020年）：塑造品牌形象，引爆市场需求。充分对接市场需求，创新资源利用方式，以"36°凤凰农乐谷""36°凤凰农创谷"为概念统筹旅游区一期开发，重点突出以创意农业、农业休闲游乐为引爆点来支撑的凤凰农乐谷、凤凰农创谷板块的打造，引爆市场需求；完善公共服务配套，打造生态停车场、游客服务中心、旅游区大门等。

二期开发（2021—2025 年）：强化度假特质，提高综合消费。在一期成功开发的基础上，重点面向胶东半岛等客源市场，充分发挥项目地的生态环境和气候优势，建设系列休闲度假旅游项目，从而提升旅游区综合价值（见表 8-2）。

表8-2　项目开发分期

开发分期	开发板块	开发产品
一期开发 （2018—2020年）	凤凰农乐谷	农业嘉年华、青少年农业研学基地、凤凰露营基地、乡愁体验园
	凤凰农创谷	艺术田园、创意农业馆、田园童话世界、七"采"乐园、农耕体验园、婚纱摄影基地、有机蔬菜种植基地、蝶舞萤飞谷
	凤凰乡居谷	凤凰溪湿地公园（滨水栈道、垂钓基地、滨湖休闲亭）
	入口服务区	生态停车场、游客服务中心、旅游区大门、五彩隧道、凤凰古街
二期开发 （2021—2025年）	凤凰乡居谷	景要民俗村、家庭庄园、帐篷客度假酒店

第九章 09

研学型乡村旅游规划实践研究

——《泰山茶溪小镇项目规划》

第一节　综合研判

一、政策分析

（一）山东全力打造乡村振兴齐鲁样板

　　山东省委、省政府深入贯彻落实习近平总书记对新时代山东工作的总要求，聚焦"两个走在前列、一个全面开创新局面"目标定位，坚定不移走中国特色社会主义乡村振兴道路，把标准化理念贯穿乡村振兴全过程，全力打造乡村振兴齐鲁样板，绘就多样化的"齐鲁风情画"，形成具有山东特色的现代版"富春山居图"。

　　山东省委书记曾指出要深入贯彻落实十九大精神，全力推动乡村振兴；成立省委农村工作委员会，投入 1000 亿元资金全力推进乡村振兴。

（二）旅游产业发展相关政策

　　国家不断推出支持旅游业发展的政策（见表 9-1），旅游业已经成为国家战略性支柱产业，对全面建成小康社会、经济转型升级、生态文明建设都具有强大推动力。

表9-1　旅游产业发展相关政策

年度	重要文件	指导意见
2009 年	《国务院关于加快发展旅游业的意见》	旅游业是国民经济的战略性支柱产业和人民群众更加满意的现代服务业

（续表）

年度	重要文件	指导意见
2012 年	《关于鼓励和引导民间资本投资旅游业的实施意见》	鼓励民间资本投资旅游业
2013 年	《国民旅游休闲纲要（2013—2020 年）》	落实带薪年休假制度，城乡居民旅游休闲消费水平大幅增长
2014 年	《关于促进旅游业改革发展的若干意见》	要增强旅游发展动力，扩张旅游发展空间
2015 年	《国务院办公厅关于进一步促进旅游投资和消费的若干意见》	旅游基础设施、投资消费促进计划、乡村旅游提升计划、优化休假安排，激发旅游消费需求
2016 年	《国务院关于印发"十三五"旅游业发展规划的通知》	建成全面小康型旅游大国，将旅游业培育成经济转型升级重要推动力、生态文明建设重要引领产业、展示国家综合实力的重要载体、打赢脱贫攻坚战的重要生力军，为实现中国梦做出重要贡献
2017 年	中央一号文件	首次写入"旅游+"概念，大力发展乡村休闲旅游业
2018 年	《国务院办公厅关于促进全域旅游发展的指导意见》	发展全域旅游，以旅游业为优势产业，统一规划布局、优化公共服务、推进产业融合
2019 年	《国务院办公厅关于进一步激发文化和旅游消费潜力的意见》	提升文化和旅游消费质量水平，以高质量文化和旅游供给增强人民群众的获得感、幸福感

（三）茶产业成为山东名副其实的农业新兴高效特色产业

中央农村工作会议上，习近平总书记指出，要深入推进农业供给侧结构性改革，推动品种培优、品质提升、品牌打造和标准化生产。

泰安市共有 2 个国家级（泰山茶、肥城桃）、4 个省级（泰山茶、肥城桃、泰山板栗和东平大羊薄皮核桃）和 11 个市级农产品区域公用品牌，27 个省级、56 个市级知名农产品企业产品品牌，省、市级备案的智慧农业应用基地分别达到 17 个和 19 个。

"泰山绿茶""崂山绿茶""日照绿茶""诸城绿茶""长清茶"等 12 个主产茶区通过国家农产品地理标志认证。在茶叶主产区，茶叶产业已成为当地政府促进农业产业结构调整、推动农村经济发展、增加农民收入的重要途径。

（四）泰安市委、市政府高度重视泰山茶产业发展，坚持抓好四个提升工程

1. 实施品牌提升工程

以泰山茶为区域公用品牌，加大策划宣传力度，提高其知名度和美誉度。实施母子品牌战略，推进"泰山茶区域公用品牌+企业品牌"双轮驱动，形成以"泰山茶"区域公用品牌为"母品牌"，以企业整合的"泰山女儿茶""泰古岩茶""泰山茶溪谷茶""泰山君子茶"等为"子品牌"的"1+N"品牌体系。

2. 实施规模提升工程

以培强龙头企业为抓手，提高泰山茶种植和加工规模，提升茶加工档次，壮大一批泰山茶龙头企业。推进茶叶深加工，延伸茶产业链，增加附加值。

3. 实施品质提升工程

把茶叶种植基地作为茶产业化经营的第一车间，泰安市集中打造一批高标准精品生态茶园，编制并严格执行种植标准、加工标准和产品标准，全面提升茶叶品质。

4. 实施服务提升工程

深入挖掘泰山茶文化，做好泰山茶与泰山旅游相结合发展的文章，积极推动茶旅深度融合发展，互促共赢，构建一、二、三产相融合的复合业态。大力开展生态茶园观光、休闲旅游，全域茶园聚集形成了"一山多园，九景五园"的综合茶旅体验区。

目前泰山茶产业已经成为泰安市农产品优势特色产业和实现乡村振兴的重要支柱产业，泰山茶品牌成为泰安市一张亮丽名片。

（五）泰山茶产业发展规划

支持高标准生产基地或园区以及新型生产经营主体的发展，鼓励企业发展向园区集中、园区建设向城镇集中。规划1~2处集泰山茶种植、加工、鲜叶交易、成品茶交易、检验检测、休闲、旅游和茶文化体验等为一体的大型综合性茶产业园区。

使泰山茶园成为泰山大旅游一道亮丽的风景、泰山茶文化成为中外游客普遍认同的泰山文化元素，将泰山打造成江北最大的茶叶生产基地和江北最大的茶文化体验基地。

泰安市各级按照泰山茶产业发展规划，始终坚持"政府引导、企业带动、品牌打造、文化融合"发展思路，大力实施"品质提升、规模提升、服务提升、品牌提升"工程，推进"泰山茶区域公用品牌＋企业品牌"双轮驱动，实施品牌战略，不断推动泰山茶产业升级。

二、发展条件

（一）区位交通

规划区位于泰安半小时休闲圈内，靠近泰安西大门，交通便利。

区位：位于泰安市岱岳区道朗镇，面积约2平方公里。

宏观交通：紧邻高速、高铁、国道，距离济南遥墙机场 1.5 小时车程、距离高铁泰安站 20 分钟车程，距离泰安西高速出入口 25 分钟车程，距离泰安市区 30 分钟车程、西南紧邻道朗镇政府。

过境交通：九女峰途经之地，新规划路穿越规划区（见图 9-1）。

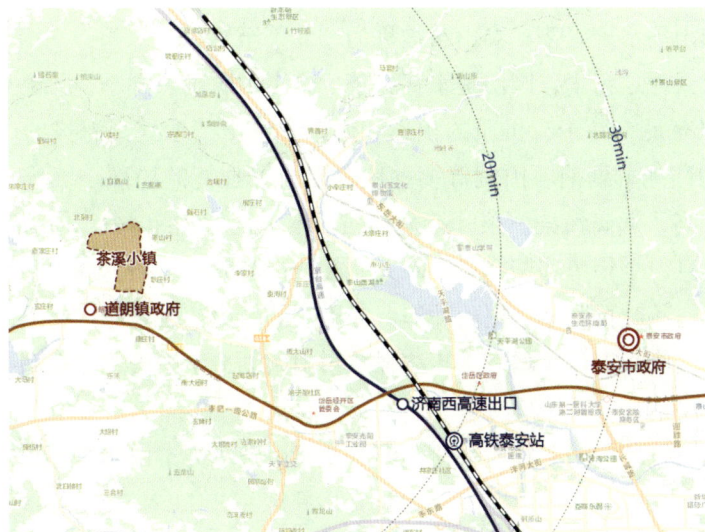

图9-1　区位交通分析

（二）泰山茶发展状况

1."泰山茶"已成为知名农产品区域公用品牌

（1）泰山茶产地：国山圣水　天地灵韵。

泰山茶产于山东省泰山山脉，地理坐标为东经 116°43'3 至 117°39'32、北纬 35°41'33 至 36°25'15，海拔 200~800 米。该地域属于温带大陆性半湿润季风气候区，四季分明，寒暑适宜。春季干燥多风，夏季炎热多雨，秋季秋高气爽，冬季寒冷少雪。地域北部，中上寒武统和奥陶系石灰岩岩层向北倾斜，地下水在地形受切割处出露成泉。

该地域土壤为棕壤土，pH 值在 5.0~6.5 之间，有机质含量高，微量元素含量丰富，非常适合茶树生长和营养物质的形成。优质的水源和土壤，加之本地域纬度高，春秋季气温低，漫射光强，昼夜温差大，茶树新梢生长缓慢，营养物质积累多，夜间呼吸作用较弱，消耗的营养物质少，促使泰山茶茶树鲜叶中内含物质十分丰富。

"好山好水出好茶"，泰山产茶、品茶历史悠久。泰山茶是北方茶和名山茶中当之无愧的优秀代表。主要分布在泰山、徂徕山周围，标准茶园面积 5 万余亩。泰山圣境让茶树很好地休养生息，育出的泰山茶条索紧细，叶体肥厚，色泽嫩绿，汤色清澈，茶香浓郁，入口鲜爽，耐冲泡，富含氨基酸、茶多酚、咖啡因和微量元素等，常饮有清心提神、软化血管等功效，可谓颐养圣品。

（2）国山圣水育好茶，泰山茶被称为"北茶至尊"。

①汲取天地之精华，国山圣水育好茶。泰山山脉雨热同季，无酷暑，昼夜温差大，光照充足，易于有机质的积累和储存。泰山茶地处高海拔的山地丘陵地区，区内的洼地、湖泊、山涧等多种地貌形成了独特的局部小气候，丰富漫射光，湿度较高，远离污染，茶叶持嫩性强。泰山地处北纬 36°，使得茶树能够很好地休养生息，全年蕴养期超过 260 天。在长期蕴养中，茶树体内积累的营养物质极其丰富，茶叶页肥厚，更耐冲泡。冲泡后的泰山茶香高味浓，散发着馥郁的板栗香，饮之鲜醇上口，嚼之滋味浓强。泰山茶创造了中国北方最高纬度茶叶种植的奇迹，可谓"北茶至尊"。

②泰山茶技艺成为非物质文化遗产，使泰山茶成为泰山非遗文化传承的重要载体。

（3）2019 年，"泰山茶"获得国家地理标志证明商标，"泰山茶"区域公用品牌先后入选中国农产品区域公用品牌目录和山东省知名农产品区域公用品牌。

泰山茶区域公用品牌影响力越来越大，"泰山女儿""泰顶青""天街女儿茶""泰山君子""碧霞春""良心谷""茶溪谷""九曲白茶"等久负盛名。全域种植加工企业近百家，其中省级龙头企业 2 家，市级龙头企业 20 家，SC 认证企业 43 家，多家茶企获得"中茶杯""国饮杯"等大奖和省、市级知名农产品企业产品品牌，"泰山绿茶""泰山红茶"获得农产品地理标志认证，"泰山茶"获得国家区域公用品牌和地理标志产品证明商标。

2. 泰山茶被赋予了泰山平安文化内涵，被称为"北茶至尊"

泰山，是中国历史文化的缩影，是中华民族精神的集中体现地，是全球山岳中首例世界自然与文化双重遗产。几千年的历史文化积淀，成就了泰山文化在中国和世界上的政治、社会、文化地位，使其成为中华民族优秀传统文化的典型象征和极为重要的体验空间。

泰山是中华十大名山之首，五岳独尊，庄严神圣，象征国泰民安。自秦始皇开始到清代，先后有 13 代帝王亲登泰山封禅，泰山一定程度上也被誉为"国山"。"登泰山、保平安"的泰山平安文化深入人心，"儒释道三家齐聚"的宗教文化氛围浓重。泰山及泰山茶丰富的文化资源为泰山茶区域公用品牌建设提供了强大的价值支撑，泰山优越的自然环境和泰山旅游为泰山茶产业和茶旅融合提供了巨大的发展空间。

自古名山出名茶，泰山是茶道祖庭、茶俗之乡。早于《茶经》十几年，与"茶神"陆羽并称的"茶佛"降魔藏禅师，最早阐释了茶道的真谛："禅茶一味"。这成为中国禅茶的真正发端，灵岩寺便成为中国北方茶文化的祖庭，从此降魔藏禅师在泰山灵岩寺兴起饮茶之风，风靡了整个中国北方。唐以前论茶，不出蜀闽江浙，泰山茶俗一出，风靡了整个中国北方。中国茶文化由此转折，泰山茶文化由此造端，秉承"天人合一"和"四时合序"思想的"文人茶会"开始兴起。1200 多年前，泰山禅师就将南方饮茶习俗带到北方，唐代逐步开展"茶宴"等皇家重要祭祀活动。明清时期曾作为贡茶使用，清朝乾隆皇帝登临泰山时，称赞泰山茶为"天下第一奇茶"。连续 9 年举办了炒茶品茶比赛，常年组织参与全国各地茶博展，逐步叫响了"泰山茶、平安茶"的品牌。

3. 泰山茶文化：平安泰山　茶礼天下

（1）平安泰山。自古泰山就是稳定安宁的象征。汉代刘安提出"天下之安，犹泰山而四维之也"。从此泰山成为体现"国泰民安"这一民族价值观念的极佳载体。五岳独尊的泰山，是华夏民族的重要图腾，更被联合国列入首批人类自然与文化双遗产，泰山在国人心目中已然成为"国山"的代名词。

（2）茶礼天下。齐鲁素有礼仪之邦的美誉，而奠定中华"礼制"的代表人物鲁周公，也是最早将饮茶发扬光大的。茶礼，是一种文化礼仪，也是以茶为礼的待客之道；既沿袭了中华古典的礼仪传统，也适应了现代社会礼品经济的消费需求；"茶礼天下"与"登泰山而小天下"契合，象征着泰山茶"礼迎天下客、礼待天下客、礼送天下客"。

4. 泰山茶定位中高端茶、高档茶、高端区域品牌

泰山茶定位中高端茶、高档茶、高端区域品牌。但目前泰山茶园品种多，良种少；土壤瘠薄茶园多，肥沃茶园少；低产低效茶园多，优质高产高效茶园少等。

泰山茶供给方面存在的一个突出问题是，低端茶产品供过于求，而高端茶产品供不应求。

（三）泰山茶溪谷品牌

位于泰山西麓道朗镇内，距泰山主峰 10 公里，因古代此处盛产泰山茶而得

名。据考证，此溪谷形成于太古时代，距今已有 5 亿年历史，全长 5 公里。

泰山茶溪谷拥有 1 项省级非物质文化遗产："泰山茶制作技艺"，2 项市级非物质文化遗产："泰山茶道传统技艺"和"泰山螭霖鱼养殖技艺"。

泰山茶溪谷基地从建园初始就严格执行有机管理标准，用挖掘机对园区土地进行深翻施入大量的有机肥，连续三年荒草丛生，让其进行自然的生态恢复，不进行人工干预，使生物链自然修复，形成了以虫治虫的良性循环，真正实现了自然农法有机平衡。茶溪谷现有茶园 3000 余亩，2019 年茶产品的产值 2000 多万元。泰山茶溪谷基地和产品连续八年通过有机认证，是山东省首家通过中国森林认证企业，也是"泰安市知名农产品企业产品品牌"；"泰山茶溪谷有机茶"在第十二届国际名茶评比中荣获"金奖"；2019 年，"泰山茶溪谷绿茶"荣获"亚太名茶评比"银奖。

三、区域格局

泰山·九女峰乡村度假区坐落在泰山西麓、岱岳区道朗镇北部山区，是鲁商集团投入建设的乡村振兴项目，总投资 20 亿元，涉及 19 个村、50 平方公里、1.3 万人，整个片区分三期完成。

一期工程包含里峪、八楼、东西门 3 个村庄，已建成山地户外运动主题公园、八楼氧心谷、九女峰书房、"故乡的云"精品民宿等。

在民宿东侧神龙溪大峡谷入口处，还建设了具有接待和展示功能的"故乡的月"，与"故乡的云"遥相呼应，形成云月相伴的美妙画卷。

（一）八楼氧心谷

八楼村由楼家庄和八家岭两个自然村组成，全村现有 29 户、50 多人，是典型的空心村、老龄村。

2017 年 10 月，八楼民宿建成试营业，原有六个院子和一处咖啡厅。2019 年由鲁商九女峰（泰安）乡村振兴有限公司正式接管，更名为"八楼氧心谷"，定义为"一个可以让鸟唤醒你的地方"。

"八楼氧心谷"项目在尊重村庄肌理的前提下，保留建筑主体的石墙，室内重现老房子木架结构，保留村子的原始质朴感。2020 年 1 月，八楼村被评为第一批"国家森林乡村"。

（二）春天里峪

里峪主题为"春天"。里峪文旅资源丰富，这里有黄巢的故事、有白马寺、有油罐山。里峪 30% 的村民在做农家乐，山东省乡村振兴齐鲁样板研究院（简称研究院）就设在里峪。

里峪另一处重点项目是泰山·九女峰山地户外运动主题公园，也是鲁商集团导入休闲体育产业助力乡村振兴的诸多产业之一，以打造省内首家以健身、越野、观光、团建、竞技、休闲、娱乐、试乘试驾、新车发布为一体的越野主题公园为目标。

茶溪小镇作为九女峰片区的一个重要的节点和休闲驿站，通过打造以茶为主题的农旅融合的综合体，实现与九女峰其他景点的功能互补、差异化联动发展，茶溪小镇未来将成为九女峰片区实现快旅慢游的重要承载地。

四、场地资源

（一）资源状况

1. 自然资源：山、水、茶、田、湖

（1）山——群山环绕，清幽隐逸；（2）水——曲水映带，清风碧波；（3）茶——满谷茶香，香飘溪谷；（4）田——田园画卷，景观秀美；（5）湖——清风碧波，景色秀丽。

2. 人文资源

1 项省级非物质文化遗产："泰山茶制作技艺"；2 项市级非物质文化遗产："泰山茶道传统技艺"和"泰山螭霖鱼养殖技艺"。

3. 场地环境资源

一幅流动的山水茶园画——当代的"富春茶居图"，蕴含着尊重自然、顺应自然、回归自然的道法自然精髓。

（1）茶溪谷生态自然环境优越，青山绿水环绕，山清水秀，风景秀丽，绿树成荫，森林覆盖率极高。

（2）茶溪谷优美的山、水、茶、田、湖等场地环境，湖光山色、青翠苍山，茶居、茶闲、茶乐、茶隐、茶耕、茶行构成一幅流动的山水茶园画。回归自然，居于乡间，以田园大地为背景，以农耕体验为乐趣，是中国文人追求的理想生活方式的极致。

（3）场地环境条件践行了生态文明，蕴含着尊重自然、顺应自然的精髓。

（二）优势茶资源解读

1. 茶文化四个层次

（1）物态层面文化：人们从事茶叶生产的活动方式和产品的总和，即有关茶叶的栽培、加工、保存及疗效研究等，也包括品茶时所使用的茶叶、水、茶具以及桌椅、茶室等物品和建筑物。

（2）制度层面文化：在茶叶生产和消费过程中所形成的社会行为规范。随着茶叶生产的发展，历代统治者实行不同的"茶政"，早在周武王伐纣时，茶已成贡品。到唐时贡份变大，宋代蔡京立茶引制，自宋至清，设茶马司。

（3）行为层面文化：人们在茶叶生产和消费过程中约定俗成的行为模式，通常以茶礼、茶俗以及茶艺等形式表现出来。如宋代诗人杜来的名句"寒夜客来茶当酒"，说明客来敬茶是我国的传统礼节。

（4）哲学层面文化：在茶叶应用过程中所孕育出来的价值观念、审美情趣、思维方式等。将饮茶与人生处世哲学相结合，上升至哲理高度，形成所谓茶德、茶道等。这是茶文化的最高层次，也是茶文化的核心部分。

2. 茶道精神

茶道就是以茶为媒的生活礼仪，也是修身养性的一种方式。它通过沏茶、赏茶、闻茶、饮茶来增进友谊、修身养性，是一种和美仪式。总之，茶道精神崇尚"和""静"，追求"怡""真"，茶道精神是茶文化的核心，是茶文化的灵魂，是指导茶文化活动的最高法则[161]。

五、市场分析

（一）茶市场分析

饮茶氛围浓厚，茶叶消费市场发展快。茶符合人们对自然生态和健康的需求，消费者对高品质放心茶的消费需求巨大。山东省有各类茶叶批发市场数十个，按照全国平均水平测算，山东省茶叶年消费量在 8 万吨左右，而目前山东省茶叶年产量仅为 2 万多吨，仅占消费需求的 25% 左右，远不能满足消费者的需求。随着经济不断发展，以及消费者对茶叶认知的提高，茶叶消费必将呈快速增长态势。

（二）旅游市场分析

"周末游"将促使短线周边游向纵深发展，有品质、体验佳的城市周边旅游区将成为首选。

中产阶层规模的增长，旅游消费水平的不断升级，使得人们更推崇"慢生活、慢旅游、慢休闲"理念，深度休闲旅游成为市场发展新方向。

第二节　战略定位

一、发展战略

（一）打造精品、品牌带动

茶溪谷的发展必须走"精品打造，品牌带动"的道路，要维护好目前的茶溪谷品质，其中包括泰山金针、泰安御芽等，从而以精品树立茶溪谷品牌，以品牌实现茶溪谷的突破。

（二）联动发展，区域共赢

通过政府引导，与周边农户茶园联动发展，推动茶溪谷产业发展；同时与九女峰的其他景点差异化联动发展，撬动茶溪谷旅游快速发展。借势九女峰片区较成熟的旅游市场，形成区域客源互换格局。

（三）品质管控，重点推广

从产业的选种、育苗、培育、种植、加工、售卖等全产业链条加强品质管控，进一步扩大茶溪谷品牌的知名度和影响力，形成良好的市场口碑效果，同时通过参加展会等形式加强推广和营销。

（四）远近兼顾，统筹发展

结合自身优势，根据市场需求变化，坚持循序渐进、稳扎稳打、分步发展、逐步推进的原则，实施渐进发展战略：即分清主次、明确步骤、留有余地、循序渐进地进行开发，实现规划的科学性、前瞻性、指导性和可操作性的统一。

茶溪谷在开发建设项目的具体实施上要做到宏观控制、突出重点、先易后难、分步实施、留有空间、滚动发展。要在"保护、整合、提升、发展"的前提下，分期分批实施规划任务，对优势资源、特色资源进行重点开发，精心打造，隆重推出，一举成功。避免一哄而上和遍地开花，避免乱上项目和上平庸项目。

近期针对1000亩的有机茶园加强管控，增加茶业产量；中远期联动周边的土地进行茶园的种植，扩大有机茶的种植规模和面积。茶溪谷旅游的发展是一个持续的过程，针对茶溪谷研学旅游的现状，后期跟进市场的需求，分批推出深受市场欢迎的产品。

（五）市场导向，明确定位

市场是产业发展的主要服务目标，市场需求的类型、特点、体量直接影响到产品开发的层次及经营状况。面向市场、服务市场是制定和实施本规划的基本出发点。

应进一步明确泰山茶溪谷面向中高端市场的产品定位，主动承载泰山茶作为高端茶、高档茶、高端区域品牌的定位。

（六）政府引导，多方参与

茶溪谷发展需要政府积极引导和大力支持，国家最近出台的一系列乡村振兴和旅游发展的政策法规，也明确了政府在乡村振兴和旅游业发展中的职能和作用。因此，应在规划、政策、资金、土地等方面积极引导和扶持茶溪谷发展。要多方参与，茶溪谷实行政府引导、专家指导、企业运作、村民参与的良性发展模式。

二、项目名称

项目概念：泰山茶溪小镇。

概念释义：泰山代表项目地所处的区域；茶代表项目地的主要产业与资源底色茶田；溪代表项目地优势资源；小镇代表清幽安静的场地环境，也是提供餐饮、住宿、休闲一站消费的地方。泰山茶溪小镇构建的是一种恬静、淡然、本真、回归的生活方式。

宣传口号：泰山脚下有个茶溪小镇。

三、项目定位：乡村振兴背景下的产旅融合示范区

在乡村振兴战略指导下，遵循严格的生态保护政策，依托茶溪谷山、水、茶、田、湖、谷等优越的基底条件，构建以茶产业为支撑、研学旅游为补充、茶居养生度假为配套的乡村振兴示范区。通过一、二、三产融合发展从而实现茶溪谷带动周边实现乡村振兴；最终将茶溪谷打造成为山东省乡村振兴的样板和示范。最终成为九女峰片区旅游线上的重要节点，与九女峰片区其他景点形成功能互补、差异化联动发展，实现客群的共享。

茶溪谷乡村振兴示范区包含三个层面：第一，产业聚集；第二，研学旅游开发；第三，茶居配套。

（一）产业聚集

围绕循环农业和智慧农业建设，以泰山茶产业为支撑，从优良的珍稀茶树品

种、科学的生产技术到系统严格的品控程序、安全可靠的追溯管理，全面实现园区生态化、种植良种化、管理智能化、操作机械化、加工多元化、产品标准化，建设一个完善的田园综合体，打造省级智慧型现代农业产业园。

通过产业的一、二、三产联动发展，形成茶叶闭合结构，做大做强泰山茶溪谷高端有机茶品牌，构建泰山原产地的茶品牌。

打造以茶产业为主导的集茶叶选种、育苗、培育、种植、加工、售卖等于一体的产业聚集区，塑造泰山茶的高端品牌。

推进"茶叶 + 多产业链融合"，以研学旅游产业为导向的多种产业聚集，包括土特产与工艺品加工、养生、康疗、会议等；进行泛旅游产业整合，突破研学旅游产业链式结构，构建产业集群，实现多产业聚集效应。

（二）研学旅游开发

打造特色浓郁的茶园研学旅游基地；通过优化空间格局、核心游线整合、极点突破、以点带面，梯次推进精品项目建设，构建研学旅游为主题特色的旅游区。

以茶为主题，以千亩泰山茶精品茶园为平台，打造集有机生态种植、珍稀茶树品种驯化繁育、生产加工、茶科技研发、茶技术推广、茶品牌展示、茶文化传播、休闲观光研学旅游于一体的生态农业文旅度假综合体。

（三）茶居配套

以茶田度假居住为配套，通过茶园综合体、茶居驿站等提供配套服务。

第三节 规划方案与项目规划

一、空间结构与功能分区

核心带动，周边联动，动静分离，游产分开。核心区（茶溪谷现有 1000 亩）、联动区（茶溪谷以外到红线区域）差异化发展：核心区沿道路和水库发展研学旅游（茶旅融合发展动区）；其他的核心区域进行有机茶园的种植（有机茶园种植区），如图 9-2 所示。

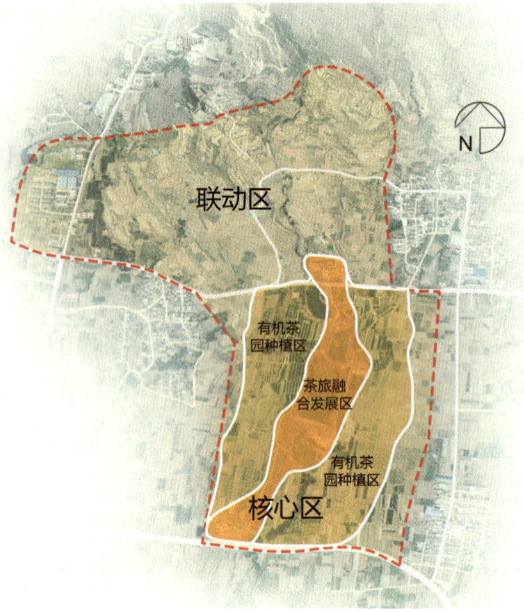

图9-2　功能分区规划

二、项目规划

项目规划要综合考虑场地现状、交通条件、资源禀赋、产业状况、市场需求、投资收益等多种因素，从而增加项目规划的科学性和落地性（见图9-3、表9-2）。

图9-3　项目布局规划

表9-2　规划项目体系

有机茶种植储藏区	茶旅融合发展区
1. 标准化生态茶园 2. 标准化设施茶园 3. 5G 标准化智慧茶园 4. 禅茶园 5. 泰山黄精种植基地 6. 泰山窖藏 7. 泰山文创基地	1. 研学宿舍 2. 泰山茶文化研学基地 3. 综合服务中心 4. 茶香民宿 5. 茶田儿童游乐园 6. 泰山茶生产加工中心 7. 泰山茶良种繁育智能温室 8. 非遗体验工坊群 9. 茶文化博物馆 10. 泰山茶历史文化长廊

（一）有机茶种植储藏区

1. 规划目标

将茶溪谷打造成为中国北方茶的中心，北茶的种植中心、生产中心、研发中心、科技中心、交流中心、研讨中心；继续推进有机茶的种植，构建茶山茶的自然保护区。成为泰山茶的一面旗帜与地理标志产品，支撑起泰山茶品牌。

2. 规划思路

利用好泰山茶溪谷这个金字招牌，构建高端有机泰山茶溪谷品牌，扩大茶叶种植面积，通过标准化生态茶园、标准化设施茶园、5G 标准化智慧茶园打造智慧现代农业示范区。

利用泰山茶溪谷丰富的林下资源，种植泰山黄精，形成泰山黄精种植基地。

充分利用规划区自然生态优势，建设集储茶、会展、中转、销售等功能于一体的泰山窖藏。

最终形成有机茶种植、茶销售、茶窖藏于一体的有机茶种植储藏区。

3. 功能定位

茶叶种植、茶叶销售、茶叶窖藏。

4. 重点项目

标准化生态茶园、标准化设施茶园、5G 标准化智慧茶园、泰山黄精种植基地等。

（1）标准化生态茶园。

坚持茶区园林化（林中有茶，茶中有林）、茶树良种化、茶园水利化、生产机械化、管理标准化。建设蓄水池、运输路，不断完善茶园基础设施。采用绿色综合防控手段防治病虫害，综合应用生态调控、物理防控、生物防治等措施，确保茶产品质量安全。

根据规划科学化、建园梯层化、路网水泥化、路旁绿树化、用水灌溉化的原则建设标准化生态茶园，打造高效安全生态茶园，改善生态环境，提高茶叶产量和质量。

（2）标准化设施茶园。

建立水肥一体滴灌、喷灌系统，实现旱涝保收；节省人工费用，为未来的扩大规模打下良好的基础。此外，茶叶需要潮润的环境，喷灌系统可以在茶叶生长期营造小环境，提高茶叶质量。

（3）5G 标准化智慧茶园。

积极响应国家数字农业政策号召，通过中国联通物联网、云计算等技术支持，联手打造 5G 标准化智慧茶园。通过充分利用 5G 等前沿通信技术和创新应用研发，通过智能灌溉系统，实现智能、自动化灌溉和远程控制，科学施肥一体化精准灌溉，减轻病虫草害，实现节水省肥、减轻病害、水肥均衡、增产增效的现代化农业生产目标。

通过前端采集，监控系统能实时实现园区虫情信息自动采集和监测工作，实现信息的动态定位采集、数据自动上报、实时更新，快速准确预测病虫害爆发情况。通过 5G 网络，专家通过电脑或手机就可以诊断病虫害，更精准地指导生产。

建立安全生产溯源系统，实现"来源可溯，去向可查，责任可追"的食品安全管理标准。通过标准化智慧茶园系统把全部可视化的生产过程完整地展现给消费者，提升茶园管理水平和茶叶品质。

（4）禅茶园。

此处茶园最大的特色是跟寺庙朝拜、禅修生活紧密结合在一起，茶叶的种植、生产、加工等都由僧人和居士来完成，打造真正意义的禅茶园，充分体现佛教"农禅并举"的思想。

（5）泰山黄精种植基地。

黄精被称为"仙人余粮"，系泰山"四大名药"之一，利用泰山茶溪谷丰富的林下资源，种植泰山黄精，形成泰山黄精种植基地。

（6）泰山窖藏。

针对茶商、会展人群，利用规划区自然生态优势，建设集茶藏、储茶、会展、中转、销售等功能于一体的泰山窖藏。

每年春秋采茶季举行"生命的收藏"活动，存放在茶窖里的茶可以自用，也可以传承给下一代；设立会员制度，享有私属窖藏空间，享受茶窖专员的一对一服务，并通过会员平台参加圈层活动，获得茶溪谷度假权益。

（7）泰山文创基地。

项目缘起：将战备粮库遗址升级改造为文创基地，增加乡村活力，同时作为非遗传承人的创作基地，邀请非遗匠人入驻，作为泰山挑山工精神的精神承载地。

市场定位：非遗传承人、文创爱好者、青少年等。

项目策划：按照非遗传承人的文化传承类型进行划分，分别设计不同风格的艺术工作空间。

配备基础的艺术工作生活需要的设施。大师工作室：专门为非遗传承人、艺术家创作空间。现代文创园：青年文创爱好者的聚集地。非遗亲子园：非遗传承人的创作品、文化作品的展示基地，同时邀请泰安市校外艺术培训机构设置常驻基地，以及开展儿童创作展示活动。

（二）茶旅融合发展区

1. 规划思路

积极与大中院校、中小学联系对接，开展研学教育，通过采茶、加工、茶艺等简单培训，把传统茶文化知识、日常生活健康饮茶知识传播给每个前来研学的孩子，并将泰山茶礼、泰山茶乐融入研学活动中，让茶文化得到传承。

泰山茶溪谷综合办公楼区域规划游客综合服务中心，主要承担功能为游客咨询、室内研学体验、商务会议、住宿调配、购物餐饮、接待服务、投诉管理等功能。

做大研学活动，做多研学类型，泰山茶溪谷依托茶园与智能温室开展茶研学旅游活动，依托山地资源，开展山地研学、军事拓展、公司团建活动，依托湖面开展水上游学活动，规划研学宿舍，为青少年提供住宿场所。

针对泰安打造康养福地的契机，面向科学家、专家等群体，打造定制化茶主题康养民宿，吸引他们前来科研、休闲、度假，发挥价值和余热。

以茶资源为基础，形成以茶为主题的对儿童具有教育意义、体验性强的山东首个以茶为主题的儿童茶乐园。

以泰山茶文化为纽带，打造泰山非遗小镇项目的窗口，为各非遗企业产品展示、交流、合作搭建平台。

打造茶文化博物馆，形成茶文化的展示平台、交流平台、体验平台、传承平台。

以雕塑、雕刻、石刻、彩绘、生产性景观等形式展示泰山茶的发展历程与重要性，形成"一廊十园"的格局。

2. 功能定位

茶田观光，茶园度假、茶文化体验、茶叶科普研学、非遗文化体验、综合服务、住宿配套。

3. 重点项目

研学宿舍、泰山茶文化研学基地、综合服务中心、茶香民宿、茶田儿童游乐园等。

（1）研学宿舍。

2016 年 11 月，教育部、国家发展改革委等 11 部门联合印发《关于推进中小学生研学旅行的意见》，随后教育部发布《中小学综合实践活动课程指导纲要》，研学旅行被纳入小学、初中、高中阶段的必修课。"研学 + 旅行"是实施素质教育的重要载体，打破了传统教育对青少年的束缚。泰山茶溪谷依托茶资源开展研学旅游活动，规划研学宿舍，为青少年提供住宿场所。

（2）泰山茶文化研学基地。

积极与大中院校、中小学联系对接，开展研学教育，通过采茶、加工、茶艺等简单培训，把传统茶文化知识、日常生活健康饮茶知识传播给每个前来研学的孩子，并将泰山茶礼、泰山茶乐融入研学活动中，让茶文化得到传承。

开展科普游学，游客可在此观光、赏景，跟随茶农识茶、辨茶、采茶等，并可进行茶树认养。

针对中小学生，利用一楼现有的制茶设备，设置制茶研学体验，体验整个制茶过程。将整个传统的制茶工艺进行再造，重现传统的制茶工艺流程。游客可以通过学习，掌握基本的制茶方法。让游客亲自参与茶产品加工的整个流程，也可将游客参与活动的视频制成光碟，作为旅游纪念品出售或赠送给游客。

（3）综合服务中心。

泰山茶溪谷综合办公楼区域规划游客综合服务中心，主要承担功能为游客咨询、室内研学体验、商务会议、住宿调配、购物餐饮、接待服务、投诉管理等。

设置泰山茶溪谷茶产品和茶文化展厅，以满足游客的商品购物和了解茶文化需求。出售和免费发放有关宣传材料等，配套有小型休息室，用于游客短暂的休息。

（4）茶香民宿。

开启高端、私享、定制化的茶主题民宿度假模式，打造集观光品茗、文化体验、休闲度假于一体的高端茶民宿聚落、高品质度假体验的度假居所。

（5）茶田儿童游乐园。

依托茶树，打造一处茶植物迷宫，以篆书的"茶"字作为迷宫的形状，该迷宫同时也是茶体验的一处大地景观。设置背景音乐，建议采用古筝曲《高山流水》《春江花月夜》，设置儿童游乐玩具等，整体实现亲子嬉戏娱乐功能。

（6）泰山茶生产加工中心。

泰山茶产品加工中心，方便游客观摩茶产品制作过程，并且开辟游客体验加工区，让游客亲自参与茶产品加工的整个流程，也可将游客参与活动的视频制成光碟，作为旅游纪念品出售或赠送给游客。

（7）泰山茶良种繁育智能温室。

温室为茶溪谷茶产业园区的标识性主体建筑，整个温室由一个正六边形和两个正方形温室单元构成，形似元宝造型，正立面的石瓢壶镂空造型与两侧竹简卷轴突出园区茶产业主题。温室主结构与外围两侧拱廊以及周边的花海模纹构成凤舞入口景观。温室地面采用下挖式结构，可以最大限度地利用地温降低温室能耗，同时便于利用茶溪谷丰富的水资源打造设施内外的茶文化景观。

（8）非遗体验工坊群。

以泰山茶文化为纽带，打造泰山非遗小镇项目的窗口。以弘扬、传承泰安优秀传统文化、悠久灿烂的大汶口文化，为各非遗企业产品展示、交流、合作搭建平台，推动乡村文化振兴，促进文旅融合。

（9）茶文化博物馆。

打造茶文化博物馆，形成茶文化的展示平台、交流平台、体验平台、传承平台；泰山茶的展销平台；泰山茶非遗文化的展示平台。

（10）泰山茶历史文化长廊（泰山御茶园）。

项目缘起：以泰山茶作为展示泰山非遗文化的窗口，即泰山茶历史文化长廊。

建设内容：以雕塑、雕刻、石刻、彩绘、生产性景观等形式展示泰山茶的发展历程与重要性，形成"一廊十园"的格局。

第四节　运作模式与规划分期

一、运作模式

　　基于本项目的运营模式，为保证茶溪小镇能够成功打造，必须"全民总动员"，在运营模式上，采取"政府＋企业＋专家＋农民"（G+1+X+Z）的开发模式，走"政府支持、市场运作、专家指导、农民参与"的科学发展道路。其中，G 指地方政府；1 指茶溪谷农业发展有限公司；X 指各个方面的专家；Z 指广大农民。

　　地方政府的引导，主要是政府从行政管理职能与社会公共服务等方面予以支持。政府应大力支持茶溪小镇做大做强，并在土地支持、道路水利大棚等基础设施建设、政策资金扶持等方面发挥重要的支持作用。

　　投资运营管理公司是开发运营的操作主体，负责对接市场、运营管理园区等内容。茶溪谷农业公司全面负责整体项目开发运营、整体品牌营销等，并主导该区域开发的经营运作。同时负责面向市场，对接相关专家，接受专家指导，共同推进本项目的整体开发，实现大发展。

　　结合城乡统筹建设，鼓励并协助农民从一般的农产品种养殖升级为现代服务经济，实现产业结构的升级，实现可持续发展。

二、规划分期

　　综合考虑茶溪小镇开发建设成本及运营周期、市场知名度及形象宣传力的打造，规划建议分两期开发（见表9-3）。

表9-3　项目开发分期

开发分期	开发板块	开发产品
近期开发 （2021—2025 年）	有机茶种植储藏区	标准化生态茶园、标准化设施茶园、泰山黄精种植基地
	茶旅融合发展区	研学宿舍、泰山茶文化研学基地、综合服务中心、茶田儿童游乐园、泰山茶生产加工中心、泰山茶良种繁育智能温室、非遗体验工坊群、泰山茶历史文化长廊
中远期开发 （2026—2035 年）	有机茶种植储藏区	5G 标准化智慧茶园、禅茶园、泰山文创基地、泰山窖藏
	茶旅融合发展区	茶香民宿、茶文化博物馆

近期开发（2021—2025年）：继续维护茶溪谷高端茶品牌形象，增加文旅产品供给。

继续加强茶叶品质管控，继续维护茶溪谷高端茶品牌形象，一方面对目前的1000亩精品茶园加强管理，另一方面和周边农民合作种植有机茶叶，来增加茶叶产量。针对青少年开展茶叶研学、茶田游乐，配套综合服务设施和研学宿舍等。

中远期开发（2026—2035年）：强化泰山茶溪谷品牌，提升品牌形象，提高综合价值。

在近期成功开发的基础上，进一步扩大茶叶种植面积，增加有机茶的产量；建设民宿和博物馆等，提升品牌形象。

民俗文化型乡村旅游规划实践研究
——《山东省泰安市岱岳区黄前镇孟家庄概念性规划》

第一节 综合研判

一、项目概括分析

20 世纪 70 年代初期被誉为"泰山大寨"的黄前镇孟家庄村位于泰山东麓，三面环山，依山傍水（见图 10-1）。20 世纪 70 年代初，孟家庄村在"农业学大寨"热潮感召下，发扬大寨人民自力更生、艰苦奋斗的精神，治山整地，修造梯田，修建地下河 200 米，建造"大寨田"800 亩，盖起了 12 幢二至三层的楼房，初步实现了老百姓盼望已久

图10-1 规划范围

的"楼上楼下，电灯电话"的梦想。孟家庄村一跃而起成为当时"社会主义新农村"的典型，被誉为泰山脚下的"大寨村"。

孟家庄村现存"农业学大寨"时期建造的"大寨楼"11 幢，具有重要的史料价值，是独特的文物资源。

村域面积 6800 亩，围合封闭性良好，其中农田 1000 亩，一般农用地 1200 亩，山林 4600 亩。孟家庄有家庭 420 户，外出打工 400~500 人，人口 1346 人，人均收入 8000 元。

种植结构主要以绿化苗木和林果为主，其中林果主要以核桃、板栗为主，现有 13 个自然村、5 个生产组。

二、区位交通分析

（一）众多城市交叉辐射、叠加共振，区域旅游发展优势凸显

黄前镇孟家庄村位于泰山东麓，地理位置优越，交通便利，周边有济南、泰安两大城市，以上两市经济发展条件良好，人均收入高，居民出游意愿明显。环山路东段、济临、泰明、口山等省道均从村旁经过，距济南、泰安均在一小时车程范围内，非常适合周末短途乡村游。孟家庄受济南泰安城市交叉辐射、叠加共振，区域旅游发展优势凸显（见图 10-2）。

图10-2　区位交通示意（1）

2020 年济南到泰山的济泰高速已通车，孟家庄附近有两个高速出口，其中距离较近的出口是位于村北 3 公里处的麻塔高速出口，另外一个高速出口是位于南面的西碾疃高速出口。

（二）离尘不离城，济南后花园

孟家庄地处黄前镇，孟家庄交通便利，尤其随着 2020 年济泰高速的通车，

约 80% 的游客来自济南，约 20% 游客来自泰安，孟家庄将成为名副其实的济南后花园。孟家庄北面为济南方向，麻塔出口在村北 3 公里处，村南的高速出口位于南面的西碾疃，距离村 5 公里（见图 10-3）。

图10-3 区位交通示意（2）

三、旅游资源分析

（一）资源梳理

根据国家标准《旅游资源分类、调查与评价》（GB/T 18972—2017）梳理孟家庄旅游资源，如表 10-1 所示。

表10-1 旅游资源概览

主类	亚类	基本类型	主要资源单体
地文景观	自然景观综合体	山丘型景观	山体、奇石、丘陵、象型石（鸡冠石、长寿石、瓮石、神龟探海）
水域景观	河系	游憩河段	水塘、河流
生物景观	植被景观	林地	槐树、核桃树、板栗树
建筑与设施	人文景观综合体	建设工程与生产地	麦子地、玉米地、10 亩茶园
	实用建筑与核心设施	景观农田	农田风光

（续表）

主类	亚类	基本类型	主要资源单体
历史遗迹	物质类文化遗存	建筑遗迹	石头屋、水渠遗迹、坎儿井遗址、扬水站、石头围堰、石墙、石阶、地瓜炕
		可移动文物	石碾、泰山石敢当
旅游购品	农业产品	种植业产品及制品	孟家庄特色农产品
人文活动	岁时节令	农时节日	春节、元宵节

（二）资源分类与现状

资源现状如图 10-4 所示。

本底资源：自然生态环境资源（休闲资源）。

核心资源：泰山大寨文化与石头建筑资源。

重点资源：村落资源、林果资源。

支撑资源：田园资源、地质资源。

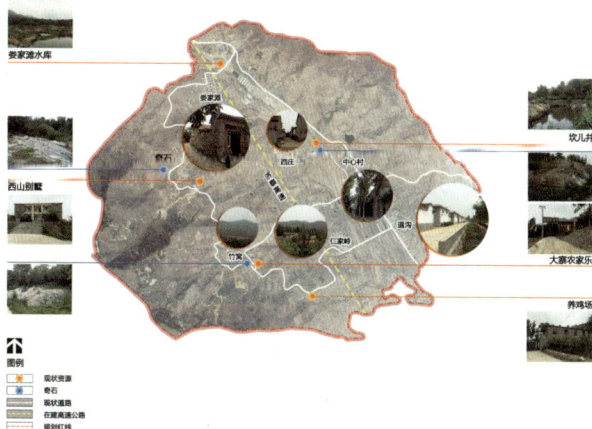

图10-4　资源现状

1. 本底资源：自然生态环境资源

孟家庄自然环境优越，山清水秀，空气清新，绿树成荫，森林覆盖率极高，山林植被良好，孟家庄掩映在绿树青山之中，宛如世外桃源，可打造森林公园，成为泰山大寨休闲度假的环境配套。

2. 核心资源：泰山大寨文化与石头建筑资源

（1）大寨文化遗存。

大寨楼为代表的大寨文化遗存丰富，成为特定时代艰苦奋斗、脚踏实地、开拓创新的典范和文化缩影。

20世纪70年代初，孟家庄人民在"农业学大寨"的感召下，治山整地，修造梯田，建造"大寨田"800多亩，粮食总产由19万公斤增加到55万公斤，人均粮食由100多公斤增加到500多公斤，成为远近闻名的富裕村。同时，对村民住房统一规划，盖起了12幢二至三层楼房，实现了老百姓盼望已久的"楼上楼下，电灯电话"的梦想。

孟家庄村是'农业学大寨'时期的明星村，是宣传号召全国各地学习的典型村。全村1000多口人，全都住上了楼房。山上造林，山下造田，种植林木4000多亩，扩展土地上千亩，全村粮食年产量提升到110万斤以上。当时修建的农田水利，现在还在使用。

（2）大寨文化解读和演绎。

①大寨文化现存的历史遗存——大寨楼。石楼、石墙、石阶、石碾，这里俨然一座充满原始气息的石头城堡，一个浑然天成的石头世界。12座石头小楼是用石条和砖垒起来的，建筑样式十分规整，每一栋楼都自成一排，每一排有十多个门洞，一个门内就是一户人家，分上下两层，两层面积共四五十平方米。门内都自带有楼梯，有的楼是双面的，一户朝南，一户朝北。这些小楼叫作"大寨楼"，是"农业学大寨"时期建造的。

②大寨楼是农业学大寨时代产物。大寨楼距今已40多年了，其中大多数保留完好，大寨楼是农业学大寨时代的产物。当时条件非常艰苦，建设全部依靠自己村里的资源和人力。建筑大寨楼既没有图纸也没有建筑材料，石条是自己打，砖石是自己烧，搬砖没有机械，全靠肩扛手抬。村里有一支青壮年建筑队，常年在外劳务，赚的钱全部上交用于给村里购买建筑材料，村民靠肩扛手抬陆续建成12座大寨楼。

③大寨楼群体现的精神内涵和文化外延。大寨楼群是20世纪六七十年代大寨模式的缩影。大寨楼群体现了艰苦奋斗、脚踏实地、务实肯干、解放思想、开拓创新、齐心协力、开拓进取、尊重劳动、自己动手、丰衣足食的精神。

④浮躁的时代需要文化坚守、实干兴邦，实干托起中国梦。当下的中国用30多年走完了发达国家上百年的发展之路，经济规模快速增长，跃然成为世界

第二大经济体。但也必须承认中国的社会、文明、全民素质的提升速度远远滞后于经济。大寨文化内涵很好地契合了当下的时代精神需求；大寨文化表现出来的艰苦奋斗、脚踏实地、务实肯干、解放思想、开拓创新、尊重劳动、自己动手、丰衣足食精神，无不是当下需要的文化坚守、精神坚守，实干兴村、实干兴镇、实干兴县、实干兴邦，实干托起中国梦。因此，孟家庄是一个实现中国梦的重要文化载体，承载了中华民族崛起的重要精神。

⑤立足当下、回顾过去、展望未来，孟家庄承载实现中国梦的重要文化精神，蕴含着中华民族崛起所需的精神精髓。实现中国梦需要立足当下、回顾过去、展望未来。孟家庄的大寨文化遗迹承载了过去的记忆，承载了勇于奉献的精神。孟家庄大寨承载了大众创业、万众创新、脚踏实地、开拓创新的当下时代需求。孟家庄大寨承载了未来的精神代代相传，在大寨接受精神教育和精神洗礼，培养更多的接班人，传承中华民族实干兴邦精神，实现中国梦。

⑥孟家庄大寨文化实现了目标客群的全覆盖。孟家庄的大寨文化遗迹承载了过去的记忆，历史的烙印，"60后"的中老年人普遍怀旧，中老年人可来孟家庄大寨寻找精神寄托，进行大寨生活方式再体验。孟家庄大寨承载了当下的实干兴邦时代需求。中青年人现在是时代的弄潮儿，需要勇于担当、脚踏实地、务实肯干、开拓创新。中青年人可来孟家庄创业，感受上一辈人艰苦创业的岁月。孟家庄大寨承载了未来的精神代代相传，培养更多的接班人，传承中华民族实干兴邦精神，实现中国梦。青少年和儿童可来孟家庄体验艰苦岁月，接受精神洗礼（见表10-2）。

表10-2　旅游配套功能概览

	完善旅游功能配套	大寨文化包装	目标客户群体
孟家庄	餐饮	公社食堂	老年人、中青年人、青少年、儿童
	住宿	知青旅馆、大寨青年旅舍	老年人、中青年人、青少年
	游览	泰山大寨博物馆、精神传万代	老年人、中青年人、青少年、儿童
	购物	人民供销社	老年人、中青年人、青少年、儿童
	娱乐	激情岁月影视基地（影视、婚庆）	老年人、中青年人、青少年、儿童
	参与、体验	大寨非遗体验园、创客公社	老年人、中青年人、青少年、儿童

⑦通过文化包装和创意，完善旅游功能配套，延伸特色旅游产品。孟家庄未来发展中首先要挖掘大寨文化，通过大寨文化包装和创意旅游产品和项目；完善相关旅游服务功能配套，满足游客食、住、行、游、购、娱的综合配套需求；延伸大寨文化内涵，形成具有吸引力的旅游产品，满足不同目标客群需求，将孟家庄打造成全客群覆盖的特色旅游目的地，形成人群聚集、消费聚集和产业聚集。

3. 重点资源：村落资源、林果资源

（1）村落资源。孟家庄民风淳朴，民俗文化底蕴深厚。是农耕文化的缩影，当地的农耕民风民俗都很好地保留和传承下来，村落民居建筑具有地域性和乡土性，具有山乡地域典型性。

（2）林果资源。孟家林果资源丰富，满山遍野的板栗树，夏季栗花飘香，秋季果实累累。形成以核桃和板栗为主、槐花等为辅的林果资源结构。未来应扩大核桃和板栗种植规模，形成产业链。

4. 支撑资源：田园资源、地质资源

（1）田园资源。孟家庄田园资源丰富，游客们在这里可自娱自乐，采摘新鲜的果品、蔬菜、野菜等，品尝地道的农家饭菜；体验推石磨、石碾、摊煎饼等生活乐趣，还有荡秋千、踢毽子等游乐活动，干农家活、吃农家饭、住农家院、当农家人，体验浓厚的风俗民情，享受快乐的田园生活。

（2）地质资源。家庄村域内泰山奇石地质景观丰富，清晰地记录下了地壳结构的运动，呈现大自然沧海桑田的历史变迁，构成了一个天然的地质博物馆和地质科普公园，未来泰山大寨可申报地质公园。

（三）孟家庄旅游资源开发利用方向

以自然生态环境资源为背景，泰山大寨文化与特色石头建筑资源为核心，村落资源和林果资源为重点，田园资源、地质资源为支撑，构建回归本真的"乡居"生活方式。

挖掘泰山大寨文化与特色石头建筑资源点，上升为大寨文化典范，然后进行演绎与活化，形成大寨文化的展示平台、交流平台、传承平台、体验平台，形成"泰山大寨"概念主题，有利于对外形成品牌推广。

四、产业发展分析

第一产业主要是种植业和养殖业，种植业以林果种植业和绿化苗木为主，其

中林果种植业主要以板栗、核桃为主；养殖业以养鸡、山羊为主。第二产业主要以出口韩国的玩具产业为主，目前带动就业40~50人。第三产业为本村服务的5~6家小型商贸业。主导地位的优势特色产业尚未出现，对农村经济发展带动力不足，农民收入主要来源于传统种植养殖业和劳务收入。

通过发展旅游业来整合一、二、三产发展，形成一、三产联动，二产补充和叠加的发展格局，形成泛旅游产业聚集区，就地解决三农问题。以大寨文化及山村风貌为核心吸引力，挖掘历史文化与山水景观，打造休闲山村景区，村民民居建设既要符合村民现代生活需要，又要满足游客接待、休闲度假功能。

五、项目综合研判

如何在响应国家文化战略、加强石楼保护的前提下，立足保留的大寨遗存遗迹，进行精准的客群定位，通过挖掘大寨文化内涵，打造核心支撑项目，形成有竞争力的主题旅游区，是项目地面临的重要命题。

（一）项目优势

（1）数量众多，保存相对完好的11座大寨石楼，在区域内具有垄断性和不可复制性。

（2）大寨精神体现的艰苦奋斗、脚踏实地、务实肯干、解放思想、开拓创新精神，是当下需要的精神。

（3）区域联动发展优势，联动黄前水库，形成"观光在黄前水库，文化休闲体验在泰山大寨"的区域旅游联动发展格局。

（二）项目劣势

大寨石楼群保护不足，缺少修缮，导致石楼破败。村内主干道街道地面地形抬升，破坏了大寨村的整体风貌。

（三）项目机遇

（1）未来人们收入增加，闲暇时间增多，将有更多的家庭选择周末近郊旅游，孟家庄将会有更多机会。

（2）2020年济南到泰山的济泰高速通车，孟家庄将迎来巨大的市场潜在需求。

（四）项目挑战

发展大寨村旅游若不实行保护性开发，将对大寨石楼遗存遗迹造成破坏。

第二节　发展定位

一、总体定位

　　面向济南、泰安等周边城市客群，依托孟家庄良好的自然生态环境，挖掘深厚的大寨文化遗存，形成以大寨文化体验为核心，以乡村休闲度假、林果采摘体验功能为重点，以地质科普研学为补充，"泰山大寨"主题形象下的系列旅游产品，最终实现孟家庄突破发展。

二、概念主题：泰山大寨——山东岱岳区孟家庄

　　泰山大寨：孟家庄山环水绕，风景优美，恬静祥和，"泰山大寨"的形象定位中的"泰山"凸显孟家庄位于泰山东麓，"大寨"具有时代印记，承载了历史记忆，具有很强的识别性，能够使人联想到"改造自然、艰苦奋斗、齐心协力、勇于克服困难"

图10-5　项目Logo

的峥嵘岁月，孟家庄是 20 世纪六七十年代特定历史时期的文化缩影与典范，可形成独特竞争力（见图 10-5）。

三、目标定位

　　岱岳区层面，打造岱岳区文化型村落发展典范、岱岳区居民周末近郊旅游的新选择；泰安市层面，打造大寨文化旅游区；山东省层面，打造山东乡村旅游发展样板。

第三节　规划方案

一、空间结构

　　动静分离：山下作动区，山上作静区。
　　一心带动、六团联动，绿道环绕。
　　一心：大寨文化创意体验与综合服务中心。

一带：美丽乡村绿道景观带。

六组团：道沟精品民宿组团、仁家岭民俗接待组团、竹窝大寨农家乐组团、西山乡居养生度假组团、娄家滩传统村落观光组团、西庄乡村乐活休闲组团（见图10-6）。

图10-6　空间结构规划

二、功能分区与项目布局

根据项目地资源禀赋，资源类型相近原则，形成了大寨文化创意体验与综合服务区、道沟精品乡村民宿休闲度假区、仁家岭民俗接待区、竹窝农庄餐饮休闲区、西山乡居休闲养生度假区、娄家滩与西庄乡村乐活休闲区（见图10-7）。综合考虑场地现状、交通条件、资源禀赋、产业状况、市场需求、投资收益等多种因素，形成了项目规划布局（见图10-8）。

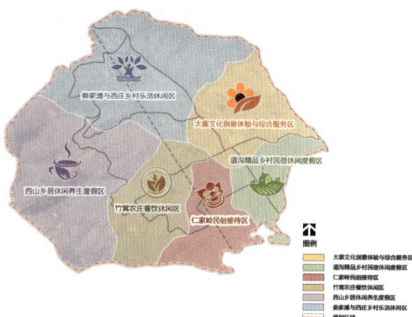

图10-7　功能分区规划

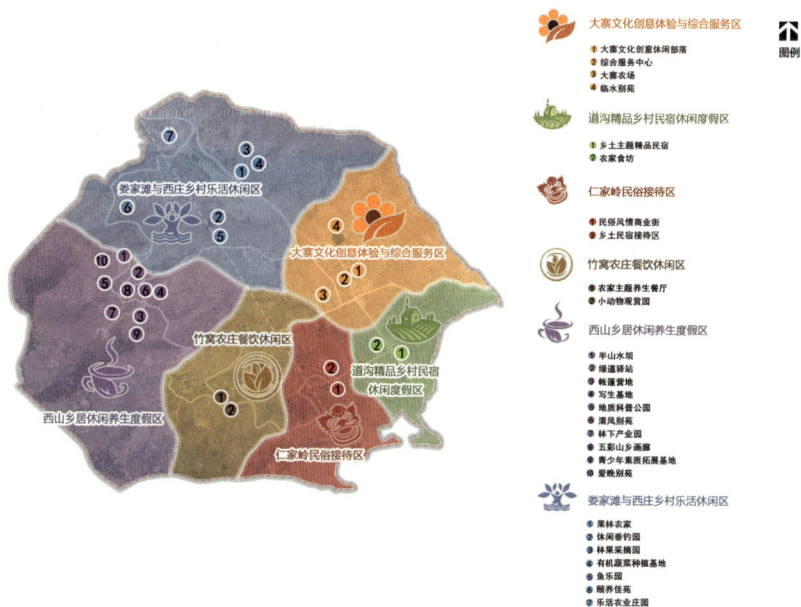

图10-8　规划项目布局

三、产品体系

泰山大寨应开发具有观赏性、休闲性、参与性、体验性的旅游产品，建设集观光、休闲、度假、娱乐、文化体验于一体的文化休闲旅游地，形成科学合理的旅游产品体系（见表10-3）。

表10-3　泰山大寨——孟家庄产品体系

大寨文化创意体验与综合服务区	道沟精品乡村民宿休闲度假区	仁家岭民俗接待区	竹窝农庄餐饮休闲区	西山乡居休闲养生度假区	娄家滩与西庄乡村乐活休闲区
1. 大寨文化创意休闲部落 2. 综合服务中心 3. 大寨农场 4. 临水别苑	1. 乡土主题精品民宿 2. 农家食坊	1. 民俗风情商业街 2. 乡土民宿接待区	1. 农家主题养生餐厅 2. 小动物观赏园	1. 半山水坝 2. 绿道驿站 3. 帐篷营地 4. 写生基地 5. 地质科普公园 6. 清风别苑 7. 林下产业园 8. 五彩山乡画廊 9. 青少年素质拓展基地 10. 爱晚别苑	1. 果林农家 2. 休闲垂钓园 3. 林果采摘园 4. 有机蔬菜种植基地 5. 鱼乐园 6. 颐养佳苑 7. 乐活农业庄园

第四节　营造工程

一、旅游建设工程

（一）大寨文化创意体验与综合服务区

分区位置：孟家庄入口区域。

规划思路：打造文化的集中展示窗口，将整个泰山大寨综合服务区作为特定时期的重要文物进行申报，申请项目保护资金，将大寨楼作为文物进行保护性开发，传承非遗文化，保护非遗文物。采用长卷式打造、情境式再现、互动式体验的打造手法，在完善游客餐饮、住宿、购物、休闲、娱乐、游览、体验、参与等功能的基础上，将大寨文化主题赋予现有的大寨时代历史遗存——11栋大寨楼，最终形成大寨文化体验休闲部落（见图10-9）。

规划泰山大寨博物馆、公社食堂、知青旅馆、革命精神传万代、人民供销社、激情岁月影视基地、大寨非遗体验园、创客公社等重要大寨文化体验节点。收集村内闲置的石磨、收音机、石碾、纺车等加以修缮、改造，让游客参与推石磨、摊煎饼、纺织、种菜、看电影、摘果等，体验学大寨时期集体劳动、集体生活氛围和场景。并张贴画，打扫卫生，加强氛围营造。

图10-9　大寨文化创意体验与综合服务区示意

依托40亩平整土地打造大寨农场，参考清境农场、飞牛牧场，重点建设生态餐厅、七"采"乐园、萌宠乐园、家庭农场等。

配套游客中心、生态停车场、标识系统，承载综合服务和交通集散功能。

功能定位：大寨文化体验、综合服务、交通集散。

规划面积：980亩。

项目设置：大寨文化创意休闲部落、综合服务中心、大寨农场、临水别苑。

1. 大寨文化创意休闲部落

大寨文化创意休闲部落规划如图10-10所示。

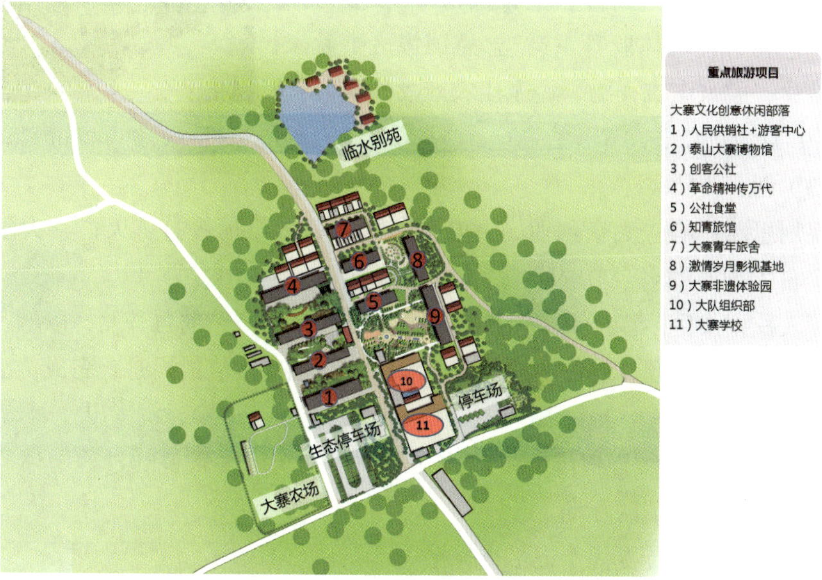

重点旅游项目

大寨文化创意休闲部落
1）人民供销社＋游客中心
2）泰山大寨博物馆
3）创客公社
4）革命精神传万代
5）公社食堂
6）知青旅馆
7）大寨青年旅舍
8）激情岁月影视基地
9）大寨非遗体验园
10）大队组织部
11）大寨学校

图10-10　大寨文化创意休闲部落规划

（1）人民供销社。

规划人民供销社，供销社一方面为游客提供商品和生活用品售卖，同时开发有时代气息的旅游商品和旅游纪念品，形成文化创意产品。

开通旅游网站，同时结合 O2O 模式开展土特产品、手工艺品等的线上线下交易。吸纳本地村民参与，对村民进行业务培训，完善产业链条，实行从生产加工到包装销售一条龙服务。

（2）泰山大寨博物馆。

项目缘起：通过对孟家庄泰山大寨非遗文化挖掘梳理包装，形成泰山大寨民俗博物馆，兼具展示、体验、教育等功能，向游客展示"农业学大寨"时期的语录、标志物、纪念章、纪念币、报纸、老照片以及当年孟家庄人民使用过的各种开山、打石、建房的工具等，挖掘孟家庄作为泰山大寨文化的典型，构建充满特定大寨时期味儿的泰山大寨非遗文化博物馆，唤起人们对那段"激情燃烧的岁月"的美好回忆。

同时，泰山大寨博物馆具有教育功能，精神内涵是值得肯定的，教育人们既要务实肯干，又要开拓创新。

规划思路：主要分为三个片区：静态展示区（影视解说等手段展示孟家庄农业学大寨时期重大事件、代表时代的老物件、英雄人物等）；参与体验区（老物件使用体验等）；纪念品销售区（孟家庄明信片、孟家庄吉祥物、孟家庄农产品售卖等），如图 10-11 所示。

图10-11　泰山大寨博物馆效果图

（3）创客公社。

规划思路：响应大众创业、万众创新的号召，给返乡打工人群、大学毕业生一个自主创业的平台。

深入挖掘岱岳区传统手工艺技艺，通过传统乡土技艺的再开发，以融入更有时代感的新创作主题，通过网络渠道的展销，在创造价值的同时，完成传统手工艺的传承。

同时，让游客参与到传统技艺的学习中，并从网络寄售的过程中体验成就感，以实现线上线下的互动。

（4）革命精神传万代（记忆寄存楼）。

重点推进孟家庄记忆寄存楼建设项目，推进智慧旅游开发建设，通过深入挖掘孟家庄记忆资源价值，开发并运营一系列数字化泰山大寨记忆遗产，如导览系统、数字沙盘等，最大限度地实现人民大众的精神保存。

开展 AR 技术实现虚拟旅游拍照，借助虚拟网络产品推广泰山大寨，增强现实讲解系统（以移动互联网为载体，搭载红色文化介绍、特色虚拟导游讲解），为传统旅游消费者提供更新颖的体验空间。

（5）公社食堂。

以特定的历史文化风格进行装修，采用经典的时代背景音乐，别具一格的座位设计以及小品点缀。

以激情年代为主题，营造一个富有红色文化气息的用餐氛围。餐厅均以红色文化作为背景，大小包房以生产队命名，唤起游客对那段激情岁月的回忆。墙上挂着一代伟人毛主席各个时期的图片、照片，陈列柜内展示毛主席语录等各类书籍，让游客重温那段流逝的记忆。

在菜色方面，以鲁菜为主，保持原汁原味，讲究口味纯正，与当地的饮食文化相结合，推出一系列招牌菜色。

公社食堂的前面广场，白天上下午各一场反映大寨时期生产场景的表演活动，晚上播放《大刀记》，追寻时代记忆。

（6）知青旅馆。

通过挖掘知青文化和知青历史，打造融合知青元素的主题旅馆，在墙面绘制反映知青文化的生活漫画，栅栏上喷刷有乡土气息的剪纸图案，营造知青文化氛围，展现下乡知青和当地百姓一起劳作的生产场景。

在旅馆中仿照当年知青生活状态，为广大游客体验知青生活提供看得见摸得着的现实场景：睡火坑、种小园、喂鸡赶鸭、拾柴生火、吃大锅饭，让游客感受到知青当年的生活状态，从单纯的参观向深度体验转型升级。

（7）大寨青年旅舍。

面向中青年客群，以农业学大寨时代为背景，打造大寨文化历史元素主题青年旅舍，青年旅舍内部装饰反映大寨文化的生活漫画，营造大寨文化氛围，展现集体劳作的生产场景。

（8）激情岁月影视基地。

紧扣泰山大寨主题，以石头房屋为依托，打造影视基地，可作为影视剧拍摄场景，结合多种感官体验，烘托泰山大寨场景氛围与历史风貌。

影视基地利用电影工艺做旧的建筑为剧组服务，并向游客生动展示农业学大寨中涉及的场景及文化，使游客有机会成为群众演员，体验电影角色扮演体验，感受电影拍摄的魅力，圆心中的影视明星梦。

影视基地内部设置拍摄写真、革命年代结婚照区域，感受历史时代的爱情和婚俗。

（9）大寨非遗体验园。

挖掘岱岳区当地特色的手工艺、农耕文化、特色饮食、文艺等，打造大寨非遗文化工坊群，通过木艺坊、陶艺坊、糕点坊、豆腐坊等来集中展览展示。工坊采用前店后坊的形式，游客可以品尝，可以动手参与，打造集乡愁体验、工坊参与、民俗休闲、特色购物于一体的大寨非遗文化主题工坊群落。

（10）大队组织部。

将目前的村委会进行提升，适用旅游需要，挂一个新牌子——大队组织部，在承担村民管理功能的基础上，赋予旅游景区管理部门的功能。

大队组织部的外部装饰和内部摆设增加大寨文化元素和物品，形成风格统一的大寨文化旅游区。

（11）大寨学校。

将目前的学校进行提升，适用旅游需要，学校外部装饰和内部摆设增加大寨文化元素和物品，同时开展忆苦思甜的教育活动和劳动实践课程，增强孩子动手动脑能力。

2. 综合服务中心

（1）游客服务中心。

对入口处原有建筑进行改造，对原有建筑的外立面通过植入大寨文化元素进行乡土化处理。设置游客服务中心，游客服务中心具备信息咨询、旅游购票、游客投诉、导游服务等旅游服务功能。同时提供免费租借雨伞、轮椅、晕车药、针线包、感冒药等。

根据国家 4A 级旅游景区的标准进行改造提升，分上、中、下三层，一层的功能主要为游客咨询、门票售卖、导游、游客休息、物品寄存、纪念品和农产品售卖；二层主要供旅游区管理人员办公，主要设置有财务室、配电室、会议室、总经理办公室等其他行政办公功能用房；三层为远期预留的住宿场所（见图 10-12）。

图10-12 孟家庄游客中心效果图

（2）生态停车场。

主入口按照国家 4A 级旅游景区标准设置生态停车场。停车场设计要高绿化、高承载、透水性能好。分期规划可同时停留近 200 辆车的 8000 平方米生态停车场，车位间种植各种绿色植物和高大乔木。在公路的两边规划应急停车场，在旅游高峰期可提供 300 个停车位，解决节假日旅游高峰时段景区内停车场地紧张的难题。近期先规划 4000 平方米，解决 100 辆自驾车停车需求。

3. 大寨农场

依托 40 亩平整土地打造大寨农场，参考清境农场、飞牛牧场，重点建设生态餐厅、七"采"乐园、萌宠乐园、家庭农场等，提供一个亲子游乐、快乐休闲的主题农场。

（1）生态餐厅。以设施调控技术、农艺栽培及管理技术来打造餐厅的优美环境，形成以绿色景观植物为主，蔬、果、花为辅的植物配置格局，全方位立体展现绿色、宜人的就餐环境。生态餐厅可以满足游客举行大型聚会、婚庆等需求，经营菜品以生态、绿色的餐饮为主。

（2）七"采"乐园。面向家庭亲子市场，建设草莓生态大棚，开展草莓农业采摘旅游活动。

（3）萌宠乐园。面向家庭亲子市场，建设萌宠乐园，养殖奶牛、荷兰猪等，观赏之余，提供动物喂养功能。

（4）家庭农场。本片区以定制菜地为主，可以选择一块由自己支配的土地进行种植，城市居民通过手机随时了解农作物生长情况。通过"互联网+"发展模式，通过线下代收代销获得盈利，通过生态式种植培育绿色无公害食品。

4. 临水别苑

采用企业主导、招商合作的方式，结合水库景观打造特色旅游度假住宿设施帐篷木屋别墅。木屋别墅主要以舒适宜人的度假环境吸引游客来此度假，木屋别墅运营模式可租、可售。

（二）道沟精品乡村民宿休闲度假区

分区位置：位于孟家庄东南部。

规划思路：作为旅游餐饮住宿接待区域，主要解决孟家庄景区接待不足问题。

通过风貌改造、建筑升级，分批改建成为农家接待户。外立面植入乡村元素，形成乡村风情浓郁的建筑，民居内部按照旅游休闲度假的需求，配套休闲度假设施，同时采用乡土文化元素进行点缀。保持院子整洁干净，种植石榴、枣树、国槐等形成优雅的休闲度假氛围。每户民居可以整体进行出租，也可以以房间为单位进行出租，从而为游客提供旅居之所（见图 10-13）。

图10-13 道沟精品乡村民宿休闲度假区示意

改建分为两种模式：第一种是对现有房屋的外立面、接待客房和餐厅进行改造；第二种是对房屋结构进行改建，包括原地扩建；总体以第一种改造方式为主。

农民自愿参与特色餐饮接待和住宿接待等旅游服务项目。发展特色餐饮，由乡村旅游带头人负责统一培训村民，包括菜肴烹制、住宿服务接待等，其中菜品主要有金蝉脱壳、松菇鸡等特色菜品。

运营模式：政府引导，村民自主经营。

功能定位：乡村民宿、特色餐饮。

规划面积：540 亩。

项目设置：乡土主题精品民宿、农家食坊。

1. 乡土主题精品民宿

民居改造以外立面风貌优化为主，同时加强了庭院经济和景观环境的营造，为旅游接待服务提供良好的接待氛围。客房内部采用乡土元素处理，游客居住在此，能够感受浓浓的乡土气息。

2. 农家食坊

引导居民发展乡村特色旅游餐饮，将乡村农业生产的有机食材与传统乡村饮食相结合，构建绿色健康美食体系，形成"道沟味道"农家食坊。

（三）仁家岭民俗接待区

分区位置：地块位于孟家庄南部。

规划思路：依托孟家庄深厚的历史文化底蕴，通过挖掘特色工艺、非遗艺术等，采用前店后坊工坊街形式，打造非遗文化主题工坊一条街，出售特色商品和展示当地特色工艺制作过程，同时配套餐饮、特色住宿等。将仁家岭打造成为集餐饮、娱乐、特色住宿、工坊体验、民俗休闲体验等功能于一体的休闲聚落，成为工艺与非遗的展示、传承、交流平台（见图10-14）。

图10-14　仁家岭民俗接待区示意

功能定位：乡村休闲、住宿接待。

规划面积：700亩。

项目设置：民俗风情商业街、乡土民宿接待区。

1. 民俗风情商业街

挖掘孟家庄丰富的民俗风情文化，采用前店后坊工坊街形式，打造民俗风情商业街，售卖特色商品的同时，让游客参与民俗风情体验，增加互动性、趣味性、娱乐性。

2. 乡土民宿接待区

对现有孟家庄民居外立面进行改造，采用乡土文化元素进行点缀，形成统一的乡土主题民宿风貌；民居在不改变原有格局的基础上，完善现代休闲度假功能，内部的房间采用乡土名称，房间装饰融入乡土元素，形成主题鲜明的乡土民宿接待区。

（四）竹窝农庄餐饮休闲区

分区位置：地块位于孟家庄西南部。

规划思路：对现有的大寨农家乐进行扩建和提升，形成休闲农庄概念。面向家庭市场和企业会议市场，配套中小型会议室，引导周边片区发展餐饮农家乐，形成餐饮农家乐聚集区，进行组团发展。

多种植竹子，通过环境氛围营造打造名副其实的竹窝，提炼岱岳区、孟家庄美食，以挖掘大寨美食为核心，成为"孟家庄味道"的承载地。通过乡土元素的外立面改造，以及农家乐内部乡土气息装饰装修等提升整体风貌。加强环卫设施建设，增加垃圾箱、公共厕所、标识标牌等，完善休闲农庄整体卫生环境。配套棋牌室等，完善休闲娱乐设施。最终形成以特色餐饮为主导、休闲娱乐度假功能为支撑的休闲农庄组团（见图10-15）。

图10-15　竹窝农庄餐饮休闲区示意

功能定位：农庄休闲、休闲娱乐。

规划面积：890亩。

项目设置：农家养生主题餐厅、小动物观赏园。

1.农家养生主题餐厅

以农家生态蔬果为原材料，在传统烹饪的基础上，结合现代养生理念，在餐饮造型、色彩和餐具的搭配上体现特色。在此基础上，还需要积极开发其他特色土菜系列，如土鸡、野菜和以当地优质水源制作的豆腐等，形成层次丰富的菜系。

2.小动物观赏园

针对儿童及亲子市场，建设农家小动物观赏园，动物主要以可爱的小猪、小羊等为主。在提供动物展示和观赏的同时，也提供小动物喂食服务。

（五）西山乡居休闲养生度假区

分区位置：地块位于孟家庄西部。

规划思路：依托孟家庄良好的生态自然资源，以"山乡风韵、田园牧歌"为主题，构建"田园休闲养生"生活方式，规划半山水坝、绿道驿站、帐篷营地等项目，承载营地休闲、地质科普等功能（见图10-16）。

图10-16　西山乡居休闲养生度假区示意

功能定位：休闲养生、地质科普、营地休闲、山乡休闲、林下种植。

规划面积：1860亩。

项目设置：绿道驿站、清风别苑、写生基地等。

1.半山水坝

充分利用现有地形地势建设三级拦水坝，可避免水资源流失，拦水坝用石头修砌而成，拦水坝的修建可以蓄水成湖，形成小湖泊水面景观和叠水景观，增加场地灵性。

2. 绿道驿站

通过慢行绿道，将沿线的植物、文化等自然资源和文化资源节点有机结合。以大寨文化的主题装饰设计建设特色服务驿站，增加配套服务，为游客和村民提供健身锻炼的好去处。

绿带穿城：串联乡村风情、田园风光。

功能荟萃：将绿道打造成为集交通、观光、娱乐、休闲、度假、餐饮、养生等于一体的综合型绿道。

3. 帐篷营地

依托良好的生态环境，以低碳、生态、健康、环保为开发理念，配套多样化的活动设施、休憩平台等，完善服务设施，打造露营地聚集大本营，满足游客休憩、露营等需求。

4. 写生基地

要营造一种清新素雅的艺术氛围，面向艺术家及画院学生，依托孟家庄周边良好的生态资源优势，打造充满灵气的天然画室。写生营地以自然生态环境为依托，形成独具风韵的写生营地，服务于写生的游客。

5. 地质科普公园

孟家庄的地质地貌具有典型性，反映了孟家庄所在区域沧海桑田的变迁，通过增加解说系统和标识系统，面向高中以下的青少年客群开展研学旅游，开展野外地质科考，打造地质科普公园，申报地质公园。

6. 清风别苑

对现有几栋民居进行改造，外立面通过植入乡村元素，形成具有浓郁乡村风情的建筑，民居内部按照旅游休闲度假需求，配套休闲度假设施，为游客提供旅居驿站之所（见图10-17）。

图10-17　清风别苑效果图

7. 林下产业园

充分利用孟家庄的树林资源，打造林下有机产业园，大力发展林禽、林蜂、林药、林苗、林菜等林下产业，形成蔬菜+家禽+中草药等特色有机产品供应链，优先满足项目地内部的需求，其次向外部市场供应，打响自己的有机产品品牌。

8.五彩山乡画廊

在保护自然生态环境基础上，通过植入连翘花、枫树、三角枫、鹅掌楸、元宝枫、火炬树等彩叶植物，丰富多样林相，构建丰富多彩的景观林相。特别是在秋季形成五彩的森林景观，打造主题鲜明、景观四季变化的植物景观画廊。

9.青少年素质拓展基地

采取招商引资的方式，针对青少年市场规划设置青少年素能拓展基地，培养青少年的自信心与团队协作的精神，学习与同龄人之间坦诚相处，增进彼此之间的了解。

规划 3 处地质科普公园：西山一处、西庄一处、竹窝一处。

10.爱晚别苑

打造针对退休老年群体的养老项目，引入"田园式"养老理念，使老年群体"居在田园、劳在田园、乐在田园、养在田园"，实现劳动养老、绿色养老、生态养老。打造高品质养老度假地产产品，回归绿色生态的田园生活。

（六）娄家滩与西庄乡村乐活休闲区

分区位置：地块位于孟家庄北部。

规划思路：依托娄家滩和西庄良好的生态自然资源，以"山乡乐活"为主题，构建"田园乐活"生活方式，规划果林农家、休闲垂钓园、林果采摘园等项目，承载乡村休闲度假、生态采摘等功能（见图 10-18）。

图10-18　娄家滩与西庄乡村乐活休闲区示意

功能定位：民宿住宿、亲子游乐、生态采摘、休闲垂钓、养老养生。

规划面积：1830 亩。

项目设置：果林农家、有机蔬菜种植基地、休闲垂钓园等。

1. 果林农家

规划思路：依托恬静祥和的田园环境和乡村聚落，针对泰安、济南的都市家庭客群，开展有机蔬菜种植，依托果林开展瓜果采摘等。对现有民居进行改造，完善休闲度假功能，外立面统一采用乡土文化元素进行点缀，形成统一的乡土主题民宿风貌；民居在不改变原有格局的基础上，完善现代休闲度假功能，保持院子整洁干净，种植石榴、枣树、绿竹等形成优雅休闲度假氛围。内部的房间采用乡愁主题名称，房间装饰融入乡愁主题元素，形成主题鲜明的乡愁主题民宿。游客来到这里，与农民同吃、同住、同劳动，满足游客农耕体验、休闲娱乐的需求，打造果林农家，体验山乡小居的唯美乡居生活方式。前期通过 1~2 户的打造产生示范效应，然后引导居民发展特色民宿。通过风貌改造、建筑升级，改拆建相结合，分批改建成为农家接待户，打造果林农家。

2. 休闲垂钓园

利用娄家滩水塘建设休闲垂钓园，休闲垂钓园分为休闲垂钓区、竞技垂钓区等不同的垂钓区域。竞技垂钓区可举行各类垂钓竞赛，冬季可以开展冰钓等特色项目。

3. 林果采摘园

规划 700 亩的林果采摘园，其中，核桃种植 200 亩，板栗种植 200 亩、樱桃采摘园 50 亩、蓝莓采摘园 50 亩、梨采摘园 100 亩、苹果采摘园 100 亩，打造成春季赏花、夏秋观光采摘的休闲乐园。同时可以进行果树认养活动，增加游客的重游率和停留时间，提高果园附加经济效益。

4. 有机蔬菜种植基地

依托田园种植有机蔬菜，有机产品优先满足项目地内部游客的需求，同时向外部市场供应，打响孟家庄有机产品品牌。

5. 鱼乐园

"坎儿井"是孟家庄村"农业学大寨"时期建造的输水渠道。智慧的孟家庄村村民将输水渠道建成涵洞的形式，洞下流水，洞上种田，每隔一段距离就建一个取水口，在方便百姓灌溉的同时，还不占用农田。而今，"坎儿井"仍在造福孟家庄村人民。"坎儿井"的地下暗河200米，用石块垒成弓形，地下河水长流。

规划1000平方米鱼乐园，以鱼趣为目的，开展夏秋季节的摸鱼、罩鱼等项目。也可开展钓虾、捕泥鳅等活动，为游客打造一个可以亲子、回味童年的休闲体验空间。

6.颐养佳苑

依托良好的自然生态环境（山、水、田园），针对养老、养生及休闲度假市场，以北斗七星命名（天枢苑、天璇苑、天玑苑、天权苑、玉衡苑、开阳苑、摇光苑）打造养老养生度假区，配套相关的康乐配套等，营建中高端养老养生度假区，营造天人合一的绿色生态居住环境。

打造特色：以睡灶炕、北屋为正房的居住文化，对颐养佳苑进行打造。炕具有冬暖夏凉之特色，是适合老年人的一种生活居住方式。内部以中式风格进行装修，古色古香，配以独具中式特色的炕，体现传统文化。

7.乐活农业庄园

规划思路：结合农耕文化打造别具风情的庄园。庄园内的特色木屋以独栋为主，每栋木屋根据其面积都配套有风情田园。

经营模式：风情庄园实行"产品菜单式""服务管家式"。配备电子巡更系统、电子导览系统、监控系统、动态视频管理系统等，全方位、系统性、人性化地为业主服务。

（七）旅游游线规划

1.孟家庄一日游

L1游线：外来游客—大寨文化创意体验与综合服务区—西山乡居休闲养生度假区；

L2游线：外来游客—大寨文化创意体验与综合服务区—娄家滩与西庄乡村乐活休闲区；

L3游线：外来游客—大寨文化创意体验与综合服务区—道沟精品民宿休闲度假区—竹窝农庄餐饮休闲区；

L4游线：外来游客—大寨文化创意体验与综合服务区—道沟精品民宿休闲度假区—仁家岭民俗接待区（见图10-19）。

图10-19　孟家庄一日游线路规划

2. 孟家庄二日游

L1游线：第一天：大寨文化创意体验与综合服务区—道沟精品乡村民宿休闲度假区—竹窝农家餐饮休闲区；第二天：娄家滩与西庄乡村乐活休闲区（见图10-20）。

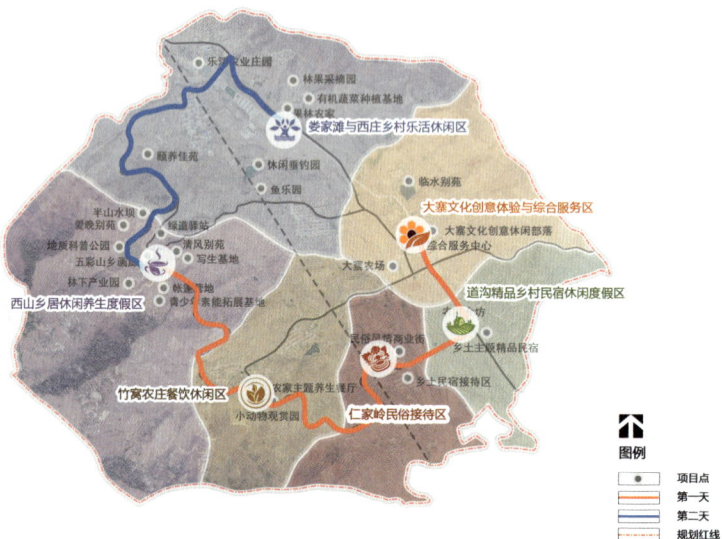

图10-20　孟家庄二日游线规划L1游线

L2 游线：第一天：大寨文化创意体验与综合服务区—道沟精品民宿休闲度假区—仁家岭民俗接待区 —西山乡居休闲养生度假区；第二天：娄家滩与西庄乡村乐活休闲区（见图 10-21）。

图10-21　孟家庄二日游线规划L2游线

（八）村落外立面规划

保护村庄风貌，改善村庄环境，传承乡村历史文脉，重现孟家庄村特有价值。保留村庄丰富的历史遗存，保持建筑的原真性。规划过程中应体现以下原则：

第一，体现历史与文化传承的原则。当地的特色民居是文化传承的物质载体，是历史积淀与演变而成的产物，民居改造应当承担传承历史与文化的角色。

第二，保护传统建筑原真性的原则。孟家庄区域盛产石材，建筑多以不规则石材建成。民居改造设计应当保持原有石头材质特色，体现传统建筑的原真性。

第三，修旧如旧的原则。改造过程中采用当地石材，利用现代工艺技术对建筑风貌进行做旧处理，营造传统质朴的村落氛围。

在现有泰山民居的基础上，对孟家庄外立面进行改造，主要有两种方式：第一种采用石头外立面，体现当地的民居风格；第二种采用农业学大寨时期元素，彰显大寨文化旅游区[162]。

（九）慢行系统规划

自驾车游览道：目前孟家庄的主干道路为 3.75~4 米，中远期计划将现有主干道路拓宽为 6 米，部分路段设置错车位，尽量保证全路段可双向错车行驶。自行车与机动车混行，必要路段设置交通标志，提醒驾驶人、行人与自行车注意，自驾车严格限速行驶，最快速度不得超过30公里/小时（见图10-22）。

图10-22　慢行系统规划

电瓶车观光道：为了满足旅游区游览需求，设置电瓶车游览，既是旅游区的重要的交通组织方式，又是重要的交通游览方式。

自行车骑行道：设置自行车骑行道，规划自行车道宽1.5米，满足自行车游览功能，是区域绿道系统的重要组成部分。

自由步行道：自由步行道主要分布在重要的景点之间，如大寨文化创意休闲部落、西山乡居休闲养生度假区、西庄乡村乐活休闲区等。

二、旅游保障工程

（一）旅游营销推广

面向社会广泛征集旅游宣传口号，拍摄宣传片，在高速公路两侧树立广告牌，营造良好的舆论氛围，增强外界对孟家庄旅游资源的知晓度。

1. 市场营销渠道

应对不断变化的市场需求，要充分发挥新媒体的作用，重点实施微信、微博、微电影等营销。此外，要重视网络新媒体和数字新媒体的营销，其中网络新媒体主要包括各大门户网站（如携程、新浪、搜狐）、电子邮件、博客、网络文学、网络动画、网络电视等。数字新媒体主要包括数字电视、楼宇电视、城市多媒体终端等。在泰安、济南等城市的火车站、飞机场、大型购物中心、重要的景区和旅游咨询中心等地，开展旅游营销宣传。

2. 专项营销渠道

（1）旅行社营销。与济南市、泰安市旅行社进行合作推广精品线路，借助知名旅行社的营销渠道，分销景区的旅游产品；与目标客源市场的旅行社建立良好的战略合作关系，同时针对不同目标市场的旅行社提供不同的优惠套餐，最大化地拓宽客源渠道。

（2）行业协会营销。利用旅游行业协会的渠道进行精准销售。

（3）基地营销。把学校写生、专业实习等基地建设好，与相关院校结对，属于高效营销渠道。

（4）节事营销。通过举办节事活动，吸引社会名流、目标客群、专业人士参与，形成一定的影响力，树立旅游区强大的感知品牌，引起目标客源市场的注意，促使其产生旅游动机（见表10-3）。

表10-3 孟家庄乡村旅游节庆活动库

序号	节庆名称	时间
1	春节庙会	农历初五到十六
2	草莓采摘节	3—5月
3	春季百花节	3—5月
4	樱桃采摘节	5月
5	蓝莓采摘节	6月
6	葡萄采摘节	收获季节
7	金秋采摘节	9—10月

邀请乡村拍客来孟家庄进行拍摄，采用打擂台方式，有奖竞拍奖金的形式进行评选，评出一、二、三等奖，借此吸引人们的关注和参与，从而扩大孟家庄的知名度和影响力。

3. 营销策略

（1）分期开发，逐步推出产品。一期重点开发投资少、见效快、吸引力强、特色鲜明的旅游产品。对于投资大、风险高的旅游项目实行中远期开发，既能够减少资金沉淀成本，也给后续开发留有空间。一期开发的产品项目要充分论证，选择具有强大市场号召力和影响力的产品项目，一经推出能够迅速占领市场，产生强大的人流和资金流。

（2）强调个性化和人性化。面临激烈的市场竞争，要与周边的旅游产品形成差异，就要凸显产品项目的独特个性，同时提供个性化服务。首先，产品项目应与景区主题保持一致，深入挖掘文化元素进行包装推广，形成产品项目的强烈个性。同时在景区的住宿、餐饮、休闲、娱乐、度假等方面提供人性化服务。

（二）旅游人才培训

1. 总体目标

对全村乡村旅游从业人员进行普及性教育培训，使农民素质和乡村旅游服务水平得到明显提升。培养造就一批高素质的乡村旅游管理人员和有致富专业技能的旅游从业人员。

2. 主要任务

适应孟家庄乡村旅游发展需要，开展以旅游服务人员为重点的执业技能培训，逐步开展，以点带面，最终达到全员培训上岗的目的。

3. 实施方案

由规划设计单位作为顾问，为落实具体培训的旅游教学培训机构提供智力支持。对孟家庄干部和乡村旅游带头人进行产品开发、市场推广、品牌打造等旅游经营管理培训，对乡村旅游经营户进行餐饮、住宿、娱乐等旅游服务培训，对涉旅农户进行特色农副产品、工艺品开发等实用技术培训。

（1）组织试点培训：先选出 5 个有代表性的专业户进行调研，确定有针对性的培训内容和培训方式。

（2）针对性培训：根据农业旅游示范村、户的服务规范，有的放矢地组织培训。

特色餐饮、住宿服务人员培训：针对特色餐饮、住宿服务所需，对参与的村民进行有针对性的服务培训，从理念到操作进行基本培训。

大寨文化相关知识培训：对大寨文化创意体验相关管理人员、从业者进行基本知识与管理知识培训，提高旅游接待能力与其专业程度。

服务人员礼仪规范、旅游产品营销培训：对服务人员进行服务礼仪和服务规范的培训；介绍旅游产品营销策略。

片区导游员培训：以村民为参与者，将村民转变为每片区的导游员，对其进行导游员基本知识、接待能力、礼仪规范等培训。

第五节　开发营运

一、开发模式

根据国内外相似景区成功开发经验以及孟家庄旅游区实际情况，建议采取"政府引导＋企业投资＋居民参与"的政企农合作的科学发展道路。

模式说明：政府引导——由政府（孟家庄村委会）引导孟家庄开发方向，对孟家庄进行整体规划和时间把控。同时为孟家庄的招商引资搭建平台，以及为孟家庄配套基础设施建设争取资金。

企业投资——广泛招商引资，通过外来企业资本的注入，保障孟家庄的高规格打造，由企业自主投资建设、独自经营。

居民参与——引导孟家庄居民，积极参与孟家庄旅游区的打造，通过土地、房屋等资源入股旅游区经营，参与景区的经营活动，并可入职孟家庄旅游管理公司，成为景区的旅游服务人员。

二、开发分期

综合考虑孟家庄旅游区开发建设成本及运营周期、项目地的现实情况以及项目核心吸引力的塑造，同时根据地块面积、功能分区等因素，建议旅游区分三期开发。

近期开发（2017—2020年）：打造旅游绿化环境，完善基础服务配套。车行道两侧、村落区域进行树木植被绿化，形成绿树成荫的生态旅游大环境；规划设置公共厕所、垃圾箱、生态停车场、泰山大寨博物馆、游客服务中心、标识导视系统，统一村立面改造风格，形成完善的基础服务设施。

中期开发（2021—2025年）：开发西山乡居休闲养生度假区、竹窝农庄餐饮休闲区，规划半山水坝、绿道驿站、帐篷营地、农家主题养生餐厅等，形成休闲度假旅游氛围。

远期开发（2026—2030年）：形成一定旅游基础客群，开发道沟精品乡村民宿休闲度假区、仁家岭民俗接待区、娄家滩与西庄乡村乐活休闲区，配套相关的养生养老地产项目（见表10-4）。

表10-4　项目开发分期概览

开发分期	开发内容	具体开发内容（产品）
近期开发 （2017—2020年）	旅游环境打造	车行道两侧、村落区域进行树木植被绿化工程
	完善基础服务设施	规划公共厕所、垃圾箱、生态停车场、游客服务中心、泰山大寨博物馆、标识导视系统，统一村立面改造风格等
中期开发 （2021—2025年）	开发西山乡居休闲养生度假区、竹窝农庄餐饮休闲区	大寨文化创意体验与综合服务区：大寨文化创意休闲部落、临水别苑、综合服务中心（停车场、游客中心等）
		竹窝农庄餐饮休闲区：农家主题养生餐厅、小动物观赏园
		西山乡居休闲养生度假区：半山水坝、绿道驿站、帐篷营地、写生基地、地质科普公园等
远期开发 （2026—2030年）	形成一定旅游基础客群，开发道沟精品乡村民宿休闲度假区、仁家岭民俗接待区、娄家滩与西庄乡村乐活休闲区，配套相关的养生养老地产项目	仁家岭民俗接待区：民俗风情商业街、乡土民宿接待区
		娄家滩与西庄乡村乐活休闲区：果林农家、休闲垂钓园、林果采摘园等
		道沟精品乡村民宿休闲度假区：乡土主题精品民宿、农家食坊

参考文献

[1] 李志刚 . 乡村旅游发展应立足乡村本色 [N]. 中国旅游报，2018-03-16.

[2] 董文静，王昌森，张震 . 山东省乡村振兴与乡村旅游时空耦合研究 [J]. 地理科学，2020，40（4）：628-636.

[3] 朱琳 . 哈尔滨阿城区乡村旅游规划研究 [D]. 东北农业大学，2013.

[4] 王云才 . 国际乡村旅游发展的政策经验与借鉴 [J]. 旅游学刊，2002，17（4）：45-50.

[5] 李文雅 . 基于微度假模式下乡村旅游规划研究——以宽城满族自治县南天门乡村旅游规划为例 [D]. 河北工程大学，2017.

[6] 刘丽梅，吕君 . 基于生态旅游理念的内蒙古杭锦旗乡村旅游发展分析 [J]. 内蒙古财经学院学报，2011（1）：97-102.

[7] 马菁 . 乡村旅游及其规划研究——以武汉市黄陂区为例 [D]. 华中科技大学，2006.

[8] 张春香 . 昌吉州乡村旅游开发研究 [D]. 新疆师范大学，2007.

[9] 葛义娥 . 淮安市乡村旅游发展中的政府职能研究 [D]. 扬州大学，2017.

[10] 贺小荣 . 我国乡村旅游的起源、现状及其发展趋势探讨 [J]. 北京第二外国语学院学报，2001（1）：91-95.

[11] 王琼英，冯学钢 . 乡村旅游研究综述 [J]. 北京第二外国语学院学报，2006（1）：115-120.

[12] 丁培卫 . 近 30 年中国乡村旅游产业发展现状与路径选择 [J]. 东岳论丛，2011，32（7）：114-118.

[13] 周霄 . 我国乡村旅游发展的现状、特征与趋势研究 [J]. 武汉工业学院学报，2012，31（2）：98-100+109.

[14] 王笑 . 全域旅游视角下稷山县乡村旅游发展评价及规划应对 [D]. 西北大学，2021.

[15] 王丽娟，初虹言 . 假期制度调整对我国旅游业影响的实证分析 [J]. 商业时代，2010（18）：133-134.

[16] 王勇 . 高质量发展视角下推动乡村旅游发展的路径思考 [J]. 农村经济，2020，454（8）：75-82.

[17] 唐钰汗 . 全域旅游下的韶关市乡村旅游发展策略研究 [D]. 华南理工大学，2017.

[18] 向然禹 . 田园综合体乡村旅游规划策略研究——以武都镇黑宝彩谷田园综合体为例 [D]. 西南科技大学，2020.

[19]Gilbert D，Tung L.Public organizations and rural marketing planning in England and Wales[J].Tourism Management，1990，11（2）：164-172.

[20]Inskeep E.Tourism planning--An integrated and sustainable development approach[M].US：Van Nostrand Reinhold，1991.

[21]Bill B，Bernerd L.Rural tourism and sustainable rural development[M].UK：Channel View Publications，1994.

[22]Bramwell B.Rural tourism and sustainable rural tourism[J].Journal of Sustainable Tourism，1994，2（1-2）：1-6.

[23] 王玲娜 . 论我国乡村旅游可持续发展的分析框架 [J]. 桂林旅游高等专科学校学报，2006（4）：452-455.

[24] 杜江，向萍 . 关于乡村旅游可持续发展的思考 [J]. 旅游学刊，1999（1）：15-18.

[25] 何景明 . 中外乡村旅游研究：对比、反思与展望 [J]. 农村经济，2005（1）：126-127.

[26] 唐代剑，池静 . 中国乡村旅游开发与管理 [M]. 杭州：浙江大学出版社，2005.

[27] 刘德谦 . 关于乡村旅游、农业旅游与民俗旅游的几点辨析 [J]. 旅游学刊，2006，21（3）：12-19.

[28] 郭焕成，韩非 . 中国乡村旅游发展综述 [J]. 地理科学进展，2010，29（12）：1597-1605.

[29] 熊凯 . 乡村意象与乡村旅游开发刍议 [J]. 地域研究与开发，1999（3）：70-73.

[30] 谢天慧 . 中国乡村旅游发展综述 [J]. 湖北农业科学，2014，53（11）：2715-2720.

[31] 廖碧芯，张河清 . 全域旅游视角下博罗县乡村旅游发展研究 [J]. 经济论坛，2017（1）：48-53.

[32] 肖佑兴，明庆忠，李松志 . 论乡村旅游的概念和类型 [J]. 旅游科学，2001（3）：8-10.

[33] 乌恩，蔡运龙，金波 . 试论乡村旅游的目标、特色及产品 [J]. 北京林业

大学学报，2002，24（3）：78–82.

[34] 刘晓霞，王兴中，翟洲燕，常芳. 基于城市日常体系理念的农家乐旅游空间功能结构提升研究——以蓝田县为例 [J]. 人文地理，2011，26（5）：138–142.

[35] 朱孟伟. 城乡统筹视角下重庆乡村旅游规划模式研究 [D]. 重庆大学，2009.

[36] 陈慧琳. 人文地理学 [M]. 北京：科学出版社，2002.

[37] 何丽芳. 乡村旅游与传统文化 [M]. 北京：地震出版社，2006.

[38]Knowd I，Tourism as a mechanism for farm survival[J].Journal of Sustainable Tourism，2006，14（1）：24–42.

[39] 曾鸣. 原真性视角下的乡村旅游规划研究 [D]. 武汉工程大学，2019.

[40]Sharpley R. Rural tourism and the challenge of tourism diversification：the case of Cyprus[J]. Tourism Management，2002，23（3）：233–244.

[41]Wickens E，Briedenhann J. Rural tourism – meeting the challenges of the new South Africa[J].International Journal of Tourism Research，2004，6（3）：189–203.

[42]Greffe X，Bramwell B，Lane B. Is rural tourism a lever for economic and social development[J].Journal of Sustainable Tourism，1994，2（1–2）：22–40.

[43]Hall D R. Tourism development and sustainability issues in Central and South-Eastern Europe[J].Tourism Management，1998，19（5）：423–431.

[44]Walmsley D J.Rural tourism：a case of lifestyle–led opportunities[J]. Australian Geographer，2003，34（1）：61–72.

[45]Gursoy D，Rutherford D G.Host attitudes toward tourism：an improved structural model[J].Annals of Tourism Research，2004，31（3）：495–516.

[46] Napap Ongkul S. Residents attitudes towards tourism development：a case study of Niasar，Iran[J]. Research Journal of Applied Sciences Engineering & Technology，2012，4（8）：863–868.

[47]Liu A.Tourism in rural areas：Kedah，Malaysia[J].Tourism Management，2006，27（5）：878–889.

[48]Murphy A，Williams P W.Attracting Japanese tourists into the rural hinterland：implications for rural development and planning[J].Tourism Management，1999，20（4）：487–499.

[49]Deller S.Rural poverty，tourism and spatial heterogeneity[J]. Annals of Tourism Research，2010，37（1）：180–205.

[50]Augustyn M. Environmental management for rural tourism and recreation[J]. Annals of Tourism Research，2002，29（1）：284-287.

[51]Mair H.Global restructuring and local responses：investigating rural tourism policy in two Canadian communities[J].Current Issues in Tourism，2006，9（1）：1-45.

[52]Clarke J，Denman R，Hickman G，et al.Rural tourism in Roznava Okres：a Slovak case study[J].Tourism Management，2001，22（2）：193-202.

[53]Thompson C S.Host produced rural tourism：Towa's Tokyo Antenna Shop[J]. Annals of Tourism Research，2004，31（3）：580-600.

[54]Byrd E T，Bosley H E，Dronberger M G.Comparisons of stakeholder perceptions of tourism impacts in rural eastern North Carolina[J].Tourism Management，2009，30（5）：693-703.

[55]Patricia A.Social disruption theory and crime in rural communities：Comparisons across three levels of tour ism growth[J].Tourism Management，2009，30（6）：905-915.

[56]Panyik E，Costa C，Tamara Rátz.Implementing integrated rural tourism：An event-based approach[J].Tourism Management，2011，32（6）：1352-1363.

[57]Tuzon E B A，Cirdap D B.Building sustainable rural development index in Asia and the Pacific：scoreboard on the levels of development of rural communities and country performance in rural development[J].Asia-Pacific Journal of Rural Development，2006.

[58]Hashemi N，Ghaffary G.A proposed sustainable rural development Index（SRDI）：Lessons from Hajij village，Iran[J].Tourism Management，2017（59）：130-138.

[59]Mölders Tanja. Multifunctional agricultural policies：pathways towards sustainable rural development[J].International Journal of Sociology of Agriculture & Food，2014，12（2）：97-114.

[60]Kepe T，Cousins B.Radical land reform is key to sustainable rural development in South Africa[J].Policy Brief-PLAAS，2002.

[61]Frisvoll S.Conceptualising authentication of ruralness[J].Annals of Tourism Research，2013，43（3）：272-296.

[62]Scott J.Tourism，civil society and peace in cyprus[J].Annals of Tourism Research，2012，39（4）：2114-2132.

[63] 李爱兰 . 山东省乡村旅游资源调查与生态旅游规划探究 [J]. 中国农业资源与区划，2016，37（1）：213-217.

[64] 霍佳颖．陕北黄土高原乡村旅游资源及其营销策略比较优势 [J].中国农业资源与区划，2016，37（1）：222–226.

[65] 安贺新，张立晓．论体验式乡村旅游的开发 [J].中央财经大学学报，2010（7）：93–96.

[66] 黄艳萍．从博弈论角度看我国乡村旅游的开发与保护问题 [J].农村经济与科技，2008，19（8）：10–11.

[67] 赵科峰．浅析我国乡村旅游的开发与环境保护 [J].时代金融（下旬），2014（4）：353–363.

[68] 何玮．基于环境保护理念的乡村旅游可持续发展研究 [J].长春理工大学学报，2011（10）：57–58.

[69] 刘德鹏，张晓萍．后现代旅游背景下古镇旅游的真实性创造——以云南省楚雄州彝人古镇为例 [J].云南地理环境研究，2009，21（6）：57–60.

[70] 洪磊．审视农耕文化遗产旅游的原真性——以乌镇"宏源泰"作坊为例 [J].设计艺术研究，2014（3）：48–51.

[71] 张补宏，徐施．民族旅游真实性研究及保护模式探讨 [J].地理与地理信息科学，2010（3）：105–108.

[72] 白清平．浅析乡村旅游人力资源的管理与开发 [J].中国商论，2010（25）：177–178.

[73] 周文英．"互联网+"时代的乡村旅游休闲管理优化研究 [J].农业经济，2016（6）：40–42.

[74] 李露．基于双因素理论乡村旅游管理策略的探索——以常熟将巷村为例 [J].江苏商论，2010（12）：112–114.

[75] 唐慧．基于社区参与的乡村旅游景区管理模式研究——以农业生态园为例 [J].安徽农业科学，2011，39（9）：5403–5403.

[76] 许春晓．欠发达资源丰富农村旅游业成长模式探讨 [J].人文地理，1995，11（4）：69–72.

[77] 刘德谦．关于乡村旅游、农业旅游与民俗旅游的几点辨析 [J].旅游学刊，2006，21（3）：12–19.

[78] 林刚，石培基．关于乡村旅游概念的认识 [J].开发研究，2006，23（6）：72–74.

[79] 郑群明，钟林生．参与式乡村旅游开发模式探讨 [J].旅游学刊，2004，19（4）：33–37.

[80] 王云才．中国乡村旅游发展的新形态和新模式 [J].旅游学刊，2006，21

（4）：8.

[81] 戴斌，周晓歌，梁壮平.中国与国外乡村旅游发展模式比较研究 [J].江西科技师范学院学报，2006，6（1）：16-23.

[82] 郭磊夫.国内乡村旅游发展模式研究综述 [J].旅游纵（下半月），2014，20（2）：23-24.

[83] 卢杨.乡村旅游运营机制研究 [D].东北财经大学，2005.

[84] 李加林，童亿勤，时媛媛，李菁.中国乡村旅游研究综述 [J].宁波大学学报，2009，22（1）：92-96.

[85] 郭文.乡村居民参与旅游开发的轮流制模式及社区增权效能研究——云南香格里拉雨崩社区个案 [J].旅游学刊，2010，25（3）：76-83.

[86] 张欣然.社区居民对都市近郊乡村旅游影响的感知与态度的实证研究——以成都花香果居景区为例 [J].中国农业资源与区划，2016，37（12）：243-248.

[87] 苏金豹，陈庆.基于变异系数与层次分析法的乡村旅游地社区参与度评价研究 [J].世界农业，2018，22（9）：150-156.

[88] 郭华.利益相关者视角下乡村旅游社区制度变迁路径的选择——以江西省婺源县为例 [J].江西农业大学学报（社会科学版），2011，10（2）：116-123.

[89] 吉根宝，郭凌，韩丰.旅游空间生产视角下的乡村文化变迁——以四川省成都市三圣乡红砂村乡村旅游社区居民体验为例 [J].江苏农业科学，2016，44（10）：528-533.

[90] 任世国.我国乡村旅游可持续发展中存在的问题及对策分析 [J].农业经济，2015，21（9）：56-58.

[91] 陈天富.美丽乡村背景下河南乡村旅游发展问题与对策 [J].经济地理，2017，37（11）：236-240.

[92] 王兵，罗振鹏，郝四平.对北京郊区乡村旅游发展现状的调查研究 [J].旅游学刊，2006，21（10）：63-69.

[93] 王铁，张宪玉.基于概率模型的环城游憩带乡村旅游开发决策路径研究 [J].旅游学刊，2009，24（11）：30-35.

[94] 曹雪，武玉艳.溱潼乡村旅游可持续发展评价 [J].国土与自然资源研究，2009，16（2）：77-78.

[95] 苏金豹，陈庆.基于变异系数与层次分析法的乡村旅游地社区参与度评价研究 [J].世界农业，2018，22（9）：150-156.

[96] 陈梅.乡村旅游规划核心内容研究 [D].苏州科技学院，2008.

[97] 石培华，龙江智，郑斌.旅游规划设计的内涵本质与核心理论研究 [J].地域研究与开发，2012，31（1）：80-84.

[98] 中华人民共和国国家标准《旅游规划通则》（GB/T 18971—2003）[S].北京：中国标准出版社，2003.

[99] 姚海彪.德阳东湖乡高槐村乡村旅游开发与规划设计研究 [D].四川农业大学，2018.

[100] 唐代剑，池静.论乡村旅游项目与游览组织 [J].桂林旅游高等专科学校学报，2005（3）：31-35.

[101] 刘锋.新时期中国旅游规划创新 [J].旅游学刊，2001（5）：49-54.

[102] 吴颖，刘志迎，丰志培.产业融合问题的理论研究动态 [J].产业经济研究，2004（4）：64-70.

[103] 章尚正黄山市旅游业可持续发展研究 [M].合肥：安徽教育出版社，2008.

[104] 李滨，张志明.实现旅游可持续发展的应有理念 [J].学术交流，2001（5）：3.

[105] 朱晓涵.郴州招旅村乡村旅游规划设计 [D].湖南农业大学，2018.

[106] 刘光.乡村旅游发展研究 [M].青岛：中国海洋大学出版社，2016.

[107] 王宁.乡村振兴背景下红色乡村旅游规划设计研究——以通渭县榜罗镇为例 [D].兰州交通大学，2021.

[108] 吴必虎.区域旅游开发的 RMP 分析——以河南省洛阳市为例 [J].地理研究，2001，20（1）：103-110.

[109]Roberta Macdonald，Lee Jollffe.Cuturerural tourism evidence from Canada[J].Annals of Tourism Research，1993（20）：307-322.

[110]Eleni Didascalou，Dimitrios Lagos. Wellness tourism：evaluating destinatton attributes for tourism planning in a comperitive segent market[J]Tourismos：an International Multidisciplinary Journal of Tourism，2009，4（4）：113-115.

[111]William Smith. Experiential tourism standards：the perceptions of rural tourism providers[J]. International Journal of Services & Standards，2006，2（3）：273.

[112]Peter E Murphy. Tourism：a community approach [M].New York and London，1985.

[113]Donald G Reid, Heather Mair. Community integration [J]. Annals of Tourism Research，2004，31（3）：623-639.

[114]Borut Milfelner.Innovative organisation approach to sustainable tourism

development in rural areas[J].Kybernetes，2006.

[115]Josed，Garcia Perez. Ascertaining landscape perceptions and preferences with pair–wise photographs：planning rural tourism in Extremadura[J]. Landscape Research，2002.

[116]Lisa M. Eeotourism in rural developing communities[J].Annals of Tourism Research，1999（3）：534–553.

[117] 佩吉，等 . 现代旅游管理导论 [M]. 刘领莉，等，译 . 北京：电子工业出版社，2004.

[118] Brbel Tress，Gunther Tress.Researchers'experiences，positive and negative，in integrative landscape projects[J].Environmental Management，2005.

[119]Franz Höchtl，Susanne Lehringer. "Wilderness"：what it means when it becomes a reality：a case study from the southwestern Alps[J]. Landscape and Urban Planning, 2003，70（1）：85–95.

[120] 王云才，刘滨谊 . 论中国乡村景观及乡村景观规划 [J]. 中国园林，2003，19（1）：55–58.

[121] 王云才 . 乡村旅游规划原理与方法 [M]. 北京：科学出版社，2006.

[122] 杨炯蠡 . 乡村旅游规划开发及规划实践 [M]. 贵阳：贵州科技出版社，2007.

[123] 陈梅 . 乡村旅游规划核心内容研究 [D]. 苏州科技学院，2008.

[124] 宋棣 . 山水型乡村旅游景区开发规划研究：以博山长寿山为例 [D]. 山东农业大学，2015.

[125] 杨子毅 . 旅游扶贫背景下的乡村旅游目的地规划研究：以金寨小南京村旅游总体规划为例 [D]. 安徽农业大学，2016.

[126] 刘雨欣 . 吉林省乡村旅游规划探究 [J]. 合作经济与科技，2021（7）：40–41.

[127] 王瑜，李世泰 . 城郊快速城市化地区乡村旅游定位与空间规划策略 [J]. 建筑经济，2021（7）：346–349.

[128] 刘玉霞 . 乡村旅游开发规划设计路径 [J]. 城乡建设与环保，2021（6）：233–237.

[129] 刘汀 . 生态脆弱地区旅游发展的社区参与模式研究 [D]. 西南交通大学，2015.

[130] 张渭 . 乡村旅游的社区参与模式及其利益分配机制研究 [D]. 华中师范大学，2011.

[131] 吕秋琳.增权理论视角下社区参与乡村旅游可持续发展研究 [D]. 山东大学，2012.

[132] 孙婧雯，马远军，王振波，等.基于锁定效应的乡村旅游产业振兴路径 [J]. 地理科学进展，2020，39（6）：1037–1046.

[133] 王琳丽.乡村振兴背景下我国乡村旅游业发展研究 [J]. 农业经济，2020（6）：40–41.

[134] 王晨光.集体化乡村旅游发展模式对乡村振兴战略的影响与启示 [J]. 山东社会科学，2018（5）：34–42.

[135] 杨瑜婷，何建佳，刘举胜."乡村振兴战略"背景下乡村旅游资源开发路径演化研究——基于演化博弈的视角 [J]. 企业经济，2018（1）：24–30.

[136] 高峰，金锋淑，刘忠刚.乡村振兴背景下的沈阳乡村旅游规划实践探索 [J]. 小城镇建设，2018（7）：18–25.

[137] 王宇晗，张钊雅，李妍，常河山，常丽红.乡村振兴背景下的乡村旅游发展与规划——以门头沟马栏村为例 [J]. 度假旅游，2019（2）：42–43.

[138] 洪占东，殷滋言.沈基于乡村振兴背景下的合肥三十岗乡村旅游规划研究 [J]. 建筑思想理论研究，2020（2）：22–24.

[139] 高辉，李淳墨，徐磊.基于乡村振兴战略的三峡坝区乡村全域旅游发展规划研究 [J]. 安徽农业科学，2021，49（7）：130–132.

[140] 王晶晶，刘清泉，司端勇.乡村振兴视角下基于地方特色资源开发的乡村旅游规划研究 [J]. 中国市场，2020（34）：46–48.

[141] 郭隽瑶，张妍.乡村振兴战略背景下乡村旅游规划现状与优化路径 [J]. 乡村旅游，2021（3）：49–51.

[142] 曹国新.从极性思维到多元互动：乡村旅游规划模式的变迁 [J]. 旅游学刊，2008，23（7）：9–10.

[143] 洪红，朱孟伟，徐崇.乡村旅游规划模式研究 [J]. 合作经济与科技，2010（5）：26–29.

[144] 汪秋芬.融入创意产业的乡村旅游规划模式研究 [J]. 小城镇建设，2010（3）：85–99.

[145] 唐建兵.试析"反规划"理论在成都乡村旅游规划中的应用 [J]. 绿色科技，2012（12）：224–227.

[146] 游洁敏."美丽乡村"建设下的浙江省乡村旅游资源开发研究 [D]. 浙江农林大学，2013.

[147] 包婷婷.苏州美丽乡村建设中的文化传承研究 [D]. 苏州科技学院，

2014.

[148] 陈丹丹 . 生态伦理学视角下的乡村旅游游憩空间规划设计研究 [D]. 福建农林大学，2017.

[149] 赛金波 . 创意农业休闲园景观规划研究 [D]. 北京林业大学，2016.

[150] 刘玮，燕凌，卢兴华 . 微度假模式下江西凤凰山庄乡村旅游规划设计 [J]. 城市旅游规划，2019（12）：148–151.

[151] 崔宁 . 产业升级视域下乡村旅游个性化创意旅游规划研究 [J]. 农业经济，2019（9）：51–53.

[152] 刘玮芳，徐洪武，方宇鹏 . 基于"反规划"视角下的乡村旅游规划理论研究 [J]. 上海商业，2021（4）：172–173.

[153] 张立诚，蔡家瑞 . 基于轻旅游概念的乡村旅游规划设计——以四川宜宾市高县新寨村为例 [J]. 城市旅游研究，2020（5）：84–85.

[154] 刘玮，王婷，谭晓军 . 区域协同发展视角下的景区依托型乡村旅游规划研究——以重庆市巫溪县为例 [J]. 小城镇建设，2021（5）：34–39.

[155] 朱鹏亮，邵秀英，翟泽华 . 资源同质化区域乡村旅游规划差异化研究——以清漳河流域为例 [J]. 调查思考，2022（2）：37–40.

[156] 钟林生，赵士洞，向宝慧 . 生态旅游规划原理与方法 [M]. 北京：化学工业出版社，2003.

[157] 宋章海，马顺卫 . 社区参与乡村旅游发展的理论思考 [J]. 山地农业生物学报，2004，23（5）：5.

[158] 邱云美 . 实现乡村旅游与农村产业结构调整互动的措施 [J]. 经济研究参考，2006（23）：1.

[159] 宁维英 . 西安地区乡村旅游发展模式探微 [J]. 唐都学刊，2006（1）：88–92.

[160] 郭威 . 乡村振兴背景下以农村金融促进农民农村共同富裕 [J]. 农村金融研究，2022（1）：10–18.

[161] 陈文华 . 茶艺・茶道・茶文化 [J]. 农业考古，1999（4）：7–14.

[162] 罗锐钰 . 基于地域性景观的望群村景观规划与设计 [D]. 中南林业科技大学，2018.